Sigrid Damm
Goethe und Carl August

Wechselfälle einer Freundschaft

Insel Verlag

2. Auflage 2020

Erste Auflage 2020
© Insel Verlag Berlin 2020
Alle Rechte vorbehalten, insbesondere das der Übersetzung,
des öffentlichen Vortrags sowie der Übertragung durch
Rundfunk und Fernsehen, auch einzelner Teile.
Kein Teil des Werkes darf in irgendeiner Form
(durch Fotografie, Mikrofilm oder andere Verfahren)
ohne schriftliche Genehmigung des Verlages reproduziert
oder unter Verwendung elektronischer Systeme verarbeitet,
vervielfältigt oder verbreitet werden.
Satz: Greiner & Reichel, Köln
Druck: GGP Media GmbH, Pößneck
Printed in Germany
ISBN 978-3-458-17871-2

Goethe und Carl August

Für H.J.W.

I

Das Jahr 1828. Der 15. Juni. Thüringen. Weimar. Das Haus am Frauenplan. Johann Wolfgang von Goethe ist im neunundsiebzigsten Lebensjahr. Er hat, wie fast täglich, zum Mittag Gäste geladen. An diesem Tag sind es der Bibliothekar Weller aus Jena mit seiner Frau, der Rat Töpfer und der junge Eckermann. Auch Goethes Sohn August ist anwesend. Man speist ausgiebig. Die Küche am Frauenplan ist berühmt. Darüber hinaus hat der Hausherr an diesem Tag eine Überraschung für seine Besucher: Aus Tirol sind Musikanten gekommen, die Brüder Franz, Balthasar und Anton Leo. Sie erfreuen die Gäste mit ihrem Spiel, ihren Liedern. Goethes Tagebuch vermerkt: *die Tyroler sangen bey Tische*.

Eine heiter gesellige Atmosphäre an diesem Sommertag 1828 im Hause Goethe. Überraschend wird Sohn August von einem Diener in einer äußerst dringlichen Angelegenheit hinausgerufen. Draußen erwartet ihn ein Vertreter der Regierung, es ist Kanzler von Müller. Kaum der Rede mächtig, überbringt er die Nachricht, der Großherzog Carl August sei tot. Am Abend zuvor sei er, sich auf der Rückreise von Berlin nach Weimar befindend, auf Schloß Graditz bei Torgau verstorben.

In Goethes Tagebuch daraufhin der lapidare und seltsame Eintrag: *Die Nachricht vom Tode des Herzogs störte das Fest.*

In der Fremde ereilt Carl August der Tod. Es ist der Abend des 14. Juni 1828.

Sein letzter Lebenstag.

Nach einem turbulenten Aufenthalt im preußischen Berlin hat er Abschied genommen. Hat die Rückreise nach Weimar angetreten.

In Wittenberg äußert er den Wunsch, sich die Zuchtpferde des Königlich-Preußischen Hauptgestüts Graditz in der Nähe von Torgau vorführen zu lassen. Seine Leidenschaft für die Jagd, für Pferde, für seine Hunde. Seinem Wunsch wird entsprochen.

Gegen zwölf die Ankunft auf Schloß Graditz, dem Ort, an dem er übernachten will. In seiner Begleitung befinden sich der Leibchirurg Volgstädt, der Hoffourier Werry sowie drei Kammerdiener beziehungsweise Lakaien und der seit langem bei ihm in Dienst stehende Major Friedrich Ernst von Germar; Letzterer zeichnet die Geschehnisse dieses Tages minutiös auf.

Ein kurzes Ausruhen, danach ein Mittagsmahl, gemeinsam mit den Militärpersonen, die ihn empfangen haben. Carl August, von den Berlin-Tagen erschöpft, ist unpäßlich, sein Magen rebelliert, er kann nichts essen, dennoch trinkt er wie immer sein Bier und raucht seine Zigarre.

Dann werden ihm im Hof des Schlosses – er sitzt auf einem dort aufgestellten Sofa – die Rassepferde vorgeführt. *Die Herren Stallmeister sowie die sämtlichen Herren Offiziere* sitzen *im Halbkreis* um ihn. Er äußert den Wunsch, auch die Mutterstuten und Fohlen zu sehen. Man fährt auf den zehn Minuten von Graditz gelegenen Weideplatz. Dort beobachtet er die

Tiere und erkundigt sich nach den verschiedenen Grassorten, die auf dieser Weide wachsen.

Nach der Rückkehr auf Schloß Graditz lädt Carl August Offiziere zu sich, es wird getrunken, geredet. Die Unterhaltung kreist um militärische Dinge, unter anderem um Friedrich den Großen und seine gewonnene Schlacht bei Torgau im Jahr 1760.

Major Germar macht seinen Herrn auf die einsetzende Abendkühle aufmerksam, und man verabschiedet sich. Das weiträumige Schloß Graditz. Der Weg Carl Augusts nach oben, um in seine Gemächer zu gelangen. Die Stufen der Treppe machen ihm, wie Germar überliefert, große Atemnot, minutenlang ruht er sich auf einem Fenstersims sitzend aus. Dann muß er mehrere große Säle durchqueren. Im ersten angekommen, stützt er sich am geöffneten Fenster ab, atmet äußerst heftig. Im angrenzenden Raum das gleiche, am Fenster stehend ringt er nach Luft. Dann wird sein Atem flach, ein *Brustkrampf* schüttelt ihn, er verliert die Balance, bricht zusammen. Kammerdiener und Leibchirurg eilen, von Germar gerufen, herbei, man trägt ihn zu seinem Bett, aber jede Hilfe kommt zu spät. Er ist tot.

Die Stunden davor, das Zusammentreffen mit den Offizieren, das Gespräch über die vom alten Fritz gewonnene Schlacht. Legt das nahe, daß das preußische Militär bis zuletzt sein Denken einnimmt und für ihn von Wichtigkeit ist?

Dafür spricht, daß er auf der Reise nach Berlin, sowohl auf dem Hin- wie auch auf dem Rückweg, hohe Angehörige der Armee trifft und Wert auf militärische Zeremonien legt. So übernachtet er in Magdeburg – eine seiner ehemaligen militärischen Wirkungsstätten – bei General Jagow. Er läßt sich von den versammelten Offizieren die Pferde vorführen, besichtigt das Gelände, wo einst die Herbstmanöver stattfanden, und die Festung; bei seiner Abfahrt salutiert die Artillerie mit 108 Kanonenschüssen.

Auf der Rückreise empfängt Carl August in Wittenberg als erstes den Kommandanten der Festung und das Offizierkorps der Garnison. Da er die Stadt am nächsten Morgen sehr zeitig verläßt – *um fünf Uhr* ist er *schon ganz reisefertig* –, verzichtet er auf *Kanonenschüsse*. Major von Germar überliefert: *Die Begrüßung mit grobem Geschütz hatte sich Se. Königl. Hoheit verbeten.*

Auch auf Schloß Graditz wird er vom Militär begrüßt. Hier sind sogar die Namen bekannt. *Zum Empfang Seiner Königlichen Hoheit waren der Ober-Stallmeister von Knobelsdorf, der Landstallmeister von Zirkel, der Obrist Schleier, 2ter Kommandant von Torgau, Major von Bojanowski und einige andere Offiziere der Garnison von Torgau anwesend.*

Das *Kriegsspiel* sitze *ihm wie eine Art Krätze unter der Haut*, schreibt Goethe am 2. April 1785 ärgerlich an Carl Ludwig von Knebel. Da ist Carl August siebenundzwanzig Jahre und liebäugelt mit einer Militärkarriere in preußischen Diensten. Das Haupt des Weimarer Musenhofs als preußischer Söldner?

Die militärischen Neigungen des jungen Fürsten. Bereits 1787 trägt er den Titel eines preußischen Generalmajors, nimmt ohne Befehlsgewalt am Feldzug in Holland teil; das Kommando hat Carl Augusts Onkel Ferdinand von Braunschweig. Im Februar 1788 dann erhält er eine Führungsstelle im preußischen Heer, das Altpreußische Kürassierregiment K 6 in Aschersleben wird ihm unterstellt. Später hat er noch eine weitere Pflicht: Er leitet die Magdeburger Kavallerie-Inspektion. Das Befehlen und Exerzieren gefällt ihm. Bereits am 27. April

1788 schreibt er aus Aschersleben an den ersten Kirchenmann seines Herzogtums, an Johann Gottfried Herder, nach Weimar: *Ich bin hier sehr zufrieden; das kentaurische Leben die eine Hälfte des Tages, das menschliche die andere Hälfte hindurch amalgamieren sich so artig bei mir, daß ich wirklich Wohlsein empfinde* ... Er spricht vom *neuen Stand* und daß der ihm spät gewährt worden sei: *Ich handle jetzt mit Ruhe und genieße ohne Hetze, was aus meinem Soldatenhandwerk in meine Existenz paßt.*

Carl August findet Gefallen an dieser Existenzform als General zwischen Sattel und Repräsentation. Er sieht den Heeresdienst für die Entwicklung seiner Persönlichkeit als unabdingbar und förderlich an. An anderer Stelle heißt es: *Ohne Krieg und ohne Exerzierzeit wird mein Blut zu dick.* Und seinem Sohn schärft er ein: *Das Kriegshandwerk ist edel, insofern der Mensch dabei alle Leibes- und Seelenkräfte zu einem hohen Zweck anstrengt.*

Bis ins Alter hinein dient Carl August – mit Unterbrechungen – in der Preußischen Armee. Er ist sechsundfünfzig Jahre, als er am 24. November 1813 – kurz nach der Völkerschlacht bei Leipzig – den Oberbefehl über das III. Armee-Korps in Belgien übernimmt. Er hat die von Frankreich besetzten Festungen Antwerpen, Maizières bei Metz und Montmédy in Schach zu halten und damit das Vorgehen der Hauptkräfte der Alliierten auf Paris abzudecken. Da schreibt er: *dieser Feldzug erscheint mir wirklich wie ein Abenteuer, und – zu meiner Schande seis gesagt – es macht mir Spaß.* Es bleibt dabei: *Ohne Krieg und Exerzierzeit wird mein Blut zu dick.*

Goethes Beobachtung des Siebenundzwanzigjährigen: *Das Kriegsspiel* sitze *ihm wie eine Art Krätze unter der Haut* – die Äußerung des Sechsundfünfzigjährigen. Schließt sich hier ein Kreis?

Und so scheint es auch folgerichtig, daß Carl Augusts allerletzte Einladung preußischen Offizieren gilt und das Gespräch
sich um militärische Fragen dreht.

Carl Augusts Tod in der Fremde. Auf einer Reise. Was hat ihn überhaupt zu dieser Reise bewogen? Berlin ist sein Ziel, die preußische Hauptstadt. Die familiären Bindungen, die zum dortigen Herrscherhaus bestehen. Der einstige König Friedrich II. war sein Großonkel. Der Thronfolger, seit 1786 als Friedrich Wilhelm II. König, sein Schwager. Friederike, dessen Frau, und Carl Augusts Frau Louise sind Schwestern.

Beide Herrscher sind bereits tot. Friedrich der Große ist 1786 verstorben, Friedrich Wilhelm II. 1797. Lang ist es her. Nun erneut verwandtschaftliche Bindungen zwischen Weimar und Berlin. Es ist Carl Augusts Enkelin Marie, durch die sie zustande kommen. Und sie ist es, die ihn zu dieser Reise veranlaßt. Seit einem Jahr ist sie mit dem preußischen Prinzen Karl verheiratet. Am 20. März 1828 hat sie einem Sohn das Leben geschenkt. Es ist Carl Augusts erster Urenkel. Diesen Winzling namens Friedrich Karl Nikolaus will der Urgroßvater besichtigen.

Goethe bestärkt ihn in seinem Reiseplan. *Der Anblick eines neuen Sprößlings des höchsten Hauses*, entgegnet er dem Freund, *wird gewiß auch die Zufriedenheit fördern* ... Unwillkürlich fragt man sich, ist er unzufrieden und womit? Goethe fährt sibyllinisch fort: ... *die Zufriedenheit an demjenigen, was um Höchstdieselben im nächsten Kreis lebt und was sie darin gewirkt haben und wirken.* Es ist also Carl Augusts unmittelbare Situation in Weimar, die ihn unzufrieden sein läßt. Details werden nicht genannt.

Die Reise ein Ausbruch aus der Unzufriedenheit? ... *den*

Abstecher nach Berlin, so der Regent, wolle er *unternehmen um alles dorten Neuentstandene und Hinzugekommene zu beleuchten.* Auch da ist Goethe sogleich mit einer Empfehlung zur Stelle. Er macht den Freund auf die jüngsten Errungenschaften in Kunst und Technik aufmerksam. So solle er *die Granitarbeiten des Bauinspectors Cantian* besehen, jene riesige Schale, deren *Durchmesser zweyundzwanzig Fuß* betrage, wie Goethe bewundernd schreibt. Er regt die Bestellung von Tischplatten aus diesem Granit für Weimar an; sie seien als *größte Zierde fürstlicher Schlösser anzusehen.* Weiterhin weist er den Großherzog auf die Berliner Gewerbeschule hin, *die unter Leitung des Geh.-Ober-Regierungs-Rath Beuth –* so Goethe – *unglaubliche Dinge leistet.*

Carl Augusts Neugier auf die große Welt? Und zugleich ein *Abschied* von ihr? Auch davon ist die Rede. Am 15. Mai schreibt der Herzog an Goethe, *den Abstecher nach Berlin* werde er machen *und so zu sagen, von der Außenwelt bey dieser Gelegenheit Abschied nehmen.*

Auf diese Aussage des Freundes geht Goethe nicht ein.

Was meint der Herzog mit *Abschied nehmen?* Ist es eine dunkle Vorahnung?

Überliefert ist, daß es mit Carl Augusts Gesundheit nicht zum besten steht. In seinen Briefen an Goethe ist immer wieder davon die Rede. 1801 von *fatale<n> Krämpfen* und *Gichtanfällen,* 1810, daß er *in der linken Seite, zwischen Rippen und Hüfte ... unausstehliche Schmerzen* habe. 1816 entgegnet er dem Freund: *was Dich im Arme plagt zwickt mich in der Hüfte.* Aber er gibt seine Eßgewohnheiten nicht auf. Seit vielen Jahren hat er mit Übergewicht zu kämpfen. Schlafstörungen und Kreislaufbeschwerden quälen ihn. Am 2. April 1825 klagt er: *Mit meiner sehr wacklichen Leibeshütte kann ich noch im-*

mer nicht zurechte kommen, es knackt da und dorten, ohne
daß man gleich das rechte Fleck treffen konnte.

In Briefen an die Enkelin Augusta wird sein kritischer Zustand
vor der Berlin-Reise deutlich. Diese Augusta, 1811 geboren,
ist sein Liebling. Sie ist, wie die in Berlin lebende Marie, eine
Tochter von Carl Augusts erstgeborenem Sohn Carl Friedrich
und dessen Frau Maria Pawlowna, der Schwester des russischen Zaren Alexander I.

Zu Augusta hat der Großvater eine besonders innige Beziehung, wie eine Reihe zauberhafter Briefe aus den Jahren
1824 bis 1828 bezeugen. Bereits 1820 erhält die Neunjährige
sein Bildnis. Am 1. Oktober schreibt Carl August an Goethe:
Der kleinen Auguste habe ich gestern die silberne Medaille mit
meinem Bilde gegeben.

Augusta teilt offenbar die Tierliebe des Großvaters, vor al-
lem seine Liebe zu Hunden, mit denen er sich stets umgibt.
Während die Herzogin Hunde nicht leiden und sein Freund
Goethe ein ausgesprochener Hundehasser ist, kann er der Enkelin seinen Kummer über den Tod seiner Vierbeiner mitteilen.
Da heißt es zum Beispiel am 7. Januar 1827: *Leider kann ich*
Dir auf Deinen lieben Brief keine fröhliche Nachricht erwi-
dern. Ami – ist nicht mehr. Ihn überfiel vor etlichen Tagen die
Hundswut; er biß Försters Hühnerhund, auch dieser wurde
sogleich toll. Beide, da sie gefährlich krank waren, wurden er-
schossen und ruhen nun beide im Garten in der kühlen Erde.
Später ist die Rede *von zwei sehr hübsche<n>* – wohl neu an-
geschafften – *Hühnerhunden.* Und: *Den Tod meiner alten Ve-*
nus wirst Du wohl betrauert haben.

Aber auch von Vögeln, vom Gesang *einer Nachtigall* am
Römischen Haus ist die Rede. Und er vertraut Augusta gewichtige Dinge an, so den Besuch König Ludwigs I. von Bay-

ern bei Goethe; ... *daß er elf Uhr herkam, und ich S. Maj. zu Goethen bringen konnte.* Dorten hing der König dem Dichter selbst sein weiß und blaues Ordensband um und beglückwünschte ihn.

Auch ein wenig Hofklatsch enthalten die Schreiben. Und Kleinigkeiten, so solle Augusta ihrer Mutter ausrichten, *daß wir eine vortreffliche Suppe von Wildpretbouillon und hinterdrein Karlsruher Zwiebeln zum Rindfleisch gehabt hätten und diese Bissen sehr gut geworden wären.*

Besondere Freude machen dem Großvater Augustas selbstgefertigte Geschenke. So bedankt er sich *für die schöne Tasche ... die Du mir gemacht hast! Sie erfüllt so ganz meine Kriegsbedürfnisse, und dabei ist sie mir ein sehr schätzbares Zeichen Deiner Freundschaft für mich.*

Wenige Tage nach seinem siebzigsten Geburtstag, den er am 3. September 1827 begeht, dankt er der Enkelin für *alle guten Wünsche, die Du an diesen Tag für mich hast machen wollen. Ach, wenn nur nicht so viele Rückerinnerungen an einem solchen Tage sich des Geburtstagsmannes bemächtigten! Aus der Vergangenheit erinnert man sich hauptsächlich dessen, was man nicht hätte tun sollen, und dessen, was man zu tun unterlassen hat. Die Zukunft wird mit dem hohen Alter immer trüber, und der Trost, daß es noch schlechter damit sein könnte, ein trauriges Festtagsbukett.*

Die Klage des Siebzigjährigen über die *Zukunft*. Eine Klage, bei der wohl unterschwellig die Zunahme der körperlichen Beschwerden eine Rolle spielt.

Das Wort vom *Abschied nehmen* im Brief an Goethe ein Jahr später, unmittelbar geschrieben vor Reisebeginn. Auch sein Liebling, die Enkelin Augusta, erhält in diesen Tagen einen Brief. Darin schreibt der Herzog offen über seinen schlechten Gesundheitszustand. Augusta ist nicht in Weimar, sie befindet sich mit ihren Eltern auf einer Reise zu Verwandten nach Rußland, nach Petersburg an den Zarenhof. Am 22. Mai 1828 – es ist Carl Augusts letzter Brief an Augusta wie auch einer seiner letzten überhaupt – gesteht er: *Ich wollte zu Ende der Woche nach Berlin reisen, ich muß aber diese Partie auf acht Tage hinausschieben; ... ich bin gar nicht wohl, leide sehr an den Eingeweiden und verliere den Odem.*

Vom Verschieben der Reise wegen Unwohlseins ist auch in Carl Augusts Briefen an Goethe die Rede.

Am 26. Mai trägt dieser in sein Tagebuch ein: *Serenissimus kamen und sprachen von Ihrer vorhabenden Berliner Reise.*

Der Besuch des Freundes am Frauenplan. Goethe hat wenig Zeit. Er ist abgelenkt, ist mit den Gedanken woanders.

Einen Tag zuvor – es ist der Pfingstsonntag – ist der Münchner Hofmaler Joseph Karl Stieler in Weimar eingetroffen. Im Auftrag König Ludwigs I. von Bayern reist er an, mit einem Brief an Goethe im Gepäck. *... ein wohlgetroffenes Bildnis des Königs der Teutschen Dichter zu besitzen,* schreibt Ludwig I., *ist ein von mir lang gehegter Wunsch, ... darum allein schicke ich meinen Hofmaler Stieler nach Weimar.*

Goethe fühlt sich äußerst geschmeichelt. Er steht dem Abgesandten des bayerischen Königs sofort zu Diensten. Noch am selben Tag wird im Haus am Frauenplan das Deckenzimmer geräumt, um dem Hofmaler Arbeitsmöglichkeit zu schaffen. Goethe ist ganz konzentriert, sagt sogar – König gegen Großfürstin – einen Besuch bei Herzogin Louise ab, entschuldigt sich am Pfingstmontag, ihr am nächsten Tag nicht aufwarten zu können. *Der königlich bayerische Hofmaler Stieler nimmt meine Stunden in Beschlag zu einem Geschäft, das nicht unterbrochen werden darf und wozu ich auf alle Weise förderlich zu seyn verpflichtet bin.*

Es ist der Tag, an dem Carl August ins Haus am Frauenplan kommt und von seiner *vorhabenden Berliner Reise* spricht. Einen Tag später, am 27. Mai, beginnt der Maler mit dem Porträt *des Königs der Teutschen Dichter.* Goethes Tagebuch: *Herr Stieler richtete sich ein und mischte seine Farben.* Um *10 Uhr fing Herr Stieler an zu malen, es dauerte bis Eins ...*

Für diesen Tag hat Serenissimus seinen Besuch am Frauenplan angekündigt. *Großherzog erwartend bis Abend 7 Uhr,* vermerkt das Tagebuch. Aber Carl August kommt nicht. Weiß er, daß Goethe abgelenkt, ein Gespräch unter vier Augen kaum möglich ist?

So bleibt er mit seinen Gedanken allein, sie beschäftigen sich an diesem Tag intensiv mit seinem alten Freund. Wir wissen es von Kanzler Müller, dem der Herzog in einem langen Gespräch unter vier Augen vieles anvertraut, was nach Müllers akribischen Aufzeichnungen wie eine Bilanz seines Verhältnisses zu Goethe erscheint. *Tausend Erinnerungen früher Tage in bezug auf Goethe wachten in ihm auf,* überliefert Müller. Carl August spricht über die Werther-Zeit und Goethes *Generosität gegen junge Talente.* Vor allem aber resümiert er dessen Verhältnis zu Frauen. Er behauptet, er habe *stets zu viel in die Weiber gelegt, seine eigenen Ideen in ihnen geliebt, eigentlich große Leidenschaft nicht empfunden.* In diesem Zusammenhang fällt er auch seine Urteile über Charlotte von Stein und Christiane von Goethe. Über erstere heißt es abfällig, sie sei *eine recht gute Frau gewesen, aber eben kein großes Licht.* Über letztere: *Die Vulpius habe alles verdorben, ihn der Gesellschaft entfremdet.* Auch für Goethes Schwierigkeiten mit Carl Augusts Zweitfrau – sie führen zu dessen äußerst kränkender Entlassung als Theaterdirektor – macht er Christiane verantwortlich; der *Frau wegen* sei dieser mit Karoline Jagemann, später Freifrau von Heygendorff *zerfallen.*

Dann spricht er davon, die *Produktionen* des Freundes zuweilen *scharf kritisiert* zu haben, den *Groß-Cophta besonders.* Und behauptet, mit dem Tod von Schiller habe Goethe *den sichern Halt für lange verloren.* Über die Jenaer Romantiker heißt es kritisch, *die hätten die Köpfe gar zu hoch getragen. Die Französische Revolution habe sie alle mehr oder weniger verschoben, selbst Goethe sei von ihrem Einfluß nicht ganz frei geblieben ...*

Das Bedürfnis Carl Augusts, ihm wichtige Stationen seines Verhältnisses zu dem Freund zu überblicken und zugleich zu beurteilen. Ein Resümee? Ein Abschied? Ein langer Monolog, dessen Adressat Kanzler Müller wohl mehr oder weniger zufällig ist; *gegen ein bis drei Uhr* weilt der Fürst bei ihm, Müller fühlt sich gewiß geschmeichelt durch das Vertrauen, die Offenheit; *so viel innre Ruhe in Überblickung einer höchst bewegten Vergangenheit,* notiert er bewundernd.

Goethe wartet – wie gesagt – an diesem 27. Mai *bis Abend 7 Uhr* vergeblich auf Carl August.

Am Vormittag des nächsten Tages aber erscheint der Fürst im Haus am Frauenplan. Wieder ist Goethe nicht allein. Stieler arbeitet schon am Porträt. Die Sitzung wird unterbrochen. Gemälde werden betrachtet, unter anderem ein von Carl Joseph Begas geschaffenes Brustbild von Zelter, wie Goethe diesem einen Tag später schreibt: *beym Weggehen stand er* – Carl August – *mit Herrn Stieler vor deinem Bilde.* Der Großherzog ist unter Zeitdruck, die Begegnung verläuft wohl eher nüchtern, wie Goethes Tagebucheintrag vermuten läßt: *Kamen Serenissimus und besprachen sich über manches. Nahmen Abschied nach Berlin gehend.* Dieses merkwürdige *besprachen sich.*

Wieder wie gestern Müller gegenüber ein Monolog? Nur jetzt in aller Kürze nicht die Freundschaft zu Goethe bilanzierend, sondern vermutlich über seine Vorhaben in Berlin sprechend. Goethe hält es nicht für nötig, dieses *manches* im Tagebuch zu präzisieren. Im nachhinein wünscht man sich das, denn diese Begegnung ist das allerletzte Zusammensein der beiden Freunde, es ist ein Abschied für immer.

Am nächsten Morgen – es ist der 29. Mai 1828 – *Viertel nach fünf* verläßt Carl August Weimar.

Die Reise nach Berlin. Über Halle, Magdeburg und Genthin geht es zunächst bis Potsdam. Dort wird Carl August am 31. Mai von seinem am preußischen Hof dienenden Freund General Friedrich Carl Ferdinand von Müffling und vom Kammerherrn Alexander von Humboldt empfangen. Am Folgetag führt Carl Augusts erster Weg zu seinem Urenkel, dem *neuen Sprößling des höchsten Hauses*.

Im Brief an Augusta heißt es, *ich werde Deine Schwester in Glienicke überfalle<n>*. Über die Besichtigung des Kindes im Potsdam nahe gelegenen Schloß Glienicke, wo das junge Paar seinen Sommersitz hat, gibt es keinen Beleg.

Stellen wir uns also vor: Carl August auf dem Weg nach Glienicke. Sein Eintreten ins Haus, die Begrüßung durch Prinzessin Marie und ihren Gemahl Prinz Karl. Dann das Neugeborene, kaum ein Vierteljahr alt. Friedrich Karl Nikolaus schläft. Man läßt ihn mit dem Kind allein. Die Stille im Raum. Carl Augusts Verlegenheit. Er weiß nicht, was er tun soll. Steht auf. Setzt sich wieder.

Vielleicht führt der Anblick des Urenkels ihn in seine eigene Kindheit zurück. Keine acht Monate war er, als sein Erzeuger starb. Ohne Vater ist er groß geworden.

Dessen Leben verlischt mit zwanzig Jahren. Ein blasses, fast tragisches Leben war seinem Vater beschieden, diesem Ernst August II. Constantin (1737-1758). Auch er wiederum ist ohne die Zuwendung seines leiblichen Vaters aufgewachsen.

Carl Augusts Großvater Ernst August I. (1688-1748) war zunächst Mitregent, dann fast zwanzig Jahre despotisch Alleinregierender. Er ist ein militärischer Narr und in das Exerzieren seiner Soldaten verliebt. So läßt er, als er das Dornburger Rokokoschloß hoch über der Saale in Auftrag gibt, mit großem finanziellen Aufwand auf einem davorliegenden Bergsporn ein Fünfeck bauen. Von dort aus will er Heerschau halten, seine Truppen unten im Saaletal aufmarschieren lassen. Sein Vorbild ist König August der Starke, dessen 1730 stattgefundenes Zeithainer Lustlager, die damals größte Truppenschau in Europa. Dem will er nacheifern.

Dazu aber kommt es nicht. Der Regent lebt in allem über seine Verhältnisse, er ist bauwütig, launisch und verschwenderisch. Bei seinem Tod hinterläßt er Schulden von 360 000 Reichstalern; allein Schloß Belvedere hat eine Viertelmillion verschlungen.

Spät, mit fünfzig Jahren, hat er seinen einzigen männlichen Erben gezeugt, ebenjenen Ernst August II. Constantin, den Vater von Carl August. Mit sechzig stirbt der Regent, sein Sohn ist zehn, er ist fern vom Vater aufgewachsen. Als Thronfolger hat er die Aufgabe, den Fortbestand des Landes zu sichern. Dazu ist eine schnelle Heirat und das Zeugen eines Erben notwendig.

Die Jahre vergehen. Die Zeit drängt. Graf Bünau, der erste Minister, wendet sich an Kaiser Franz I. mit der Bitte, daß der Prinz bereits mit achtzehn Regent werden kann. Am 18. Dezember 1755 erklärt der Kaiser ihn für volljährig.

Eine Frau wird für ihn gesucht, die Wahl fällt auf die Prinzessin Anna Amalia, die Tochter Carls I. von Braunschweig-Wolfenbüttel. Die Hochzeit findet statt, am 24. März 1756 zieht das junge Paar in Weimar ein. Sie ist sechzehn, er achtzehn.

Bereits am 3. September 1757 feiern die beiden die Geburt eines Sohnes, des erwünschten Thronfolgers. Sie geben ihm den Namen Carl August. Dann, am 28. Mai 1758, der Tod des jungen Regenten. Die Ursachen dieses Todes sind ungeklärt. Sein Söhnchen ist noch nicht einmal acht Monate alt. Anna Amalia ist erneut schwanger, am 8. September 1758 bringt sie ihr zweites Kind, Constantin, zur Welt.

Ihre schwierige Lage. Die junge Witwe ist noch nicht mündig und somit kaum handlungsfähig. Zwei Testamente sind vorhanden. Das eine von Minister Bünau intendiert. Das zweite, später verfaßt, hat der Leibchirurg und Kammerherr nach dem Diktat des nunmehr Verstorbenen niedergeschrieben. Während im ersten Testament Anna Amalia in den Stand eines »Mündels« versetzt werden soll, bestimmt das zweite Testament, das wohl eher den Willen des jungen Gatten dokumentiert, seine Frau solle nach seinem Tod sofort um die »Venia aetatis«, die vorzeitige Volljährigkeit, für sich selbst und um die Obervormundschaft und damit die Regentschaft ersuchen.

Anna Amalia wendet sich an Kaiser Franz I. Und bereits am 1. August 1758 erhält sie die Vormundschaft. Aber gegen ihre Regentschaft erhebt der Kaiser Einwände, die Erbansprüche Sachsen-Gothas bedürften erst einer eingehenden Prüfung. Von ihren Eltern unterstützt, kämpft Anna Amalia. Weitere Schreiben nach Wien folgen. Mehr als ein Jahr vergeht.

Am 9. Juli 1759 dann wird die junge Frau als Vormund ihrer Söhne und als Vormundschaftsregentin anerkannt. Am 30. August 1759 beginnt ihre Zeit als Herrscherin in Weimar, siebzehn Jahre wird sie die Geschicke des Landes bestimmen, wird ihre Regentschaft dauern.

Die Bewunderung Carl Augusts für seine Mutter. Aber auch das schwierige Verhältnis zu ihr, kommt ihm – vielleicht – jetzt beim Anblick seines Urenkels in den Sinn.

Sein Aufbegehren schon von klein auf. Vor allem gegen

die weiblichen Betreuerinnen. Aber auch die Lehrer, die seine Mutter mit großer Sorgfalt aussucht, haben es nicht leicht. So Johann Wilhelm Seidler und Johann Eustach Graf von Görtz. Ein Gemälde zeigt den Vierjährigen in Rüstung mit Helm und Speer. Zeitgeschmack oder frühe Orientierung auf das Militär? Das Erbe seines Großvaters? Als Carl August fünf Jahre ist, weiß er, daß er einmal regieren wird. Als Sechsjähriger hat er 1763 zur Eröffnung und zum Abschluß des Landtages zu reden; er trägt Auswendiggelerntes vor, das er nicht versteht. Den Zwölfjährigen zeigt ein 1769 entstandenes Gemälde von Johann Georg Ziesenis. Mit allen Insignien seiner zukünftigen Macht ist er darauf zu sehen: in pelzbesetzter Galakleidung, mit Perücke und mit dem Adler- und Falken-Orden. Ein Knabenbildnis, auf das er, wie auf das Ölgemälde von 1761 von unbekannter Hand, keinen Einfluß hatte.

Nie wieder hat er sich mit diesem Pomp abbilden lassen. Er liebte die übertriebene Repräsentation nicht, was wohl auch mit seinen zunehmend liberalen und freiheitlichen Ideen zusammenhing. Erst nach seinem Tod, im Juli 1828, bei seiner Aufbahrung im Weimarer Schloß kommen all diese Kennzeichen seiner Herrschergewalt wieder zum Einsatz.

Als Carl August dreizehn ist, reist seine Mutter im Mai 1771 mit ihm und dem jüngeren Bruder zu ihren Eltern. Auf Schloß Salzdahlum bei Braunschweig wird er König Friedrich II. von Preußen vorgestellt. Dieser soll über seinen Großneffen gesagt haben, er habe noch nie einen jungen Mann dieses Alters gesehen, der zu so großen Hoffnungen berechtige.

Die zunehmenden Konflikte zwischen Mutter und Sohn. Eine gewisse Entspannung tritt ein, als Anna Amalia den Dichter Christoph Martin Wieland als Prinzenerzieher gewinnt. Das ist ihrerseits ein durchaus mutiger Schritt, denn Wielands Roman »Musarion, oder die Philosophie der Grazien«, die Geschichte einer Hetäre, ist von der Zensur des katholischen Österreichs und von der protestantisch-bigotten Schweiz auf den Index gesetzt.

Wieland verlangt statt der gebotenen 900 Taler 1000 und bei Volljährigkeit des Prinzen eine lebenslange Pension. Anna Amalia gewährt ihm beides. Seine Berufung legt den Grund zum Weimarer Musenhof. Mit den Jahre später in die Stadt kommenden Johann Wolfgang Goethe und Johann Gottfried Herder entsteht das, was man bis heute weltweit das klassische Weimar nennt.

Fünfzehn ist sein Zögling, als Wieland am 17. Juli 1773 seine Stelle antritt. Seine Methoden sind moderat, er läßt die Zügel locker, vertritt kein starres Disziplinieren, das gefällt dem Prinzen und seinem Bruder, und – wie gesagt – die Lage entspannt sich.

Im Verhältnis zur Regentin aber ist das Gegenteil der Fall. Immer öfter bäumt sich der Sohn gegen sie auf, im November 1773 kommt es zu einem heftigen Streit zwischen dem Sechzehnjährigen und seiner Mutter. Anna Amalia ist zudem eifersüchtig, sie glaubt, daß die Männer patriarchalisch gegen sie zusammenhalten. Und Carl August nimmt sich Eigenmächtigkeiten heraus, so besetzt er, um ein Beispiel zu nennen, nach dem Schloßbrand im Mai 1774 ohne zu fragen das Landschaftshaus, richtet sich darin ein.

Nachdem im Oktober 1774 die Regentin auf Anraten ihres Ministers Fritsch den erfahrenen Major Carl Ludwig von Knebel nach Weimar kommen läßt, beauftragt sie ihn, mit beiden Söhnen und ihren Hofmeistern eine Kavalierstour zu unternehmen.

Reisebeginn ist am 8. Dezember 1774. Paris steht auf dem Plan, Frankfurt, Karlsruhe.

Die erste Station ist Frankfurt am Main. Knebel ist es wohl, der ein Treffen mit Goethe wünscht und herbeiführt. Er erscheint in Goethes Elternhaus am Hirschgraben mit der Bitte, dem siebzehnjährigen Prinzen Carl August und dessen jüngerem Bruder Constantin sowie Graf Görtz, dem Erzieher des Thronfolgers, als auch ihm, als Erzieher Constantins, eine Zusammenkunft zu gewähren. Im »Roten Haus« sind die Gäste aus dem thüringischen Weimar abgestiegen, sie befinden sich auf der Durchreise.

Goethe eilt mit Knebel dorthin. Und jene legendäre erste Begegnung zwischen künftigem Herrscher und Dichter findet statt. Den Prinzen treibt wohl eher die Neugier, den Autor zu sehen, der gerade mit seinem Roman »Die Leiden des jungen Werther« einen beispiellosen Erfolg hatte und über Nacht berühmt geworden ist.

Goethe dagegen setzt erinnernd die Akzente anders. Beim Eintreten in die Unterkunft der hohen Gäste, berichtet er in »Dichtung und Wahrheit«, hätten Mösers »Patriotische Phantasien« 1. *Teil frisch geheftet und unaufgeschnitten auf dem Tisch gelegen.* Justus Möser, der Osnabrücker Publizist, Historiker und Staatsmann, wurde von den jungen Stürmern und Drängern außerordentlich geschätzt, vor allem seine »Patriotischen Phantasien« begeisterten. *Da ich nun,* schreibt Goethe weiter, sie *sehr gut, die Gesellschaft sie aber wenig kannte, so hatte ich den Vorteil, davon eine ausführliche Relation liefern zu können.*

Als Auftakt ein Vortrag des berühmten Verfassers des »Werther« über Politik? Möser sah die Zersplitterung des Landes in viele kleine Fürstentümer nicht negativ, sondern im Gegenteil als höchst wünschenswert im Hinblick auf die Ausbreitung der Kultur. Sollte das dem künftigen Regenten eines kleinen Landes nicht gefallen? Goethes Darstellung dieser allerersten Begegnung in »Dichtung und Wahrheit« umreißt das Feld politischen Handelns, sowohl für Carl August wie auch – indirekt – für sich selbst.

Das nächste Ziel ist Karlsruhe. Dort trifft Carl August die Braut, die seine Mutter für ihn ausgesucht hat. Es ist Louise Auguste, Prinzessin von Hessen-Darmstadt. Sie hat mehrere Schwestern und alle sind ohne verlockende Mitgift. Die Anstrengung der Mutter, die Töchter unter die Haube zu bringen. Selbst eine weite Reise mit drei ihrer Töchter zur Brautschau nach Sankt Petersburg scheut sie nicht. Die Zarin Katharina sucht für ihren Sohn Paul eine Gemahlin. Die drei werden ihr vorgeführt. Zur ersten sagt sie: *c'est un mouton* (sie ist ein Schaf), zur zweiten – es ist Louise Auguste – *c'est un tête* (die hat Köpfchen), zur dritten: *ce quil nous faut* (das was uns paßt). Sie, die Auserwählte wird im fernen Rußland in ihrem ersten Kindbett sterben.

Die verschmähte, aber mit Lob bedachte Louise: *c'est un tête* (die hat Köpfchen). Auch Napoleon wird das erkennen, als sie ihm nach der Schlacht von Jena und Auerstädt im Weimarer Schloß mutig entgegentritt. Von Geschlecht ein Weib, von Geist ein Mann, soll er über sie gesagt haben.

Die Begegnung zwischen den beiden in Karlsruhe. Sie sei *nicht schön, aber angenehm,* wird er seiner Mutter berichten. *Ihr Herz scheint nobel, frei und stark, sie gibt sich sehr einfach, wenn man sich mit ihr unterhält.*

Die Reise nach Paris. Der Aufenthalt dort wird über zwei Monate dauern. Die Prinzen werden von Melchior Grimm in die Pariser Gesellschaft eingeführt. Besuche bei Diderot, d'Alembert, d'Holbach, bei Marmontel und Raynal stehen auf ihrem Programm. Ebenso Theater- und Konzertbesuche. Und am 7. und 9. Mai wird der künftige junge Regent vom französischen König empfangen. Aber auch in ein erotisches Abenteuer muß sich Carl August gestürzt haben, das wohl nicht ohne Folgen blieb. Stillschweigen darüber. Einzig zu schließen ist es daraus, daß er einer Dame namens Jeanette Brossard, wohnhaft in Epernay, aus seinem privaten Portefeuille zeitlebens einen Jahresbetrag von fünfhundert Franc zahlt.

Auf der Rückreise von Paris macht die Gesellschaft wieder in Karlsruhe halt, die Verlobung des zukünftigen Weimarer Herrschers mit Louise Auguste, der Prinzessin von Hessen-Darmstadt, findet statt.

In Frankfurt begegnen sich dann Goethe und Carl August wieder. Im Sommer die förmliche Einladung an den Dichter, den Prinzen in die thüringische Residenz zu begleiten.

Die Verquickung unglücklicher Umstände, das Ausbleiben des Reisewagens, der Goethe nach Weimar bringen soll; *ich richtete mich ein, packte, zog meine Reisekleider an, und blieb sitzen*, teilt er Mitte Oktober Knebel mit.

Ungeduld. Vergebliches Warten. Goethes Vater, freier Bürger einer freien Reichsstadt, ist gegen den Fürstenhof; er sei *genarrt* worden, redet er dem Sohn ein und gibt ihm Geld für eine Reise nach Italien.

Der Entschluß zum Aufbruch. Am 30. Oktober notiert Goethe in sein Tagebuch: *Ich packte für Norden und ziehe nach Süden ...*

In Heidelberg erreicht ihn dann eine herzogliche Stafette, die die Verspätung aufklärt, der Reisewagen steht in Frankfurt bereit, Goethe kehrt um, ändert die Richtung, zieht nun doch nach Norden. Am 3. November geht die Reise mit Herrn von Kalb und seinem Diener Philipp Seidel von Frankfurt über Hanau, Gelnhausen, Salmünster, Steinau, Schlüchtern, Neuhof, Fulda, Hühnfeld, Vacha, Eisenach, Schönau, Mechterstädt, Gotha und Erfurt nach Weimar. Am 7. November 1775 *morgens um fünf Uhr* kommt Goethe in der thüringischen Residenzstadt an.

Am 3. September 1775, seinem achtzehnten Geburtstag, hat Carl August die Regierung angetreten. Kurz darauf reist er nochmals nach Karlsruhe, am 3. Oktober wird die Ehe mit Louise Auguste geschlossen.

Der Weimarer Großherzog im einundsiebzigsten Lebensjahr im Sommer 1828 beim Anblick des kleinen Nachfahren in der dritten Generation in Schloß Glienicke bei Potsdam. Über ein halbes Jahrhundert, genau dreiundfünfzig Jahre sind seither vergangen. Vielleicht wandert er in seinen Gedanken zurück. Sein eigener Vater, so schwach er war, hatte ihn im ersten Jahr seiner Ehe gezeugt.

Und er? Zweieinhalb Jahre vergingen, bis seine Frau erstmals schwanger wurde. Sie gebar ein Töchterchen, das im Alter von fünf Jahren starb. Seine Ungeduld. Endlich dann, nach fast acht Ehejahren, am 2. Februar 1783, ein Sohn. *Ein Verewiger, ein Fortpflanzer, ein Endzweck, Erbe, kurzum ein Sohn,* jubelte Carl August da. 1785 die Geburt eines weiteren Sohnes; er stirbt nach einer Stunde. 1786 dann die Tochter Caroline Louise, 1792 der Sohn Carl Bernhard. Dann die Generation der Enkelkinder. 1818 der Thronfolger Carl Alexander, 1811 sein Liebling Augusta und drei Jahre zuvor, 1808 Marie, bei der er nun zu Besuch ist, sie hat ihm den ersten Urenkel geschenkt.

Die Stille im Raum. Das Neugeborene – vielleicht – gähnt ausgiebig, schläft weiter.

Fünfundzwanzig Jahre, erinnert sich Carl August, war er, als Carl Friedrich, sein Thronfolger, geboren wurde. Von Anfang an strebt er eine für sein Land günstige Heirat des Sohnes an. Sein Blick geht nach Osten, ins russische Reich. Und tatsächlich gelingt es ihm, 1804 die Ehe seines Sohnes mit der russischen Prinzessin Maria Pawlowna zu arrangieren. Sie ist die Schwester des Zaren Alexander. Für Carl August ebnet sich damit der Weg in eine der ersten europäischen Monarchenfamilien. Sein Stolz darauf. Und ebenso – nach Jahren der Ferne – erneut verwandtschaftliche Beziehungen zur preußischen Monarchie, zu den Hohenzollern durch Maries Heirat mit Prinz Karl.

Auch das erfüllt ihn mit Genugtuung.

Wie haben wir uns Carl August, den Urgroßvater, der in Schloß Glienicke bei seinem Urenkel sitzt, vorzustellen. Wie den siebzigjährigen, den fünfzigjährigen, den dreißigjährigen, den zwanzigjährigen Carl August? Die Zeichnungen, Kupferstiche, Gemälde, Büsten, Miniaturgemälde und Medaillen, die von ihm existieren. Porträts der Herrschenden waren in dieser Zeit ein beliebtes Geschenk. Je nach dem Status des Empfängers sind es großformatige Gemälde – oft auch Kopien – bis hin zu Miniaturgemälden, die sich auf Dosen und selbst auf Tassen finden.

Auf allen Darstellungen ist Carl August als ein Mann zu sehen, der weiß, was er will, der etwas Derbes, Erdverbundenes hat, ein Handelnder, ein Tatmensch, ein Politiker, kaum aber als ein Schöngeist, der er auch war, den Künsten, vor allem dem Theater und der Literatur zugewandt, aber auch den Naturwissenschaften.

Auf frühen wie späten Bildnissen, ob in repräsentativer herrschaftlicher beziehungsweise militärischer Pose oder in mehr privater Darstellung, stimmen einige Charakteristiken auffällig überein. Da ist zum einen die markante Nase. *Zwar die Nase zu groß, doch welcher Verstand in der Nase!*, heißt es in einer Glosse Johann Caspar Lavaters von 1797. Weiter sind es die Augen, die kaum einmal dem Betrachter zugewandt sind. Fast immer blicken sie starr und angestrengt in eine unbestimmte Ferne; so, als nehme er dort die Last seiner Verantwortung als Herrscher wahr. Das gleiche könnte man von seiner Mundstellung sagen, auch sie zeugt meist von Anspannung, oft sind die Lippen aufeinandergepreßt.

Oder ist dieser Gesichtsausdruck, dieses Mienenspiel, vielleicht nur als Aversion gegen das Porträtiertwerden zu werten, als Ungeduld wegen des langen Stillsitzens, das dem temperamentvollen und umtriebigen Herzog zuwider ist?

Die frühen Porträts zeigen einen jugendlich schlanken Carl August. So die von Johann Ernst Heinsius 1781 und 1790 geschaffenen Arbeiten und das Bild von Georg Melchior Kraus, auf dem er in preußischer Uniform als Chef des Ascherslebener Kürassierregiments zu sehen ist.

1795 entsteht ein besonderes Gemälde. Es ist das einzige, auf dem Carl August offen und aufmerksam den Betrachter anblickt. Gemalt hat es Johann Friedrich August Tischbein, ein Verwandter von jenem Tischbein, der später in Italien das berühmte Bild »Goethe in der Campagna« schaffen sollte. Carl August hat zu *seinem* Tischbein, der sich 1795 und 1805 in Weimar aufhält, ein besonderes Verhältnis, mehrfach äußert er sich über dessen Malweise. Auf Tischbeins Gemälde (155 x 114 cm) ist der achtunddreißigjährige Fürst im eleganten Reitfrack und weißgelber Lederhose zu sehen, den Reitstock hält er in der rechten Hand, die linke ruht auf seinem neben ihm liegenden Hund, er sitzt auf einem Felsstück, das links die Aussicht auf die Wartburg freiläßt. Für dieses großformatige Gemälde und ein weiteres, kleines Brustbild im Oval (78 x 64 cm) erhält Tischbein laut herzoglicher Schatullenrechnung vom 26. November 1795 22 *Karolins*.

Zehn Jahre später schafft der Weimarer Künstler Ferdinand Jagemann wiederum ein ganzfiguriges Porträt. Carl August ist darauf barhäuptig, zivil, fast bürgerlich anmutend mit einem kurzen, dunklen Tuchrock und grauen Hosen bekleidet. Er steht in einer idealen Landschaft, ihm zu Füßen blühen Pflanzen. Seine Haltung ist ungewöhnlich. Mit der linken Hand stützt er sich auf einen großen Steinblock, der rechte Arm aber ist angewinkelt und demonstrativ hat er seine Hand in den Rock geschoben. Diese Geste assoziiert die Haltung eines anderen Herrschers; Napoleon liebte es, sich so abbilden zu lassen.

Nicht nur Jagemann, der 1780 in Weimar geboren ist und, abgesehen von Studienaufenthalten in Frankreich und Italien, bis zu seinem frühen Tod 1820 in der Stadt lebt, sondern auch die Maler Heinsius und Kraus sind eng mit Weimar verbunden. Heinsius kommt 1773 in die Residenz, Melchior Kraus, der erste Zeichenlehrer Goethes in Frankfurt, 1775. Alle drei werden von Carl August großzügig gefördert. Kraus untersteht das vom Herzog finanzierte Zeicheninstitut. Heinsius wird von Carl August ein dreijähriger bezahlter Studienaufenthalt in Hamburg gewährt. Jagemann, ein Schüler von Kraus, studiert auf herzogliche Kosten bei David in Paris, von 1806 bis 1810 bildet er sich in Rom weiter.

Wieder in Weimar, porträtiert der Maler 1816 das Bild seines Fürsten, mit dem ihm von Friedrich dem Großen verliehenen Hohen Orden vom Schwarzen Adler, der höchsten preußischen Auszeichnung. Carl August trägt eine breite orangefarbene Schärpe, die sich von der linken Schulter zur rechten Hüfte zieht. Auf der Brust ist der achtstrahlige silberne Ordensstern zu sehen, im Medaillon in Schwarz in der Mitte auf orangefarbenem Grund der preußische Adler. Der Fürst ist in der Uniform eines preußischen Generals, die linke Hand ruht auf dem Säbelgriff, hinter der rechten sieht man seinen Federhut, welcher zur Generaluniform gehört.

1822 wird der Porträtist Heinrich Christian Kolbe nach Weimar gerufen. Der in Paris ausgebildete Maler ist Professor an der Düsseldorfer Kunstakademie. Es entsteht das lebens-

große Gemälde »Carl August auf dem Balkon des Residenz-
schlosses in Weimar«.

Der Fürst wird es seinem Freund Goethe schenken. Dieser
hängt es zunächst im Roten Salon neben dem Kamin auf, später dann findet es seinen repräsentativen Platz im Sammlungs-
zimmer, wo es noch heute ist.

In Öl malt Kolbe den Landesvater, vor einem dunklen Hintergrund tritt sein Gesicht hervor. Links ist eine weite Landschaft mit Schloß Belvedere zu sehen. Die Kleidung ist schlicht,
einzig der Ordensstern schmückt den dunklen Tuchrock. Carl
August wirkt entspannt, geduldig blickt er auf den Maler.

Kolbe zeigt einen gealterten Herzog, der stark an Leibesfülle
zugenommen hat. War es bei Goethe eher die Lebensmitte, die
ihn – zum Spott von Charlotte von Stein, die Goethes Frau
Christiane dafür verantwortlich machte – unvorteilhaft füllig
werden ließ, so daß selbst seine Gesichtszüge an Feinheit verloren, er aber dann im Alter wieder schlanker wurde und sich
damit auch die Konturen seines Gesichts wieder schärften, so
ist das bei seinem Freund nicht zu beobachten. Davon zeugt
eine von Kolbe offenbar als Vorarbeit für sein Gemälde gefer-
tigte Zeichnung, ein Brustbild in Kreide gearbeitet, die Carl
Augusts gealtertes Gesicht schonungslos in Nahaufnahme
darbietet.

1824 entsteht ein atmosphärisch schöner Stich. Er zeigt den
Herzog mit seinen Hunden im Weimarer Park, im Hintergrund
ist das Tempelherrenhaus zu sehen. Das Bild hat nichts Reprä-
sentatives, eher etwas privat Intimes; ein fülliger, alter Herr,
der im Park spazieren geht, nachdenklich einhält und sich
dem Betrachter stellt. Geschaffen hat es der 1785 in Dresden
geborene und zunächst von seinem Vater, dann an der Dres-
dener Akademie ausgebildete Maler Carl August Schwerdge-

burth. Bereits 1805 kommt er nach Weimar, ist dann für eine Zeit am Dessauer Chalcographischen Institut tätig, um sich schließlich in der thüringischen Residenzstadt niederzulassen. Goethe nennt ihn *unser<n> geschicktesten Kupferstecher*. Er selbst versteht sich als fleißigen akkuraten Handwerker. 1822 wird er zum Weimarer Hofkupferstecher ernannt.

Carl August ist auf dieser Arbeit von Schwerdgeburth leger gekleidet zu sehen, er trägt eine Art Hausrock und Hosen, die an den Knien beuteln. Auf dem Kopf sitzt eine Schirmmütze, wie er sie – so ist überliefert – liebte und des öfteren trug. Er gleicht eher einem durchschnittlichen Bürger seines Fürstentums, als daß er als Herrscher zu identifizieren wäre. Und diese Darstellung kommt wohl seinem Selbstverständnis im letzten Lebensjahrzehnt am nächsten.

Eine Verführung auf Schwerdgeburths Kupferstich geht zweifellos von der wunderbar gestalteten Parklandschaft, den Sträuchern, Büschen, Bäumen, der Wiese und im Hintergrund dem Tempelherrenhaus aus. Betrachtet man aber das Gesicht des Porträtierten – das freilich in der Gesamtheit des Stiches winzig erscheint –, stellt man fest, daß in ihm die gleiche Anspannung wie auf vielen früheren Abbildungen zu finden ist; der starre Blick in die Ferne, als sähe er dort seine Verpflichtungen als Herrscher, und die schmalen zusammengepreßten Lippen. Zu seiner offenkundigen Konzentration nach innen gehört, daß er seinen Hunden, deren einer sich schwanzwedelnd um ihn bemüht, keine Aufmerksamkeit schenkt.

Nach Carl Augusts Tod bekommt diese letzte zu seinen Lebzeiten entstandene Arbeit sehr schnell die Funktion eines Gedenk- und Erinnerungsblattes.

Ihm gesellen sich zwei posthum geschaffene Blätter von Schwerdgeburth zu. Das eine, ein Entwurf in grauer Kreide,

Feder, Blei und Deckweiß, laviert von 1831 mit dem Titel
»Carl August von der Jagd zurückkehrend«, das dann als
Kupferstich beziehungsweise als Steindruck weite Verbreitung findet. Und circa um 1860 entsteht ein Doppelporträt
von Goethe und Carl August: Es ist die einzige Arbeit, auf der
die Freunde gemeinsam zu sehen sind. Der Titel: »Carl August
bei Goethe«. In Goethes Haus sitzen die beiden alten Herren im repräsentativen Juno-Zimmer einander zugewandt an
einem Tisch, auf dem die Statue der geflügelten Victoria steht.
An der Wand die »Aldobrandinische Hochzeit« und links über
dem Haupt des Herzogs ein Porträt, vermutlich das von Carl
Friedrich Zelter. Während der Fürst den Hausherrn anblickt,
geht dessen Blick in die Ferne. Goethe hat ein Blatt in der
Hand, als läse er seinem Mäzen etwas vor. Carl Augusts rechte
Hand umfaßt einen Handschuh, was einen wohl eher zufälligen flüchtigen Besuch assoziiert. Davon spricht auch seine
nachlässig auf dem Tisch liegende Schirmmütze. Seine linke
Hand ist zur Brust gehoben und in den Überrock geschoben.
Zitiert Schwerdgeburth Ferdinand Jagemanns Gemälde von
1816? Längst sind die Porträts des französischen Imperators
mit der bekannten Geste Allgemeingut. Eine bewußte Replik
also, eine Herausforderung, das Selbstbewußtsein eines Herrschers betonend? Dafür spricht auch ein weiteres Detail. Zu
seinen Füßen liegt ein großer Hund. Kaum denkbar, daß er es
zu Goethes Lebzeiten gewagt hätte, einen seiner Jagdhunde
mit in die Repräsentationsräume des Freundes zu bringen.

Dieses so lange nach dem Tod der beiden geschaffene Doppelporträt hat bei aller handwerklichen Akkuratesse in seiner Bemühtheit etwas Schwerfälliges, Steifes, fast Biedermeierliches, was der widerspruchsreichen, über fünfzigjährigen
Freundschaft der beiden mit ihren Höhen und Tiefen kaum zu
entsprechen vermag.

Und dann dieses Reiterstandbild von 1875, geschaffen von Adolf von Donndorf, das Carl August mit Lorbeerkranz aus dem Krieg gegen Napoleon heimkehrend zeigt. In unmittelbarer Nähe der Herzogin Anna Amalia Bibliothek, vor dem ehemaligen Landschaftshaus, der heutigen Musikhochschule »Franz Liszt«, steht es auf dem Platz der Demokratie in Weimar. Monatelang – als ich an »Christiane und Goethe« arbeitete – bin ich täglich an ihm vorbeigegangen, aber immer endete mein Blick bei den Hufen und Fesseln des Pferdes. Die herrische Geste des Reiters, das Heldenepos, das das Standbild erzählt, war und ist mir fremd.

Das letzte aber zu Lebzeiten Carl Augusts entstandene Porträt des Fürsten, jener atmosphärische Kupferstich Schwerdgeburths im Weimarer Park, hat meine Sympathie. So etwa stelle ich mir den Siebzigjährigen vor, der in den Junitagen des Jahres 1828 seinen ersten Urenkel besichtigt.

Noch immer die Stille im Raum. Das schlafende Kind. Dann vielleicht erscheint Marie, die Enkeltochter, der Tisch ist gedeckt, ein ausgiebiges Mahl – das Lieblingsessen des Großvaters. Gespräche. Prinz Karls Empfehlungen womöglich, was in Potsdam zu besichtigen sei.

Anderntags der Aufbruch. Der preußische König hat den Weimarer Fürsten eingeladen, in seinem Berliner Stadtschloß zu nächtigen; die Carl August zugewiesenen Gemächer liegen rücksichtsvoll *au rez-de-chaussée*, zu ebener Erde. Seine Entourage, Leibchirurg, Hoffourier, Kammerdiener und Major von Germar, hat der Fürst bereits vorausgeschickt. Lehnt wohl auch das Angebot des Prinzen Karl ab, ihn nach Berlin zu begleiten.

Der Abschied. Die bereitstehende Kutsche. Der Wagenschlag wird geöffnet; umständlich, schwerfällig steigt Carl August ein. Er ist allein. Die Kutsche setzt sich in Bewegung.

Vielleicht wandern seine Gedanken während der Fahrt zu seinem allerersten Aufenthalt in der preußischen Hauptstadt. Fünfzig Jahre liegt das zurück. Zusammen mit Goethe weilte er vom 15. bis 23. Mai 1778 in Berlin. Fast zwanzig war er, seit zwei Jahren Regent, sein Mitreisender achtundzwanzig und Mitglied in seinem Regierungsgremium, dem Geheimen Conseil.

Anlaß der Reise und politischer Hintergrund ist der Bayerische Erbfolgekrieg 1778/79 – eine preußisch-österreichische Militärdemonstration. Bereits am 27. März 1778 notiert Goethe in sein Tagebuch: *Jupiter* (Carl August) *war viel in militä-*

rischen Gedanken, und ich ganz fatal gedrückt von allen Ele-
menten. Anfang April dann: *Nach Erfurt. Kriegsgeschwätz.*
Erstmals hat Goethe Sorge, in seinem herzoglichen Freund
könnte sich Soldatenblut regen – möglicherweise ein Erbe seines militärlüsternen Großvaters.

Aber noch ist der Blick des jungen Herrschers ausschließlich auf sein eigenes Land gerichtet. Durch den Bayerischen
Erbfolgekrieg ziehen sich auch über dem thüringischen Klein-
staat – in Form von zu stellenden Rekruten und Geldforde-
rungen – dunkle Wolken zusammen. Die Reise in die preußische Hauptstadt soll der Sondierung der Lage dienen. Getarnt
als Verwandtenbesuch kommen die beiden nach Berlin.

Vorfreude. Bereits einen Tag vor Ankunft heißt es bei Goethe: *Und nun bald in der Pracht der königlichen Städte im
Lärm der Welt und der Kriegsrüstungen.* Und am zweiten Tag
des Berlin-Aufenthaltes: *Es ist ein schön Gefühl an der Quelle
des Kriegs zu sizzen in dem Augenblick da sie überzusprudeln
droht. Und die Pracht der Königstadt, und Leben und Ordnung und Überfluss, das nichts wäre ohne die tausend und
tausend Menschen bereit für sie geopfert zuwerden. Menschen
Pferde, Wagen, Geschüz, Zurüstungen, es wimmelt von allem.*

Die jungen Männer erleben die *Maneuvre* der Truppen der
Berliner Garnison in der Nähe des Brandenburger Tors, sie
werden Zeugen der *Potsdamer Wachtparade,* besuchen dort
das Exerzierhaus, den *Exerzierstall,* die *Garnison Kirche* und
eine *Gewehrfabr.‹ik›,* die die gesamte preußische Armee be-
liefert. In Berlin besichtigen sie die Rüstkammer des Heeres,
das Zeughaus, bewundern dort die Plastiken von Andreas
Schlüter. Besuchen die Oper und Konzerte, folgen fast täglich
Einladungen in die Häuser hochgestellter adliger Militärs.

Carl Augusts Großonkel, der preußische König, ist nicht in
Berlin. Seit Anfang April befindet er sich bei seinem Heer in

Schlesien. Stellvertretend werden die beiden jungen Männer von den Brüdern Friedrichs des Großen, von Prinz Heinrich, seines Zeichens Generalleutnant, und Prinz Ferdinand, seines Zeichens General der Infanterie, empfangen. *Einen großen Theil von Prinz Heinrichs Armee, den wir passirt sind, Manoeuvres und die Gestalten der Generale, die ich hab halb dutzendweis bei Tisch gegenüber gehabt ...*, heißt es bei Goethe. Aber ihm wird bei alldem nicht wohl. *Von eisernen Reifen mit denen mein Herz eingefaßt wird*, schreibt er, sie *treiben sich täglich fester an dass endlich gar nichts mehr durchrinnen wird ... So viel kann ich sagen ie gröser die Welt desto garstiger wird die Farce und ich schwöre, keine Zote und Eseley der Hanswurstiaden ist so eckelhafft als das Wesen der Grosen Mittlern und Kleinen durch einander.*

... die Blüte des Vertrauens der Offenheit, der hingebenden Liebe ... welckt täglich mehr, klagt er.

Als besonders abstoßend empfindet er die intrigante Haltung jener, die dem preußischen König am nächsten stehen. *... ich hab*, heißt es über den *alten Fritz, sein Wesen gesehn, sein Gold, Silber, Marmor, Affen, Papageien und zerrissene Vorhänge, und hab über den großen Menschen seine eignen Lumpenhunde räsonniren hören ...* Das bezieht sich auf Gespräche im Kreis des Prinzen Heinrich, in denen gegen die Politik Friedrichs im Bayerischen Erbfolgekrieg opponiert wird. Dem Beobachter wird alles zum *grosen Uhrwerck das sich vor einem treibt, von der Bewegung der Puppen kan man auf die grose alte Walze (Friedericus Rex) gezeichnet mit tausend Stiften schliesen die diese Melodieen eine nach der andern hervorbringt.*

Goethe selbst bewegt sich äußerst vorsichtig in diesem Räderwerk. Er habe *in preußischen Staaten kein laut Wort hervorgebracht, das sie nicht könnten drucken lassen*, heißt es.

44

Auch seine Briefe verbirgt er vor den preußischen Zensoren, sendet sie erst ab, als er über die Grenze ist, das fremde Territorium wieder verlassen hat.

Es ist einerseits Diplomatie, andererseits wohl auch Angst, etwas falsch zu machen, die ihm diese Zurückhaltung auferlegt, ihn nur das Nötigste sprechen läßt. Er setzt sich damit dem Vorwurf aus, zu stolz zu sein. *Dafür ich gelegentlich als stolz pp. ausgeschrieen bin*, gesteht er Wochen später seinem Freund Heinrich Merck. Und auch Gleim in Halberstadt erfährt von der Karschin aus Berlin, daß *die ganze Versammlung* Goethe bei einem Konzert im Hause eines Barons *sehr stolz gefunden, weil er nicht Bückerling und Handkuß verteilte.*

Andererseits steht hinter dieser Zurückhaltung – sieht man genau hin – Konzentration. Und zwar auf das eigentlich ihm Gemäße, auf sein dichterisches Werk. Kurz vor Ankunft in Berlin die Notiz: *Mit den Menschen hab ich, wie ich spüre weit weniger Verkehr als sonst. Und ich scheine dem Ziele dramatischen Wesens immer näher zu kommen, da michs nun immer näher angeht, wie die Grosen mit den Menschen, und die Götter mit den Grosen spielen.*

Berlin bietet ihm dafür das ideale Beobachtungsfeld, die *Gelegenheit*, den *spielenden Figuren der Zeit in die Karten zu sehen.* Schweigendes Hinhören, Hinsehen steht gegen oberflächliche gesellschaftskonforme Kommunikation. Schon am vierten Tag seines Aufenthalts in der großen Stadt heißt es: *Aber den Werth, den ... dieses Abenteuer für mich für uns alle hat, nenn ich nicht mit Nahmen.* Unverkennbar ein Verweis, daß ihn die Erlebnisse in der großen Welt, der preußischen Hauptstadt, dem *Ziele dramatischen Wesens* näher bringen. Die Eindrücke müssen so stark und nachhaltig gewesen sein, daß die Berlin-Reise des Achtundzwanzigjährigen vom 15. bis 23. Mai 1778 die einzige in Goethes langem Leben bleiben wird, nie wieder betritt er diese Stadt.

Die Reise mit Goethe. Fünfzig Jahre liegt sie zurück. Wie er selbst die Stadt damals erlebt hat, ist Carl August wohl kaum noch im Gedächtnis. Zu oft war er im Lauf seines Lebens hier. Auch belegt ist sein Aufenthalt im Mai 1778 nicht im Detail. In Goethes umfangreichen Tagebuch- und Briefnotizen nur ein einziges: *Der Herzog ist wohl.*

Aber offenbar kehrt auch dieser damals nicht als Preußenfreund nach Weimar zurück. Die *Maneuvers* und *Wachtparaden*, die vielen Begegnungen mit hochgestellten Militärs haben ihn nicht – noch nicht – verführt, einen Eintritt in preußische Militärdienste zu erwägen. Noch sind seine *militärischen Gedanken* – zu Goethes Erleichterung – unmittelbar an die Interessen seiner eigenen *Ländergens* gebunden.

Wenige Monate nach der Berlin-Reise, im Dezember 1778, wird Carl August von Preußen ersucht, Rekruten zur Verfügung zu stellen oder selbst in Sachsen-Weimar Soldaten anwerben zu dürfen. Die Bedrohung wird real. Am 5. Januar 1779 überträgt der Fürst seinem Freund die Kriegskommission. Am 13. Januar notiert Goethe in sein Tagebuch: *Die Kriegs Commiss. über nommen Erste Session.* Er erarbeitet – seine Berlin-Erfahrungen fließen ein – eine mehrseitige äußerst sachkundige Vorlage zur Entscheidungsfindung. Am 21. Februar 1779 stimmt das Geheime Consilium dafür, sich gegen die gewaltsame Anwerbung von Landeskindern durch preußische Husaren mit verstärkter Militärpräsenz zu wehren. Es ist jene Zeit, da Goethe an seiner »Iphigenie« arbeitet und sich zeitgleich mit der Rekrutenaushebung für die Streitkräfte des eigenen kleinen Landes beschäftigt. Letztere wird er, um Geld zu sparen, um die Hälfte reduzieren.

Und sein Fürst? Zu beobachten ist, daß die Berlin-Reise, die Begegnung mit der *weiten Welt* doch nicht spurlos an ihm vorübergegangen ist. Plötzlich scheinen ihm die Belange seiner eigenen *Ländergens* nicht mehr zu genügen, er sucht ein größeres Betätigungsfeld, in ihm erwacht ein über sein Land hinausreichendes politisches Interesse.

Sein Blick richtet sich auf das »Heilige Römische Reich Deutscher Nation«. Ein Staatengewirr, das sich in einem Endzustand, einem fortschreitenden Verfallsprozeß befindet. Diesen Verfall aufzuhalten, etwa durch Überarbeitung der längst anachronistisch gewordenen Verfassung, durch Reformen im Bereich der Justiz oder der Wehrkraft, ist Carl Augusts Idee. Er will das Reich stabilisieren, wenn nicht erneuern, um *die zu sehr erloschene Vaterlandsliebe … allgemein aufleben zu lassen.* Er glaubt an einen wiederzubelebenden *Nationalgeist*, an ein *allgemeines Vaterland.* Meint, daß *alte deutsche Sinn- und Denkungsart noch zu erwecken* sei, trotz der *Trägheit der Sitten und des Jahrhunderts.* Darauf richtet er im Gefühl seiner jugendlichen Kraft den Blick.

Zunächst favorisiert er für seine Idee den Zusammenschluß der kleinen Fürstentümer zu einem Fürstenbund. Zu diesem Zweck unternimmt er im Sommer und Herbst 1784 zwei große diplomatische Reisen. Er wünscht Goethes Begleitung, schreibt ihm, er *nehme dagegen gar keine Entschuldigung an.* Ein Befehl also. Die erste Reise im August 1784 an den Braunschweiger Hof machen die Freunde gemeinsam.

Goethe fungiert als *Geheimsekretär.* Verhandelt wird mit dem Herzog von Braunschweig über eine Union, einen Fürstenbund, um sich gegen die Übergriffe des österreichischen Hofs, die Expansionspläne Kaiser Josephs II. zu wehren. Insgeheim aber geht es ebenso gegen die preußische Vormachtstellung, gegen Friedrich den Großen.

Der *Geheimsekretär* langweilt sich. Aufatmend heißt es am 6. September nach dem Ende der Verhandlungen: *von den Fesseln des Hofs entbunden.*

Jahre später wird er ein Loblied auf seinen Freund mit den Zeilen einleiten: *Klein ist unter den Fürsten Germaniens freilich der meine; Kurz und schmal ist sein Land, mäßig nur, was er vermag.* Goethe sieht die Dinge realistisch, nimmt schon zeitig die Ohnmacht der kleinen Fürstentümer im Konzert der Großmächte wahr. Daher verhehlt er seine Abneigung gegen Carl Augusts politische Pläne nicht, spricht verächtlich von *Betriebsamkeit,* von *Motion der Kleinen.*

Im Oktober bricht der Herzog – wiederum in Sachen Fürstenbund – zu einer zweiten Unternehmung an mehrere deutsche Höfe auf, sie dauert bis Jahresende. Goethe verweigert sein Mitkommen.

Über die Ergebnisse dieser Reise verfaßt der Fürst einen Bericht, legt ihn, offenbar in dem Glauben, einen Verbündeten zu finden, seinem Schwager, dem preußischen Thronfolger Friedrich Wilhelm, vor.

Befördert er damit – vielleicht unwillentlich –, daß sich Preußen an die Spitze der Fürstenbund-Bewegung stellt? Im Juli 1785 schließen sich Hannover, Sachsen und Preußen zu einem Dreifürstenbund zusammen. Carl August ist zunächst skeptisch, denn der Bund hat nun ein anderes Gesicht als die von ihm ursprünglich beabsichtigte Union von Mittel- und Kleinstaaten, gedacht als eine Rückversicherung der Kleinen gegen die Großen, somit indirekt auch gegen Preußen gerichtet. Nun aber, mit dem Vertrag vom Juli 1785, dominiert Preußen eindeutig, gebraucht den Bund – wie sich zeigen wird – für seine eigenen realpolitischen Machtpläne.

Dennoch folgt Carl August – was sollte er auch anderes tun – schließlich der Einladung zum Beitritt. Dieser erfolgt am 29. August 1785 in Weimar. Den Vertrag handelt auf ausdrücklichen Wunsch des preußischen Geheimrats von Böhmer Goethe aus.

Der Dichter, wohl schon mit den Gedanken seiner Flucht nach Italien beschäftigt, hofft, Carl August werde sich nun wieder seinen eigenen *Ländergens* zuwenden, ausschließlich seine landesherrlichen Pflichten wahrnehmen. Er, der *Motion der Kleinen* überdrüssig, wünscht, daß sein Fürst diesen Beitritt als Schlußpunkt seines politischen Wirkens in der Bundesfrage, im Hinblick auf den Fürstenbund sieht.

Aber er muß wahrnehmen, das Gegenteil geschieht.

Der Herzog aus dem kleinen Thüringer Land entwickelt einen enormen politischen Ehrgeiz.

Er verstärkt, nun unter preußischer Federführung und mit Wissen des Thronfolgers, seine politischen Bemühungen. Der greise Friedrich der Große, jener, dem er als Dreizehnjähriger vorgestellt wurde und der schmeichelnd über ihn gesagt hatte, er habe noch nie einen jungen Mann dieses Alters gesehen, der zu so großen Hoffnungen berechtige, dieser Friedrich empfängt Carl August im Januar 1786 in Berlin, verleiht dem nun Achtundzwanzigjährigen den »Orden vom Schwarzen Adler«. Wenige Monate später, am 17. August 1786, stirbt Friedrich II. in Potsdam.

Mit dem Tod des Monarchen und dem Machtantritt von Carl Augusts Schwager als König Friedrich Wilhelm II. kommt neuer Wind in die existierende Reformpartei innerhalb des

Fürstenbundes. Der Weimarer Regent vervielfältigt seine Aktivitäten. Er, der das Vertrauen des preußischen Königs genießt, ist unablässig in diplomatischer Mission unterwegs. So monatelang in der heiklen Sache der Mainzer Koadjutorwahlen. In der Sicherung des Vorpostens Mainz sieht man in Berlin eine Hauptbedingung für jeden weiteren Ausbau des Fürstenbundes. Carl August soll die Wahl Karl Theodor von Dalbergs zum Koadjutor von Mainz durchsetzen. In dieser Sache reist er, zum Teil geheim und inkognito, an mehrere deutsche Fürstenhöfe. Seine Gegner verspotten ihn bereits als »Kurier des Fürstenbundes«. Er aber erlebt die Zeit zwischen 1786 und 1788/89 beglückt als Aufschwung seiner Existenz, als seine große politische Epoche.

Er verfolgt die Idee eines Unionskongresses in Mainz, der die Kräfte bündeln soll. Er veranlaßt Johann Gottfried Herder zu der Schrift »Idee zum ersten patriotischen Institut für den Allgemeingeist Deutschlands«.

Im Fürstenbund sieht Carl August das entscheidende Instrument zur Reform des Deutschen Reiches. In einem Brief an Knebel offenbart er seine Vision. *Die Union, wie sie jetzt ist, ist fester Grund ... auf die ein großes schönes Gebäude aufgeführt werden kann ...* Von *Nationalgeist* ist die Rede. Und: *Das aufzuführende Gebäude steckt just in den Köpfen verschiedner Leute, die Erfindungskraft, Baukunst und Tätigkeit genug besitzen, das Werk auszuführen, wenn man sie unterstützt, nicht hindert.*

... unterstützt, nicht hindert. Da liegt das Problem. Preußen zeigt kaum Interesse an der Reichsidee. Im Gegenteil, die Außenpolitik, dominiert durch Minister von Hertzberg, drängt in Richtung Großmachtpolitik, eingeschlossen kriegerische Unternehmungen wie den preußischen Einmarsch in Holland im Herbst 1787.

II

Überschätzt der in seine Ideen verliebte Carl August seinen Einfluß am preußischen Hof, vertraut den verwandtschaftlichen Beziehungen, glaubt, das Ohr seines königlichen Schwagers ungeteilt zu besitzen? Dieser Friedrich Wilhelm II., der als *der dicke Lüderjahn* in die Geschichte eingeht, wird in seinen politischen Entscheidungen von dem bereits zu Zeiten des großen Friedrichs amtierenden einflußreichen Minister Ewald Friedrich Graf von Hertzberg dominiert.

Carl August scheint den zwanzig Jahre älteren Politiker kaum wahrzunehmen. Dieser aber versteht es, äußerst diplomatisch mit dem jungen Heißsporn umzugehen. So mit dessen Traum von einem Fürstenbundkongreß mit lauter *gleichberechtigten Fürsten*. In einem Brief des Weimarer Herzogs vom 2. November 1787 an den späteren preußischen Staatskanzler Hardenberg ist davon zu lesen. Auch den preußischen König und Hertzberg will Carl August für diese Idee gewinnen.

Diplomatisch schmeichelnd entgegnet Hertzberg in seinem Schreiben nach Weimar, man bewundere die politische Aktivität von Serenissimus, um ihm dann eine energische und definitive Absage für seine Fürstenbundpolitik zu geben. Die Begründung: Die anderen Fürstentümer seien noch nicht so weit, und so würden sich gegen sein Vorhaben Widerstand beziehungsweise Unmut und Eifersucht regen.

Der Weimarer Regent muß erleben, daß sein politischer Eifer immer wieder ausgebremst wird. In Berlin findet er im Gegensatz zu früher zunehmend weniger Gehör. Schließlich geht ihm Friedrich Wilhelm II. sogar bewußt aus dem Weg. Carl August ist verletzt und enttäuscht.

Im Herbst 1787 kommt es in Berlin zu einem Gespräch. Da offenbaren sich die Meinungsverschiedenheiten.

Genau zu diesem Zeitpunkt wird Carl August eine Karriere beim preußischen Militär angeboten. Ein kluger Schachzug des Hofes, etwa des Grafen von Hertzberg? Man wird den politisch unruhigen Geist los; man schiebt ihn in die Armee ab. Auffällig ist die zeitliche Übereinstimmung von dessen Rückzug aus der großen Politik und seinem Engagement für das preußische Militär.

Im März 1788 äußert er gegenüber seinem Freund Johann Friedrich vom und zum Stein, dem Bruder des preußischen Reformers, er sei das *métier de colporteur politique* unendlich leid und trage sich mit dem Gedanken, der politischen Tätigkeit zu entsagen. Er widerspricht nicht, als Stein den Fürstenbund eine *schöne Chimäre* nennt und ihm schreibt: ... *so scheitern ihre Ent- und Beschlüsse, so verdampfen die Projekte ... lassen sie uns demnach in uns selbst zurückkehren.*

Carl August muß sich eingestehen, daß seine Versuche der Wiederherstellung des Fürstenbundes, in die er so viel Kraft und Idealismus investiert hat, gescheitert sind. Er rückt von seinem staatsmännischen Ehrgeiz ab, bilanziert eine verfehlte Politik und damit auch eine verfehlte Lebensperiode.

Aber anstatt sich auf sein Weimarer Herzogtum zurückzuziehen und sich ausschließlich seinen landesherrlichen Pflichten zuzuwenden, sucht und findet sein Tatendrang – wohl geschickt von Berlin kanalisiert – jenen Ausgleich im Engagement für das preußische Militär.

Ist diese Hinwendung zum Militär nicht in gewissem Sinne eine Flucht? Flucht vor den Niederlagen, die er in der großen Politik hinnehmen muß?

Auch ein anderer sieht in der Flucht einen Ausweg. Im September 1786 flieht Goethe, seine Regierungsverantwortung in Weimar in den Wind schlagend, nach Süden. Er befreit sich aus einer tiefen Lebenskrise, die vielfache Facetten hat. In politischer Hinsicht ist es die völlige Desillusionierung über die Möglichkeiten seines Wirkens. *Der Wahn, die schönen Körner die in meinem und meiner Freunde Daseyn reifen, müssten auf diesen Boden gesät, und iene himmlische Juwelen könnten in die irdischen Kronen dieser Fürsten gefaßt werden, hat mich ganz verlassen*, bekennt er schon am 21. November 1782. Und wenige Monate vor seiner Flucht formuliert er die bittere Bilanz: *wer sich mit der Administration abgiebt, ohne regierender Herr zu seyn, der muß entweder ein Philister oder ein Schelm oder ein Narr seyn.*

Das Jahr 1787 und das erste Halbjahr 1788 verbringt er in Italien, erst im Juni 1788 kehrt er nach Weimar zurück.

Etwa zur gleichen Zeit arbeitet Carl August unermüdlich an seiner Karriere in der Reichspolitik, und, als er sich seine Niederlage eingestehen muß, trifft er die Entscheidung zum Eintritt in das preußische Heer. Das geschieht im Herbst 1787. Am 27. September wird er mit königlichem Befehl zum Generalmajor der preußischen Armee ernannt.

Goethe ist fern; ein Gespräch der beiden im ersten Weimarer Jahrzehnt so eng verbundenen Freunde ist nicht möglich. Ihre Lebenslinien trennen sich, ihre Daseinsebenen gehen weit auseinander. Goethe lebt als Lernender und Genießender in Italien, Carl August dagegen engagiert sich – fern von seinem Fürstentum – in der großen Politik. *Antipodischer* könnten ihre *Existenzen* nicht sein, wird sein Freund ihm aus der südlichen Ferne schreiben.

Wäre Carl Augusts politische Laufbahn vielleicht anders verlaufen, wenn Goethe nicht diese Jahre abwesend gewesen wäre? Die Frage stellt sich, aber eine Antwort darauf gibt es nicht.

An Warnungen vor diesem eingeschlagenen Lebensweg des Weimarer Regenten hat es nicht gefehlt. Besonders Major von Knebel, vertraut mit Preußen, in dessen Dienst er stand, attakkiert seinen einstigen Schützling. Sein Ton ist scharf. Schon, als Carl August seinen Armeeeintritt noch als Gedankenspiel betreibt, heißt es am 14. November 1786 in Hinblick auf die preußische Ordnung: *Lassen Sie sich nie durch die schöne äußerliche Ordnung verführen, das Kommando über fremde Leiber jener bessern Herrschaft vorzuziehen noch Ihre Kräfte einem fremden Staate zu geben, die Ihnen selbst und den Ihrigen gehören.* Die *besser<e> Herrschaft* sei das eigene Herzogtum, da würden seine Kräfte gebraucht.

Dessen staatspolitischem Engagement, dem Dienst für ein *allgemeines Vaterland* in Sachen Reichspolitik und Fürstenbund, erteilt Knebel eine Absage. Einen *schönen Menschheitstraum* nennt er ihn am 30. Januar 1788, den Carl August *ohne öden Zwang- und Autoritätsmittel* zum Leben erweckt habe und den nun *vielerlei Räte und falsch vorgebildete Exempel* zu vernichten drohten.

In bezug auf sein Desinteresse am eigenen Land heißt es: *Eure Durchlaucht verachten uns ... und glauben dafür den ganzen Körper wiederherstellen zu können, an dem wenig Heilmittel mehr nützen möchten.* Mit dem *ganzen Körper* ist das *allgemeine Vaterland*, das »Heilige Römische Reich Deutscher Nation« gemeint. Für dessen Erneuerung sieht Knebel keine Chance. Und so folgt dem *Eure Durchlaucht verachten uns ...* die Aufforderung, er möge sich seinen *Ländergens* wieder zuwenden. Der Appell: *den Rest Ihrer Liebe für uns einsetzen.* Er schließt: *Physisch und moralisch ist kein Punkt in der Menschheit höher zu schätzen als der, das Herz und die Seele von vielen zu sein. Wer es recht erkennt, der ist ein Gott an Glück und Wirkung.*

Und Goethe?

Als der Herzog seine Entscheidung für das preußische Heer trifft, begeistert davon spricht, das *Soldatenhandwerk passe* in seine *Existenz,* ist sein Freund abwesend. Selbst die Korrespondenz der beiden ist zum Erliegen gekommen. Monatelanges Schweigen. Der Fürst weiß nicht, wo sich sein Regierungsmitglied befindet. Ein Affront, ein Skandal. Erst als Goethe das Geheimnis seiner Flucht lüftet und ihm seinen Aufenthaltsort Rom mitteilt, setzt der Briefaustausch wieder ein. Goethe erfährt von der Entscheidung seines Herrn für das preußische Militär, von dessen Ernennung zum Generalmajor. Ebenso von Carl Augusts Teilnahme am Krieg in Holland ohne Befehlsgewalt und daß er, zurückgekehrt, am 16. Dezember 1787 zum Chef des in Aschersleben stationierten Kürassierregiments von Rohr K 6 berufen ist.

Carl August muß den Freund, nachdem er seinen Aufenthaltsort weiß, sehr ausführlich über sein neues Leben unterrichtet haben. Wir wüßten gern, was er ihm von seinen politischen, vor allem jedoch seinen militärischen Unternehmungen im einzelnen anvertraut hat. Aber Goethe hat sämtliche frühen Briefe seines Mäzens an ihn, eingeschlossen die vielen nach Italien gesandten Schreiben, bei seinem großen Autodafé 1797 verbrannt, wie er formuliert, *aus entschiedener Abneigung gegen Publikation des stillen Gangs freundschaftlicher Mitteilung.*

Seine Briefe aus Italien an den Herzog indes sind erhalten. Einzig aus ihnen kann man Rückschlüsse ziehen, was sein Gönner ihm mitgeteilt haben mag. Ein Beispiel: So dankt er in einem Brief vom 25. Januar 1788 für das übersandte *Tableau politique*. Schreibt anerkennend: *Der Antheil den Sie an den Geschäfften des Vaterlands und der Welt nehmen, liegt mir zunächst am Herzen, ich freue mich über alles was Ihnen gelingt, es ist mir tröstlich daß Ihre Mühe und Aufopferung anerkannt und mit einem ehrenvollen Zutrauen gelohnt wird. Lassen Sie mich von Zeit zu Zeit wissen wie die Sachen stehen ...*

Als Goethe dann aber von dessen Teilnahme am Einmarsch der preußischen Armee in Holland erfährt, fällt das Wort, ihrer beider *Existenz* könne *antipodischer* nicht sein. Der nach Italien Geflohene schreibt: *Ich bin an der friedlichen Seite der Welt, Sie am kriegrischen Ende und alles berechnet man könnte keine antipodischere Existenz haben. Hier wird das Pulver gar löblich nur zu Feuerwercken und Freudenschüßen an Festtägen verbraucht, der Soldat hütet sich eben so arg vorm Regen, als vorm Feuer. Leben und leben lassen ist das allgemeine Losungs Wort. Wir werden was zu erzählen haben, wenn wir dereinst wieder zusammen kommen.*
Die Ironie, fast das Lächerlichmachen: *der Soldat hütet sich eben so arg vorm Regen, als vorm Feuer*, der Übermut, der in der Formulierung liegt, das kumpelhafte: *Wir werden was zu erzählen haben ...*; die Realität eines tatsächlichen Krieges ist Goethe fern. Er ist erfüllt von all dem Neuen, was er in Italien, in Rom erlebt, schäumt förmlich vor Begeisterung über, erzählt von seinem Leben in der Via del Corso, von seinen Gängen durch Rom, von Bauten, Skulpturen, Gemälden, Menschen, von seinem Unterricht im Zeichnen, seiner Arbeit

am »Egmont« und an »Iphigenie«, von den Kunstwerken, die er für seinen Herzog kaufen will. Die *antipodische<n> Existenz<en>*. Goethes Skepsis vor allem gegenüber den militärischen Unternehmungen seines Fürsten sind geblieben, und er sieht sich – wenn auch nur vereinzelt – zu Mahnungen aus der Ferne veranlaßt. So heißt es am 17. November 1787 – auf die Nachricht vom Eintritt des Freundes ins preußische Heer: *Ihr werther Brief ... läßt mich sehen, daß Sie Ihre neue Laufbahn mit Mut und Freudigkeit antreten.* Dann die Formulierung seiner Ängste, die sich an die Handlungen seines Herzogs knüpfen. *Möge ein günstiges Schicksal Ihr Unternehmen für Sie und die Ihrigen zum besten kehren und alle Besorgnisse nach und nach auflösen und zerstreuen, die sich über Ihr Beginnen in den Herzen so vieler gesammelt und festgesetzt haben.* Und wenig später, am 8. Dezember, ebenfalls als Antwort auf ein Schreiben des Herzogs: *Ich danke Ihnen für die Nachrichten, die Sie mir von Ihrer Expedition geben* – sein nochmaliger Einwand und das unmißverständliche Bedauern über dessen Entscheidung fürs Militär. *Leider haben Sie sich zu Ihrer angebornen Bestimmung, die mühsam genug ist, wenn man ihr ernstlich nachgehen will, noch fremde Lasten aufgeladen, deren Schwere Sie noch oft fühlen werden.*

Knebels Mahnung, *nie das Kommando über fremde Leiber ... in einem fremden Staate zu übernehmen,* das Verweisen auf die *Kräfte, die Ihnen selbst und den Ihrigen gehören,* Goethes Hinweis auf Carl Augusts *angeborne Bestimmung,* seine Warnung vor den *fremde<n> Lasten, deren Schwere* er *noch oft fühlen* werde.

Sind die Zeiten ihrer *antipodische‹n› Existenz‹en›* nach Goethes Rückkehr aus Italien beendet? Carl August ist für Wochen und Monate abwesend, erfüllt seine Verpflichtungen im preußischen Heer. Seine Mißerfolge in der großen Politik hat er noch nicht verwunden.

Goethe weiß das und übernimmt im Winter 1788/89 dem Freund gegenüber – wie in den ersten Jahren – erneut die Rolle des intimen Vertrauten und Ratgebers. Im September 1788 schreibt er ihm, der sich bei seinem Kürrassierregiment in Aschersleben aufhält: *Mit herzlicher Theilnehmung seh ich aus Ihrem Briefe Ihr Mißbehagen, Ihren Unmuth, die mir um so schmerzlicher sind, da sie ganz außer dem Kreises meines Raths und meiner Hülfe liegen.* Zu Carl Augusts Enttäuschung kommen sein schlechter Gesundheitszustand und seine offenbar unerfüllte Liebe zu Elise Gore. Dazu schreibt Goethe an Herder: *Er hat sich in der Neigung zu dem Mädchen so ganz indulgiert wie in seinem politischen Getreibe: beides hat keinen Zweck, wie soll es Zufriedenheit gewähren?*

Goethe dagegen entscheidet sich nach seiner Rückkehr aus Italien zum zweiten Mal – und nun endgültig – für das kleine Weimarer Fürstentum als seine Heimat. Carl August erfüllt ihm äußerst generös und großzügig alle seine Wünsche. Als *Künstler* und *Gast* kann er fortan in Weimar leben, bekommt – bei laufendem Gehalt – Urlaub, um seine Werkausgabe abzuschließen. Es sind äußerst komfortable Bedingungen, die der Regent ihm bietet.

Goethes abermalige Entscheidung für Weimar als seinen Lebensort hat auch den Hintergrund, daß er eine Familie gründet und Vater wird.

Carl Augusts nicht zufriedenstellende Lage. In Goethe entsteht die Idee eines Huldigungs- und Dankgedichts. Als *Lobgedicht* annonciert er es seinem Gönner und Freund am 10. Mai 1789. *Leben Sie recht wohl,* schreibt er ihm, *und gedenken mein unter den Waffen. Dafür bereite ich Ihnen auch ein Lobgedicht an einem Platze wo Sie es am wenigsten vermuten* ... (Später wird er es in die »Venetianischen Epigramme« aufnehmen.) Der Text lautet:

Klein ist unter den Fürsten Germaniens freilich der meine;
Kurz und schmal ist sein Land, mäßig nur, was er vermag.
Aber so wende nach innen, so wende nach außen die Kräfte
Jeder; da wär's ein Fest, Deutscher mit Deutschen zu sein.
Doch was priesest du Ihn, den Taten und Werke verkünden?
Und bestochen erschien deine Verehrung vielleicht;
Denn mir hat er gegeben, was Große selten gewähren,
Neigung und Muße, Vertraun, Felder und Garten und Haus.
Niemand braucht' ich zu danken als Ihm, und Manches
bedurft' ich,
Der ich mich auf den Erwerb schlecht, als ein Dichter,
verstand.
Hat mich Europa gelobt, was hat mir Europa gegeben?
Nichts! Ich habe, wie schwer! meine Gedichte bezahlt.
Deutschland ahmte mich nach, und Frankreich mochte mich
lesen.
England! freundlich empfingst du den zerrütteten Gast.
Doch was fördert es mich, daß auch sogar der Chinese
Malet, mit ängstlicher Hand, Werthern und Lotten auf
Glas?

Niemals frug ein Kaiser nach mir, es hat sich kein König
Um mich bekümmert, und Er war mir August und Mäcen.

Er war mir August und Mäcen. Die Anspielung auf Kaiser Augustus, der in seiner Herrschaftszeit (27 v. Ch. – 14 n. Ch.) die Kunstentwicklung Roms entscheidend beeinflußte. Sein Zeitgenosse Maecenas steht für eine großzügige Kunstförderung, er unterstützte unter anderem Horaz, Vergil und Properz.

Er war mir August und Mäcen; die Parallele zu Carl August, der mit fürstlicher Generosität und menschlicher Größe seinem Freund geistige und materielle Güter gleichermaßen zukommen läßt: *Denn mir hat er gegeben, was Große selten gewähren: / Neigung. Muße, Vertraun, Felder, Garten und Haus.* Unmißverständlich macht Goethe deutlich, daß eine Existenz als freier Schriftsteller keine Alternative für ihn sein kann. Seine internationale Berühmtheit, die Verbreitung seiner Werke in Europa hat keine Folgen für seine materiellen Lebensgrundlagen. Obgleich sein »Werther« in viele europäische Sprachen, unter anderem ins Französische, Englische und Russische übersetzt ist, in ganz Europa und selbst in China gelesen wird, hat das Werk ihm finanziell nichts eingebracht; die Verleger drucken, ohne den Autor zu entschädigen, die wilde Praxis der Raubdrucke existiert.

Einzig dem Weimarer Fürsten hat er alles zu verdanken. Nichts den Großen dieser Welt. Carl August allein hat ihm seine Existenzgrundlage geschaffen: *Niemand braucht' ich zu danken als Ihm.*

Ein starkes, sehr persönliches Bekenntnis zu seinem Fürsten. Und in der Tat hat dieser, gemessen an der Kleinheit seiner *Ländergens*, materiell gesehen, enorm viel für Goethe geleistet, mit lebenslangen, immer wieder erhöhten Gehältern, mit Reisezuschüssen, mit dem Geschenk von zwei Häusern.

Gern wüßten wir, wie er – zumal in seiner mißlichen Situation – auf dieses Lob des Freundes, diese Huldigung reagiert hat. Aber wenn ein solcher Brief existierte, wurde er von Goethe 1797 mit vielen anderen Zeugnissen vernichtet.

Niemals frug ein Kaiser nach mir, es hat sich kein König / Um mich bekümmert ... Vielleicht kommen Carl August – allein in der Kutsche auf der Fahrt nach Berlin – die Zeilen aus dem frühen Lobgedicht wieder in den Sinn.

Wie hat sich alles verändert. Im Vorjahr, im August 1827, war der König von Bayern nach Weimar gekommen, allein um Goethe, *dem König der Teutschen Dichter*, das Großkreuz, den Verdienstorden der bayerischen Krone, zu überreichen. Er selbst hatte nur die Aufgabe gehabt, den König zum Frauenplan zu begleiten.

Und bei der österreichischen Kaiserin avancierte sein Freund zum Vorleser. *Sie läßt Dich sehr schön und graziös grüßen*, heißt es in einem seiner Briefe vom August 1811 an Goethe. Und Napoleon Bonaparte, der seinen Freund 1808 in Erfurt mit einer Audienz beehrte. Der bei seiner fluchtartigen Durchreise 1812 durch Weimar nicht versäumte, ihn grüßen zu lassen. *Weißt Du schon*, schreibt sein Fürst da – es ist der 16. Dezember 1812 –, *daß St. Aignan beauftragt ist, Dir vom Kaiser der Nacht schöne Grüße zu bringen? So wirst Du von Himmel und Hölle beliebäugelt.*

... *beliebäugelt.* Klingt daraus eine leise Wehmut, eine Resignation? Wurde der weltweite Ruhm Goethes zum Problem für Carl August? Ganz einfach kann es nicht für ihn gewesen sein.

Hatte er in einem frühen Brief vom 15. Januar 1789 an seine Mutter geschrieben, *Indessen tröste ich mich über mein Vaterland, weil andere Länder nichts geschriebenes von dem*

Wert aufstellen können, wie Göthens »Werther«, »Faust«, »Iphigenie«, »Berlichingen« etc. und Herders Ideen sind. Dieses Alleinstellungsmerkmal seines Vaterland<s> gilt nun nicht mehr, er muß teilen. Mehr noch, er muß der Tatsache ins Auge sehen: Während er sich die beiden mächtigsten Männer in Europa, Napoleon und später Metternich, zu Feinden macht, er von ihnen nur Kritik und Ablehnung erfährt, hofieren sie »seinen« Dichter.

Die nichts beschönigende Zeile im frühen Lobgedicht des Freundes dagegen gilt noch immer: *Kurz und schmal ist sein Land, mäßig nur, was er vermag.* Das ist gelebte Realität. Er ist sich bewußt, wie gering sein Einfluß ist.

Eine andere ihn einst beglückende Zeile ist – schmerzlich muß er es erfahren – längst außer Kraft gesetzt: *Niemand braucht' ich zu danken als Ihm ...* Die Erinnerung Carl Augusts vielleicht an den Stolz, der ihn damals erfüllt hatte.

Überhaupt: Die frühen Jahre. Die Erfahrung der Ohnmacht der kleinen Fürsten im Konzert der Großmächte ist noch fern. Alles scheint möglich. Und die Freundschaft zu dem aus der Freien Reichsstadt Frankfurt in das winzige Weimar gekommenen berühmten Verfasser des »Werther« ist beglückend intensiv. Hatte dieser nicht von ihrer *Liebschafft,* von der *wahrsten und innigsten Seelen-Verbindung* gesprochen, und, nachdem er, Carl August, ihn, den Bürgerlichen, in Amtsgeschäften Unerfahrenen, gegen den massiven Widerstand seines Ministers von Fritsch *an seine Geschäffte gebunden* hatte, gar davon, daß aus *unsrer Liebschafft ... eine Ehe entstanden* sei.

Und all die innigen Bekenntnisse, die ihn aus Italien erreicht hatten. ... *rufen Sie mich, wie ich Ihnen nur einigermaßen nötig scheine zurück,* so im Brief vom 20. Januar 1787, in dem er zugleich dankt, *daß Sie mir so freundlich entgegen kom-*

men, mir die Hand reichen und mich über meine Flucht, mein Aussenbleiben und meine Rückkehr beruhigen. Am 3. Februar dann gesteht er: *ohne Ihre Zufriedenheit, mag und kann ich nichts genießen.* Sieben Tage später: *der Himmel segne Sie für alles Gute das Sie mir gewähren und gönnen.*

Ich lege mein ganzes Schicksal zutraulich in Ihre Hände, heißt es am 27. Mai 1787. In diesem Brief bittet Goethe seinen Mäzen, ihn von seinen bisherigen Geschäften in Weimar zu entbinden, versichert ihm: ... *ich werde Ihnen mehr werden als ich oft bisher war, wenn Sie mich nur das thun lassen was niemand als ich thun kann* ... *Geben Sie mich mir selbst, meinem Vaterlande, geben Sie mich Sich selbst wieder, daß ich ein neues Leben und ein neues Leben mit Ihnen anfange!*

... *geben Sie mich Sich selbst wieder* ... Erneut das Bekenntnis zu einer unlösbaren Verbindung ihrer beider Leben, erneut suggeriert es, nun auf einer anderen Ebene als in den ersten Weimarer Jahren, eine *seeleninnigste* Verbindung und die fast flehentliche Bitte: *sondern Sie mich von Ihrem Schicksale nicht ab* ...

Goethe versichert seinem Mäzen: ... *daß das beste was an mir ist und seyn wird immer Ihrem Dienste gewidmet bleiben soll.*

Einschmeicheln. Loben. Carl August erreichen die Zeilen: ... *laßen Sie mir die Freude zu dencken daß ich auch für Sie genießend sammle und gewinne.* Und: *Das Ende meiner Bemühungen und Wandrungen, ist und bleibt der Wunsch Ihr Leben zu zieren.* Ersteres geschrieben am 28. September 1787 in Frascati, letzteres am 7. Dezember desselben Jahres in Rom.

Schließlich am 17. März 1788 die Ankündigung seiner Rückkehr mit *einem fröhlichen: ich komme!* Und die keineswegs bescheidene Bitte um weitere Urlaubsgewährung. Zugleich aber, diplomatisch äußerst geschickt – Carl August erinnert sich –, der Kniefall des Freundes vor ihm. *Herr hie bin ich*, so dieser, *mache aus deinem Knecht was du willst.* *Jeder Platz, jedes Plätzchen die Sie mir aufheben, sollen mir lieb seyn, ich will gerne gehen und kommen, niedersitzen und aufstehn.*

Wie haben sich die Dinge verändert. Vor seiner Abreise nach Berlin im Sommer 1828 mußte der Großherzog mit Kanzler Müller vorliebnehmen. Der Freund war beschäftigt, das Porträt für den König von Bayern hatte Vorrang. Von *innigste<r> Seelen Verbindung* oder gar *Ehe* ist nicht mehr zu sprechen.

Wie lange ist das alles her. Erinnert sich Carl August an die Bedenken der Freunde? In jungen Jahren hatte er all diese Mahnungen in den Wind geschlagen. Waren sie nicht zu Recht ergangen?

Hat er sich vom Glanz der Paraden, von der Befehlsgewalt über Menschen, den stimulierenden Wechseln der Orte, den Begegnungen mit fremden, weit entfernten Territorien verführen lassen? Waren es seine Ungeduld, sein Temperament, seine körperliche Verfassung, die ihn bedrängt hatten? *Ohne Krieg und ohne Exerzierzeit wird mein Blut zu dick.*

Will sich Carl August vielleicht in Berlin ein letztes Mal in seinem einstigen militärischen Rang als preußischer General bestätigt wissen? Mit dieser Vergangenheit stehen dem Weimarer Großherzog sowohl die Hofkreise mit ihren adligen Militärs wie auch die ersten Häuser der Stadt offen. Unterhaltungen mit militärischen Würdenträgern? Bis spät in die Nacht?

Um militärische Gesprächsthemen, strategische oder taktische ist er nie verlegen. In seinem Besitz ist eine Militärbibliothek von 7000 Bänden. Und er liebt es, zu erzählen, daß er schon zu Beginn des Jahrhunderts für eine grundlegende Reform des preußischen Heeres plädiert hat. *Es kann und muß etwas anderes geschehen, als jetzt bei uns Mode ist,* forderte er damals und trat 1802 in die von Generalleutnant Gerhard von Scharnhorst mitgegründete »Militärische Gesellschaft« ein, die eine umfassende Heeresreform zum Ziel hatte. Interessiert das noch? Längst ist eine nächste Generation von preußischen Offizieren herangewachsen, das Adelsprivileg für Offiziere ist abgeschafft, und die Berufsgeneräle scheuen sich nicht, offen darüber zu räsonieren, daß sie sich nicht von Prinzen und Fürsten ins Handwerk pfuschen lassen wollen und daher dafür sorgen, daß diesen nicht allzuviel Verantwortung übertragen wird. Fremdheit kann da nur den Siebzigjährigen überkommen.

Vielleicht aber schließt Carl Augusts Berlin-Besuch im Sommer 1828, sein *Abschied nehmen* von *der Außenwelt* – wie er Goethe gegenüber formuliert – auch einen kritischen Blick auf seine Militärkarriere ein? Im Sinne, wie er Augusta, seiner Enkelin, schrieb: *Aus der Vergangenheit erinnert man sich hauptsächlich dessen, was man nicht hätte tun sollen und dessen, was man zu tun unterlassen hat.*

Das stille Eingeständnis vielleicht – mit niemandem als sich selbst besprochen in den turbulenten Berliner Tagen –, daß er ein glückloser Heerführer gewesen war. Nicht ein einziges Mal hat er an einer Hauptfront, einer entscheidenden, gekämpft, mehr als einmal war er zur Untätigkeit verurteilt. Und des öfteren verschätzte er die militärische Lage völlig.

Zum Beispiel 1792 während seiner Teilnahme am Feldzug gegen das revolutionäre Frankreich. Als eine Art Spaziergang stellt er sich den Weg nach Paris vor: *Wir werden Champagner trinken, ohne einen Schuß zu tun.* In Paris dann will er der *Hydra der Revolution den Kopf abschlagen.* Aber schon vor Valmy werden die Koalitionstruppen von der Armee der Sansculotten aufgehalten. Carl August hat einen schmählichen Rückzug zu befehligen.

1793 verharrt er bei der Belagerung von Mainz unter dem Befehl von General Kalckreuth im Feldlager Marienborn, ist – von einem einzigen kurzen Gefecht abgesehen – zur Tatenlosigkeit verurteilt.

Tröstlich ist einzig, daß er bei beiden Militärunterneh-
mungen von seinem berühmten Freund, dem Verfasser des
»Werther«, begleitet wird. Das verschafft ihm zusätzliches Renommee.

Waffenbruder wird der Herzog später seinen Dichterfreund
nennen. Waffenbruder ist der ehrenvollste Titel, den ein Militär einem Zivilisten verleihen kann. Es ist zudem ein Verweis auf eine völlige Ebenbürtigkeit. *Dir, meinem lieben, alten
Freund und Waffenbruder in dieser stürmischen Welt* ..., beginnt der Dankbrief, den er seinem Freund als Glückwunsch
zu Neujahr 1821 sendet. Er spielt auf Goethes dreißig Jahre
nach den Ereignissen verfaßte Kriegserinnerungen in den beiden Schriften »Campagne in Frankreich« und »Belagerung
von Mainz« an. Was der Verfasser darin über seinen Mäzen
schreibt, ein überschwengliches Bekenntnis zu ihm, wird – wir
kommen darauf zurück – nach vielen Krisen im Verhältnis
der beiden, eine Bestätigung ihrer wiederhergestellten Freundschaft sein.

Im Sommer 1790 der Beginn dieser Waffenbrüderschaft: *Der
Herzog hat mich nach Schlesien berufen, wo ich einmal statt
der Steine und Pflanzen die Felder mit Kriegern besät finden
werde,* schreibt Goethe am 9. Juli 1790 an Knebel. Erstmals
kampiert er in einem Feldlager. Freilich komfortabel im Zelt
des Herzogs untergebracht. Und zu Kriegshandlungen kommt
es nicht. Preußen, das Österreich seine Stärke zeigen will, ver-
ständigt sich am 27. Juli 1790 in der »Konvention von Rei-
chenbach« mit dem Kaiserreich.

Aber noch bis Anfang Oktober muß Goethe ausharren.
Seine Ungeduld. Bereits am 28. August heißt es an Herder: *Ich
sehne mich nach Hause; ich habe in der Welt nichts mehr zu*

suchen. Und am 11. September gesteht er dem Ehepaar Herder: Er *habe gewiß keine eigentlich vergnügte Stunde, bis ich mit Euch zu Nacht gegessen und bei meinem Mädchen geschlafen habe.*

Was mag Goethe überhaupt bewogen haben, seinem Fürsten auf Kriegsschauplätze zu folgen? Allein der herzogliche Befehl? Das trifft wohl zu. Oder kann es auch die Aussicht auf fürstliche Belohnung sein? Das mag 1790 der Fall gewesen sein. Denn im Herbst 1789 muß er das Haus am Frauenplan verlassen, der Herzog weist ihm zwei Wohnungen in den Jägerhäusern vor den Toren der Stadt zu. Eine Art Strafversetzung, eine Verbannung für sein libertäres Zusammenleben mit Christiane Vulpius, das vor allem die herzoglichen Frauen als unangemessen empfinden. Scheinbar heiter berichtet Goethe am 20. November 1789 seinem bei der Truppe befindlichen Mäzen in militärischem Jargon von seinem Umzug. *Ich maneuvrire mich immer sachte ins neue Quartier. Das schwere Geschütz ist voraus, das Corps ist in Bewegung und ich decke die Arriergarde.* Und er bietet zugleich seine weiteren Dienste an. *Inwiefern Sie mein als Regiments Quartiermeisters bedürfen, werden Sie bey Ihrer Ankunft entscheiden.*

Die Monate in Schlesien. Sein *Ich sehne mich nach Hause ... ich habe in der Welt nichts mehr zu suchen.* Aber es bedarf wohl noch weiterer Dienste. Erst nachdem er seine Begleitung auf einem erneuten Feldzug zugesagt hat, entschließt sich der Herzog, seinem Freund das Haus am Frauenplan zum Geschenk zu machen; allerdings ohne es ihm juristisch gültig zu übereignen; die herzogliche Kammer zahlt weiterhin die Steuer. Ende April, Anfang Mai 1792 darf Goethe mit Frau und Kind aus den Jägerhäusern wieder in die Stadt zurückziehen.

Am 22. Juni 1792 bricht Carl August auf, um am Krieg gegen das revolutionäre Frankreich teilzunehmen. Mit einer großen Zahl von Bediensteten, mit Geheimsekretär und Küchenpersonal zieht er ins Feld. Goethe, noch im Umzug begriffen, folgt ihm einige Zeit später nach, einzig begleitet von seinem Diener John und in einer leichten zweisitzigen Chaise, die ihm der Herzog geschenkt hat. Er teilt wohl zunächst Carl Augusts Illusion eines schnellen Vormarsches auf Paris, denn seiner Frau Christiane kündigt er an, ihr von dort schöne Sachen, *Krämchen*, mitzubringen.

Dann das Erlebnis des Desasters, des schmählichen Rückzugs. *Wir haben in diesen sechs Wochen mehr Mühseligkeit, Noth, Sorge, Elend, Gefahr ausgestanden und gesehen als in unserm ganzen Leben.* Zwischen *Äsern und Scheishaufen* seien sie *gefangen.* Wie ernst die Lage ist, geht aus dem Detail hervor, daß Goethes Diener, um Trinkwasser zu bekommen, den prasselnden Regen aus dem Verdeck der Chaise auffängt.

Der Herzog wird ihm überschwenglich danken, am 27. Dezember 1792 lobt er ihn: *... da Du das unmenschliche so treu mit mir ausgehalten hattest.*

Goethe, der *Waffenbruder.* Eine frühe Äußerung über seine Motivation, seinen Mäzen auf gefährlichen Unternehmungen zu begleiten, findet sich in einem Brief an Knebel. Während des Feldzuges gegen das revolutionäre Frankreich schreibt er am 27. September 1792 aus dem *Hauptquartier* seines Fürsten: *dieses Musterstück von Feldzug giebt mir auf viele Zeit zu dencken. Es ist mir sehr lieb daß ich das alles mit Augen gesehen habe und daß ich, wenn von dieser wichtigen Epoche die Rede ist sagen kann: – et quorum pars minima fui* (deren ganz kleiner Teil ich gewesen bin). Dreißig Jahre später wird er in der »Campagne in Frankreich« daraus den berühmten

Satz machen: *Von hier und heute geht eine neue Epoche der Weltgeschichte aus, und ihr könnt sagen, ihr seid dabei gewesen.*

Die Zeitzeugenschaft ist es, auf die Goethe sich beruft und die für ihn lebenslang existentiell sein wird: ... *daß ich das alles mit Augen gesehen habe* ...

Ist sie es auch, diese Zeitzeugenschaft, die ihn 1793 an der Belagerung von Mainz teilnehmen läßt?

Carl August sieht die Expansionslust des revolutionären Frankreichs als erwiesen an und hat die Absicht – absoluter Monarch, der nicht an seiner Herrschaftsordnung gerüttelt haben will –, diese zu beenden. Selbst in seinem eigenen Weimarer Umkreis bemerkt er Sympathiebekundungen für die Französische Revolution, unter anderem bei Herder und Knebel. Daß *unser Häuflein sehr zwiespältig* ist, teilt er Goethe mit; setzt auf dessen *Bindekraft*, auf die Beeinflussung der Freunde. *Siehe zu, was Du bewirken kannst, und gieb mir zuweilen Nachricht davon.*

Ganz offensichtlich geht Carl August davon aus, daß seine und Goethes Ansichten weitgehend übereinstimmen.

Johann Gottfried Herder dagegen, der seinem Herzog die 2. Sammlung der »Briefe zur Beförderung der Humanität« nach Mainz beziehungsweise ins Lager bei Marienborn, wo dieser kampiert, sendet, antwortet er süffisant, die »Briefe« hätten ihn *nicht in der humanesten Beschäftigung gefunden; indessen zweckt unser Bestreben ab, die fränkischen Unmenschlichkeiten vom deutschen Boden zu kehren, und das ist ja wohl ein Beitrag zu Ihrem humanen Vorhaben, lieber Herder?*

Auch Goethe spricht in dieser Zeit von *Toll-Francken*, die gezähmt werden müßten. Und an die Herzoginmutter Anna

Amalia schreibt er am 22. Juni 1793, daß er sich freue, *daß man die leidigen Franzen ... wills Gott bald aus dem lieben Deutschen Vaterlande gänzlich ausschließt, wo sie doch ein vor alle mal nichts taugen weder ihr Wesen, noch ihre Waffen, noch ihre Gesinnungen.*

Carl Augusts Ton ist wesentlich schärfer. Die Absicht der *Frei-Franken* sei – er bringt es auf eine einfache Formel –, *den Besitzern die Hosen auszuziehen, um die Unbehoßten damit zu bekleiden.* Sein besonderer Zorn gilt Georg Forster, der mit der *Mainzer Republik* als einziger das Experiment wagt, die französischen Verhältnisse auf deutschen Boden zu übertragen. *Forster und Consorten zu Mayntz beweisen, wie heftig jene Sympathie auf Leute ihres Gelichters wirckten, da diese anziehende Kraft sie zu denen Handlungen der schwärzesten Undankbarkeit und der sinnlosesten Unternehmungen verleitete.*

Wie mag Goethe das aufgenommen haben, er, der kaum ein Jahr zuvor Forster in Mainz besucht und Abende in dessen Haus verbracht hat? Und wie brutale Äußerungen seines Kriegsherrn, der ihm am 23. März 1793 schreibt: *... ein Hauptgrundsatz bey den Kayserlichen* sei, *keines Frantzosen pardon zu geben,* was soviel heißt wie, es wurden keine Gefangenen gemacht

Zwischen dem Politiker und Tatmenschen Carl August und seinem Freund, dem Beobachter und Zuschauer, tut sich eine Kluft auf. Und für Goethe ist es nicht ratsam, sie mit Widerspruch und Argumenten zu überbrücken. Vor allem nicht schriftlich. Und so kommt es zu jenem auffälligen Schweigen des *Waffenbruders* in dieser Zeit. Am 5. Juli 1793 gesteht er in einem Brief an Jacobi: *es ließ sich noch vieles sagen das nicht gut zu schreiben ist.* Was ihn beunruhigt und bedrängt, behält er für sich, macht es im stillen mit sich aus.

73

Vielleicht kommen Carl August in den Juninächten im Berliner Stadtschloß, da er keinen Schlaf findet, die Jahre ins Gedächtnis, die im Verhältnis zu seinem Lebensfreund für ihn die wohl schwierigsten und enttäuschendsten waren. *Über Göthen habe ich wohl zehn mahl mich halb zu Schanden geärgert*, empört er sich da, klagt, daß ihm *alle Gedult ausgeht, schon seit 4-5 Jahren ... erbose* er sich. Am 26. Dezember 1798 bekennt er das.

Von Goethes Seite kein Einlenken. Im Gegenteil: ein Beharren. Ein Tiefpunkt der Beziehungen zwischen Dichter und Mäzen.

Der zugleich ein Glanzpunkt im geistigen Leben des thüringischen Fürstentums ist. An der Jenaer Universität lehrt der Philosoph Fichte, später Schelling und Hegel. Friedrich Schiller hält Vorlesungen zur Geschichte.

1794 beginnt die Freundschaft zwischen Goethe und Schiller.

Für den Herzog schafft das eine neue Situation. Er muß wahrnehmen, sein Freund entzieht sich ihm und dem höfischen Leben, sein Interesse daran läßt ganz offenkundig nach. Wochen-, ja, monatelang ist er nicht bei Hofe, nicht in Weimar, verlegt sein Leben, seinen Arbeitsplatz nach Jena.

Die Abwesenheit des Freundes. Für *mausetot* halte er ihn, heißt es anderthalb Jahre vor dem großen Zornesausbruch, da noch heiter-spöttisch.

Im Zusammensein mit Schiller steigert sich Goethes Produktivität, von *neuem Frühling* spricht er. Und: *Sie haben mich wieder zum Dichter gemacht.* Schiller veröffentlicht in seiner Zeitschrift »Die Horen« – zum Ärger Carl Augusts – Goethes »Erotica Romana«.

Und die beiden geistesmächtigen Dichter starten das satirisch-politische Gemeinschaftsprojekt der »Xenien«. Von *Kriegserklärung gegen die Halbheit,* von *Pfählen im Fleisch der Kollegen* spricht Goethe, Schiller von *wilde<r> gottlose<r> Satire.* Ein Frontalangriff auf die gesamte Literaturszene. In den über 1000 Xenien, die in Gemeinschaft entstehen, geht es nicht nur darum, die *mittelmäßigen Literaten zu züchtigen,* sondern vor allem, *allein auf dem Parnaß zu befehlen.* Die literarische Avantgarde sind sie. Der künstlerische Rang ihrer Dichtung ist der Maßstab der Bewertung. Und so greifen sie in ihrem »Xenien-Krieg«, von dem beide bald sprechen, jeden an, den sie als Gegner ihres Prinzips der *Classizität* vermuten.

Die beglückende Zeit mit Schiller in Jena. Im Wettstreit entstehen ästhetische und philosophische Schriften, später die Balladen. Goethe arbeitet an »Wilhelm Meister«, Schiller begleitet das Manuskript mit liebender Anteilnahme.

Aber da sind darüber hinaus die jungen Romantiker, die Goethe nach Jena ziehen. Ihre Geselligkeit behagt dem Älteren, sie überschütten ihn mit Lob, vergöttern ihn, sehen in ihm ihr geistiges Oberhaupt. Und sie bereichern das Universitätsleben.

Die Brüder Schlegel, Novalis und der Philosoph Schelling mit ihrer Begeisterung für die Französische Revolution bringen *neuen Flor,* wie Goethe sagt; die Jenaer Universität wird – wie sein Freund Minister Voigt formuliert – zum *geistigen Freihafen.* Die Blicke nicht nur aus deutschen Landen, sondern aus ganz Europa richten sich auf Weimar und Jena.

Carl August hat dafür die Voraussetzungen geschaffen, und zwar durch seine Bemühungen um Frieden für sein Land. Nachdem er am 11. Januar 1794 zum Generalleutnant befördert worden war, hat er auf eigenen Wunsch am 3. Februar 1794 den preußischen Heeresdienst verlassen. Sein Land aber sowie das sächsische befinden sich noch im Reichskrieg mit Frankreich. Preußen dagegen hat im April 1795 mit Frankreich den Sonderfrieden von Basel geschlossen. Carl August will sich dem anschließen. Mit diplomatischem Geschick arbeitet er darauf hin. Und es gelingt ihm. Am 29. Dezember 1796 erfolgt der Beitritt Kursachsens und seiner thüringischen Verbündeten in einem Folgeabkommen zum Baseler Frieden.

Damit beginnt für Weimar und Jena, für das thüringische Land eine Zeit des Friedens und der Neutralität, eine lange Atempause, ein zehn Jahre währendes friedliches Zwischenstadium, das sein Ende im Oktober 1806 mit dem Sieg Napoleons über die preußische Armee bei Jena und Auerstädt finden wird.

In dieser letztlich durch Carl Augusts Initiative zustande gekommenen Friedenszeit entfaltet sich an der Universität Jena und in der Gemeinschaft zwischen Schiller und Goethe jener große geistige Kosmos. Carl Augusts Verdienst besteht zunächst in einem großzügigen Gewährenlassen. Zugleich wird er sich fragen, was die betonte Abwendung seines ersten Staatsdieners, dessen Rückzug in die Kunst, in die Zweisamkeit mit Schiller und die Gemeinsamkeit mit den Romantikern zu bedeuten hat. Ist es der Versuch des alten Freundes, sich von ihm zu lösen, sozusagen eine künstlerische Nebenregierung zu schaffen, ein geistiges Reich gegen seine Macht als Fürst zu etablieren?

Bringt ihm genau das sein Gewährenlassen ein? Mißversteht – so mag er meinen – sein Freund gerade diese Großzügigkeit? Ist es das, worüber er sich *schon seit 4-5 jahren erbos<t>*?

Auf dem Dienstweg über seinen Minister Christian Gottlob von Voigt macht Carl August in einem Schreiben vom 26. Dezember 1798 seinem Ärger Luft. Es ist in der Lebensfreundschaft zwischen Fürst und Dichter in der Schärfe der Formulierungen ein einmaliger Vorgang; ist Mißbilligung, Rüge, offizieller Verweis. Der Text: *Über Göthen habe ich wohl zehn mahl mich halb zu schanden geärgert, der ordentl. Kindisch über das alberne critische wesen ist, u einen solchen geschmack daran findet daß er den seinigen sehr darüber verdorben hat: er besieht dabey das Ding, u das ganze academische Wesen mit einem solchen leichtsinn daß er alles gute was er bey seinen häufigen anwesenheiten zu Jena stiften könnte, unterläßet; er könnte leichter wie jemand wißen was jene schäckers lehren, uns davon avertieren, ... u sie durch vermahnungen in der ordnung halten; sie würden sich gewiß willig finden, denn mit all ihrer unendlichkeit ist es eine sehr eingeschrenckte, an ihrem platz u einnahme hängend raçe: So aber findet er die sudeloyer charmant u das Volck glaubt mann approbiere sie ...*

Eine Häufung von Vorwürfen. Und er fährt fort: *Mit Göthen kan ich gar nicht mehr über diese Sache reden, denn er verliert sich gleich dabey in eine so wort- u sophismen reiche discution daß mir alle Gedult ausgeht, und ihm zuweilen die Clarheit und Einfachheit des Gedankens. ... Ich kann gar nicht aufhören über diesen gegenstand zu reden, weil ich mich schon seit 4-5 jahren drüber erbose ...*

Eindeutig der wortreiche Vorwurf: Goethe nimmt seine Verpflichtungen gegenüber der Jenaer Universität nicht ernst genug, ist in Carl Augusts Augen vielmehr Teil und gar Beförderer eines Aufruhrs, der mit aufmüpfigen Studenten und kühnen Theorien, vor allem denen des Philosophen Johann Gottlieb Fichte, die innere Sicherheit des Landes gefährden könnte. Für den Regenten sind es offenkundig Überschreitungen von Grenzen. Noch der Siebzigjährige wird – kurz vor seiner Abreise nach Berlin im Sommer 1828 – in seinen letzten Äußerungen über den Lebensfreund kritisch auf jene Phase blicken. In dem zweistündigen Monolog Kanzler Müller gegenüber, der die Erinnerungen an Gemeinsamkeiten und Differenzen beinhaltet, heißt es über diese schwierige Zeit, die Romantiker hätten *die Köpfe gar zu hoch getragen*, die Vorgänge in Frankreich hätten sie *alle mehr oder weniger verschoben* und *selbst Goethe* sei *von ihrem Einfluß nicht ganz frei geblieben*.

Carl August bringt im Rückblick die Spannungen mit seinem Freund in Verbindung mit dem Epochenumbruch. Es sind nicht allein die Romantiker, die den Zündstoff liefern, es ist vor allem der Philosoph Fichte. Mit Goethes Unterstützung ist er als Professor an die Jenaer Universität berufen worden. Seine Vorlesungen haben großen Zulauf, er fasziniert seine Hörer. Goethe, der sich zuweilen mit Schiller über ihn lustig macht, schätzt ihn dennoch außerordentlich, im Frühjahr 1797 geht er mit ihm stückweise die neue Darstellung seiner »Wissenschaftslehre« durch. Über gelegentliche Verdächtigungen, Fichte sei Atheist, gehen Goethe und sein Amtskollege Voigt souverän hinweg.

Wohl steht Carl August dem philosophischen Kern im Aufbruch des deutschen Idealismus fremd und vielleicht sogar verständnislos gegenüber, aber er übt sich im Gewährenlassen, fördert damit den *geistigen Freihafen* Jena. Bis zu dem Punkt, da er von außen zum Handeln gezwungen wird.

Im Herbst 1798 kommt er in eine schwierige Lage. Ein Aufsatz Fichtes im von Niethammer herausgegebenen Jenaer »Philosophischen Journal« fällt in Kursachsen der Zensur zum Opfer. Der sächsische Kurfürst wird in Weimar vorstellig, fordert von Carl August, als einem der Träger der Jenaer Universität, Maßnahmen gegen die *ästhetischen Umtriebe* zu ergreifen. Er teilt mit, er habe auf seinem Territorium das »Philosophische Journal« mit Fichtes Aufsatz konfisziert – wegen angeblicher atheistischer Inhalte. Er unterrichtet zudem in einem Rundschreiben zahlreiche auswärtige Höfe über den Vorgang und fordert von Weimars Regenten die Bestrafung des Verfassers. Der sogenannte »Atheismus-Streit« eskaliert.

Die Sache weitet sich zum Skandal. Fichte verteidigt sich öffentlich mit einer »Appellation an das Publikum«. Die Studenten sammeln Unterschriften für ihren Professor – die Vorgänge um das »Philosophische Journal« werden nicht nur in Weimar und Jena, sondern in ganz Deutschland zum Gespräch.

Carl Augusts Zornesausbruch gegen Goethe geht also die weit über seine Landesgrenzen hinaus Wellen schlagende Beschwerde des sächsischen Kurfürsten voraus. Seine Wortwahl: von *sudeloyern*, Schmierern, von *schäckern*, Spöttern, spricht er, die Goethe *charmant* fände, anstatt sie *bey seinen häufigen anwesenheiten in Jena ... durch vermahnungen in ordnung zu halten* ... Seinem Freund wäre das unschwer möglich, ist er überzeugt: *sie würden sich gewiß alle willig finden.* Aber er tut nichts, der Vorwurf des Fürsten, er besehe *das ganze academische Wesen mit einem solchen leichtsinn ...*

Carl August ist Realist. Die Konfiszierung der Zeitschrift wird begleitet von der Androhung des kursächsischen Regenten, seinen sächsischen Landeskindern den Besuch der Jenaer Universität zu untersagen. Das hätte empfindliche finanzielle

Einbußen zur Folge. 1792 hatten schon einmal 500 Jenaer Studenten mit dem Wechsel an die zu Kurmainz gehörende Erfurter Universität gedroht; Goethe hatte vermittelt und den Konflikt beigelegt. Jetzt aber – so Carl August – verhält er sich tatenlos.

Vielleicht ist ihm hinterbracht worden, daß nach Fichtes Lehre aus dem *Geburtsadel* keinerlei Rechte abzuleiten sind, sie im Fürsten – so wörtlich – *eine vom Gesetz belebte Maschine* sieht. Kann er das möglicherweise noch leichthin übergehen, so ist das mit der offiziellen Note aus Kursachsen nicht möglich. Beunruhigend sind auch die Rundschreiben an andere Höfe.

Er muß handeln. Der Zornesausbruch gegen Goethe steht in diesem Zusammenhang. Dafür spricht auch die zeitliche Nähe. Am 18. Dezember geht die Beschwerde ein, nur acht Tage später, am 26. Dezember, greift er zur Feder, bringt eigenhändig seinen offenbar lange angestauten Unmut aufs Papier. Klug wählt er Voigt als Adressat und kann so seinem Zorn freien Lauf lassen, wissend, Goethe wird es umgehend zu lesen bekommen. Es ist der sträfliche *Leichtsinn*, mit dem sein Freund *das ganze academische Wesen* besehe, den Carl August moniert.

Der Beschuldigte reagiert gelassen. Umgehend, noch am selben Tag, schreibt er seinem Amtskollegen und Freund: *Serenissimi Strafrede* sei *gut gedacht und geschrieben*, um dann resigniert fortzufahren: *Nur bleibt uns ... in diesen Tagen nichts übrig als auf den Augenblick zu sehen und das möglich beste ... wircken. Wäre es also auch möglich, in dieser Sache gelassen und der ruhigen Gerechtigkeit gemäß zu verfahren, erst die Vertheidigung zu hören, und dann weiter zu schreiten, so würde es meiner Einsicht nach das beste seyn.*

Zu einer *Vertheidigung* kommt es offenbar nicht. Ein Beleg dafür, daß das Gespräch zwischen Carl August und Goethe gestört ist, nach Ansicht des Fürsten von dessen Seite, was für diesen Zeitraum wohl stimmen mag.

Oder? Es bleibt offen. Goethes Tagebuch enthält zwischen dem 14. und 27. Dezember 1798 diesbezüglich keinerlei Einträge. Aus dem fürstlichen Fourierbuch aber wissen wir, daß er am 28. Dezember bei Hofe war, allerdings in Gesellschaft mehrerer Herren.

Am letzten Tag des Jahres aber, dem 31. Dezember, ist er – wiederum laut Fourierbuch – mit dem Herzog und der Herzogin zusammen; ein Treffen zu dritt, sollte da nicht von der heiklen Sache die Rede gewesen sein?

Am 22. März 1799 dann verfügt Carl August in einem Schreiben an die Jenaer Universität die Entlassung Fichtes. Goethe erfährt davon wohl am 23. März, wie man aus folgendem Tagebucheintrag schlußfolgern kann: *Depesche vom Herrn Geh.R. Voigt, die neusten Academica betreffend. Antwort darauf und Abfertigung des Boten.*

Seine Gedanken aber gehen ganz andere Wege, sie werden von seiner schöpferischen Zusammenarbeit mit Schiller absorbiert. Am 21. März notiert er: *Gegen Abend die vier ersten Acte von Wallenstein zusammen gelesen.* Am 22. dann hat er am Morgen ein Gespräch mit Schiller und am Abend heißt es: *Fünfter Act des Wallenstein.*

Dennoch: die Entlassung Fichtes durch Carl August bedeutet für Goethe und Voigt eine schwere Niederlage.

Die Distanz zwischen Goethe und seinem Mäzen – man könnte in dieser Zeit sogar von Entfremdung sprechen – hat auch den Beweggrund, daß Goethe sich im Hinblick auf sein schöpferisches Werk von ihm wenig verstanden fühlt. Er habe die *Produktion des Freundes zuweilen scharf kritisiert*, wird Carl August in jenem bilanzierenden Monolog 1828, kurz vor seiner Abreise nach Berlin betonen, wie Kanzler Müller überliefert.

Als Beispiel nennt der Fürst Goethes zwei Jahre nach der Revolution in Frankreich entstandenes Drama »Der Groß-Cophta«, das die Halsbandaffäre und die Machenschaften des Grafen Cagliostro zum Gegenstand hat. Das Irritierende an dem Stück für Carl August ist wohl, daß darin Personen von hohem Stand, denen bisher die Tragödie als die ihnen gemäße Gattung vorbehalten war, hier ins Lustspielhafte gerückt, zur Schau gestellt, dem Gespött preisgegeben werden. In der Demaskierung der Vertreter der Aristokratie liegt die Aggressivität.

Daß der Regent noch 1828 dieses Stück als einziges nennt, das er *scharf kritisiert* habe, ist aufschlußreich. Nun ist es leicht, dieses kleine Drama als mißlungen abzustempeln, denn Sprache und Figuren überzeugen nicht. Das wußte Goethe selbst; das frühe Stück war wohl für ihn bald vergessen.

Viel anhaltender und schmerzlicher war dagegen der Abstand seines Fürsten zu den Werken, die ganz im persönlichen Kern von Goethes Existenz wurzeln und die er selbst für seine besten hielt.

Carl August möchte – als ein der Kunst zugewandter Herrscher – ein Mitspracherecht bei der Entstehung von Goethes Werken haben, vor allem den für die Bühne gedachten. Bedenken äußert er sowohl bei »Egmont« als auch bei »Tasso«. Auf die Einwände in bezug auf ersteres entgegnet ihm der Verfasser: *Einiges was Ihnen nicht behagte liegt in der Form und Constitution des Stücks und war nicht zu ändern ohne es aufzuheben. Andres z. B. die Bearbeitung des ersten Ackts, hätte mit Zeit und Muße wohl nach Ihren Wünschen geschehen können. Noch andres, wie z. B. die Äusserung Machiavellens, war mit einem Federstrich ausgelöscht.* War es Egmonts leichtfertige und Albas repressive politische Führung, die Carl August wohl zu sehr einer Diskreditierung des regierenden Adels nahezukommen schienen?

Noch gravierender ist seine Haltung zum »Tasso«. Von der Behandlung des Stoffes rät er seinem Dichterfreund dringend ab. Goethe entgegnet ihm: *Es ist einer der sonderbarsten Fälle in denen ich gewesen bin, besonders da ich nicht allein die Schwürigkeit des Süjets, sondern auch* Ihr *Vorurtheil zu überwinden arbeiten muß.* Tassos kühles Bekenntnis zum Fürstendienst, das der Einstellung des nachitalienischen Goethe entspricht, wird Carl August kaum genügt haben. Und so ist es nicht verwunderlich, daß das Drama erst siebzehn Jahre nach Entstehung seine Uraufführung auf dem Weimarer Theater erlebte: am 16. Februar 1807, am Geburtstag der Erbprinzessin Maria Pawlowna und vermutlich auf deren Wunsch und nicht auf den des Fürsten.

Carl August bleibt wohl lebenslang ein tieferes Verständnis von »Egmont«, vor allem aber von »Torquato Tasso« verwehrt.

Hier nun ist von Carl Augusts künstlerischer Vorliebe zu reden. Sie gehört dem französischen Klassizismus. In seinen frühen Jahren hat ihm sein Lehrer und Erzieher Christoph Martin Wieland die französischen Klassiker Corneille, Racine, besonders aber Voltaire nahegebracht. Sein Aufenthalt als junger Mann in Paris tut ein übriges. Diese Jugendeindrücke bleiben in gewisser Weise für seinen Geschmack beherrschend. Diese Stücke liebt er auf der Bühne zu sehen. Noch der Einunddreißigjährige bekennt sich dezidiert dazu. Am 5. April 1789 schreibt er seiner Mutter: *Ich bestrebe mich hierzulande, das Modell der antiken Statuen so sehr zu vermeiden, als möglich ist, denn ich gehe dem Ideal des Steifen und der geraden Linien nach.* Das ist nicht nur eine Anspielung auf seine Affinität zum Militärischen, sondern – im Sturm und Drang wurde die französische Tragödie mit dem Steifen, den geraden Linien assoziiert – auf das klassisch-französische Vorbild, auf das französische Alexandrinerdrama.

Auch Goethe hat in frühen Jahren solche Stücke verfaßt, sie später meistenteils vernichtet. Zu den wenigen erhaltenen gehören »Die Mitschuldigen«, zwischen 1768 und 1769, also noch in Straßburg entstanden. Ein Drama mit turbulenten Täuschungen und Verwicklungen, in dem Lachen Trumpf ist; geschrieben ist es im strengen Versmaß des Alexandriners. Am 1. Oktober 1776 wird es auf der Liebhaberbühne in Weimar unter Goethes Leitung aufgeführt. Auch der Herzog übernimmt eine Rolle.

Über zwanzig Jahre später kommt Carl August auf »Die Mitschuldigen« zurück, er stellt eine eigene Fassung her und will diese zur Aufführung bringen. Er sendet sie Goethe zu. Es ist schon die Zeit ihrer Spannungen, auch ihr gewohnter schriftlicher Austausch ist ins Stocken geraten. Als Carl August nach langer Zeit wieder einen Brief von Goethe erhält – es ist der 13. Juni 1797, anderthalb Jahre vor dem Zornesausbruch –, nimmt er die Sache noch heiter, spottet: *Endlich erscheint mir etwas eigenhändig ausgefertigtes von Dir, den ich schon für mausetodt hielt ... Für Dein Stillschweigen hättest Du wohl die Strafe verdient, dieses Stück anhören zu müssen.* Das eigene frühe Stück als *Strafe*? Läßt sich daraus schließen, daß sich Carl August durchaus ihrer unterschiedlichen Positionen im Hinblick auf das französische Drama bewußt ist?

Zurück zu seiner Zornesrede. Klingt Goethes Wort von der Anwendung der *Oeltonnen*, um die *Wellen zu besänftigen*, leichthin spöttisch, so wird er in Wirklichkeit alarmiert sein. Und im Zusammenhang mit den Vorgängen um die Entlassung Fichtes nach einer Möglichkeit suchen, seinem Mäzen ein Zeichen der Versöhnung zu geben.

Was wäre angebrachter, als Carl Augusts frankophile Neigung, seine Vorliebe für das französische Theater zu bedienen. Und so entschließt er sich, Voltaires »Mahomet« aus dem Französischen zu übersetzen. Carl August hat das 1741 entstandene Stück bei seinem ersten Aufenthalt in Paris gesehen. Goethe beginnt mit der Arbeit, obgleich er eine andere Auffassung von Mohamed als die in Voltaires Stück hat und die Arbeit ihm offensichtlich schwer fällt.

Am 29. September 1799 notiert er in sein Tagebuch: *2te Szene von Mahomet.* Er verwendet den Alexandriner des Originals, schreibt in fünffüßigen, manchmal sechsfüßigen Jamben. In der einen Hälfte folgt er dem Wortlaut der französischen Vorlage, die andere Hälfte ist eine freie Bearbeitung. 1802 erscheint das Stück in der Cotta'schen Buchhandlung unter dem Titel: »Mahomet: Trauerspiel in fünf Aufzügen, nach Voltaire von Goethe«.

Bereits am 30. Januar 1800 erfolgt unter seiner Leitung die Uraufführung in Weimar.

Fast vier Wochen vorher, am 3. Januar, schickt er das Manuskript an Prinz August nach Gotha, bittet um Beurteilung und gesteht: *Zu dem, vielleicht manchem sonderbar scheinenden Unternehmen, den Voltairischen Mahomet zu übersetzen, hat mich der Wunsch meines Fürsten gleichsam hingedrängt. Ich bin ihm so unendlich viel schuldig, indem ich ihm eine Existenz verdanke, ganz nach meinen Wünschen, ja über meine Wünsche, ... daß ich es für Pflicht hielt so gut ich konnte sein Verlangen zu erfüllen.* Ist da als Unterton eine leichte Verlegenheit, gar eine Distanzierung herauszuhören?

Carl August dagegen ist hocherfreut, schreibt: *und dann giebt Deine Uebersetzung dem Deutschen Theater gewiß eine neue und sehr wichtige Epoque* ... Sein Ton verändert sich, nun redet er ihn mit *Liebster Meccanus* an, versichert ihm, es werde schon an einem *Ukase gearbeitet, durch welchen Du in allen vier Welttheilen zum Fürsten unter dem Titel Meccanus ausgerufen werden sollst*; ein von ihm erfundener Ehrentitel für den Freund. Carl August selbst identifiziert sich mit dem Stück: *Ich bin Mahomets wahrer Omar und verbreite seine Lehre durch Wort und That,* schreibt er, geht Seite für Seite von Goethes Übersetzung durch, macht Änderungsvorschläge zu einzelnen Worten oder Formulierungen.

Zwei Beispiele. Zur Seite 17 schreibt er: *ist die Frage, ob nicht statt der Worts »Herrlich« ein anderes zu wählen sey.* Zu Seite 60 heißt es: *ganz unten ruft er zur Rache des »eignen Mords«, dieses Wort »eignen« kommt mir etwas Dunkel vor, denn es drückt wohl eher einen Selbstmord als einen Mord aus, den er selbst begangen hat.* Er schließt: *Verzeih die kleinfügigen Bemerkungen; sie entstehen aber aus der großen Liebe, welche ich für die Umwälzungen habe, die Mahomets Erscheinung hervorbringen wird.*

Carl August spricht auch bei der Besetzung der Rollen und im Probenprozeß mit. Der 30. Januar 1800 ist für ihn ein großer Tag. Goethes Diplomatie, der frankophilen Neigung seines Mäzens entgegenzukommen und ihn mit einem eigens für ihn geschriebenen Stück zu versöhnen, geht offenkundig auf.

Auch Schiller tritt seinem Freund, dem Theaterdirektor, zur Seite, verfaßt die Stanzen »An Goethe als er den Mahomet von Voltaire auf die Bühne brachte«.

III

Goethes Bemerkung von den anzuwendenden *Oeltonnen* hat noch eine zweite und tiefere Bedeutung. Sie bringt die Vorgänge in Zusammenhang mit einem sich andeutenden Epochenumbruch. Der vollständige Satz lautet: *Denn überhaupt haben wir uns noch auf manches dieser Art zu rüsten; man wende einige Oeltonnen an, die Wellen ums Schiff her zu besänftigen, das hohe Meer sehen wir vielleicht unser lebenlang nicht wieder in Ruhe.* Spürt er, daß die Restauration längst begonnen und eine politische Stoßrichtung hat? Nimmt er kommende Umbrüche vorweg? Am 9. November 1799 stürzt Napoleon das Direktorium, die letzte Regierungsform der Französischen Revolution, und ernennt sich zum Ersten Konsul. Am 2. Dezember 1804 dann läßt er sich in Notre-Dame de Paris zum Kaiser krönen. Das napoleonische Zeitalter beginnt, das auf deutschen wie auch europäischen Territorien zu Krieg und Zerstörung, schließlich zum Befreiungskampf der Völker und in deren Folge nicht zu der erhofften Freiheit, sondern zum Erstarken der Reaktion und zur Restauration führen wird.

... das hohe Meer sehen wir vielleicht unser lebenlang nicht wieder in Ruhe.

Im Winter 1801 erkrankt Goethe lebensgefährlich an einer Gürtelrose, die den ganzen Körper und schließlich die Augen erfaßt. Er hat Fieberphantasien und Erstickungsanfälle. Schiller besucht ihn fast täglich.

Im Januar 1805 wird er von schweren Nierenkoliken heimgesucht. Schiller kann nicht mehr zu ihm kommen, er ist selbst schwer krank, stirbt am 9. Mai 1805. Der Verlust des Freundes, mit dem er seit fast einem Jahrzehnt in enger geistiger Gemeinschaft lebte. *Sein halbes Daseyn* nehme er mit fort, klagt der Zurückgebliebene.

Carl August wird in jenem Monolog 1828 kurz vor seiner Abreise nach Berlin über sein Verhältnis zu Goethe anmerken: Mit dem Tod Schillers habe der Freund *den sichren Halt für lange verloren.* Nun hat der Dichter in der Tat in dieser Zeit mehrfach geäußert, seine *poetische Laufbahn* sei *zu Ende.* Klagen, die das Ohr seines Mäzens erreicht haben müssen. Aber der *verlorene Halt* kann sich auch unmittelbar auf sein Verhältnis zu Carl August beziehen. Täuscht sich dieser, nimmt sich selbst zum Maßstab, übersieht, daß Goethe die zwischen ihnen auf politischem Gebiet sich verschärfenden Differenzen nur nicht thematisiert; sich, wo immer es geht, zurückhält, diplomatisch schweigt, dem Konfliktpotential zwischen Staatsmann und Dichter aus dem Wege geht? Und der Herzog das als Unsicherheit des Freundes deutet, während er sich selbst bestätigt fühlt.

Schillers Todesjahr ist zugleich das Jahr einer historischen Zäsur, mit ihm beginnt die kriegerische Neuordnung Europas.

Der Weimarer Fürst in preußischen Diensten steuert auf den Tiefpunkt seiner Militärkarriere, auf seine bitterste Niederlage zu. Am 14. Oktober erleidet die preußische Armee auf seinem eigenen Territorium in der Schlacht von Jena und Auerstädt, eine verheerende Niederlage. Am 15. Oktober zieht Napoleon als Sieger in Weimar ein. Um 4 *Uhr herum* empfängt ihn – laut Fourierbuch – Herzogin Louise im Schloß, *oben auf der Treppe* stehend.

Als Heerführer auf der Seite der Verlierer gefährdet der

Fürst mit seinem Dienst für einen *fremden Staat* die Existenz des eigenen. Die Gefahr, daß Napoleon ihn entmachtet, er sein Land und alle seine Privilegien verliert, wie das etwa dem Kurfürsten von Hessen und dem Herzog von Braunschweig geschieht, ist real. Die Situation steht auf Messers Schneide.

Carl August selbst befindet sich nicht beim Hauptheer. Als Vorhut ist er mit seinem Jägerbataillon von vierzig Husaren in der Gegend um Ilmenau stationiert. Einer gewissen Tragikomik entbehrt nicht, was überliefert ist. Er soll auf den höchsten Berg, den Kickelhahn, gestiegen sein, in der Hoffnung, von dort die Bewegungen der Hauptarmee zu sehen. Vergeblich natürlich!

Noch am 14. Oktober hat er keinen Befehl, zur Hauptarmee vorzustoßen. Wieder ist er zur Tatenlosigkeit verurteilt, während Weimar brennt und von den Siegern geplündert wird.

Sein Marschbefehl führt ihn in die Nähe von Havelberg. Erst am 27. Oktober erreicht ihn dort ein Bote mit einem Brief der Herzogin. Sie schreibt im Auftrag Napoleons, daß er unverzüglich die Feindseite zu verlassen und vor ihm zu erscheinen habe. In seiner Erwiderung – verfaßt in französischer Sprache, gedacht für den Sieger – antwortet Carl August, *die Gesetze der Ehre* hätten ihn *gezwungen, dem Heer in diesem Kriege zu folgen*; nun aber habe er den König von Preußen gebeten, daß sein *Bataillon unverzüglich nach Weimar abgehe*. Schmeichelnd fährt er fort: *Mir ist bekannt, daß der Kaiser den Soldaten ehrt, der seinem Beruf ergeben ist, er wird mich also nicht verachten können. Sein Wille wird über das Schicksal meiner Familie und meines Landes entscheiden.*

Die schlimmsten Befürchtungen treten nicht ein, das Weimarer Herzogtum unter seinem bisherigen Regenten bleibt bestehen. Zu verdanken hat Carl August das zum einen seiner Frau, die Napoleon mutig und couragiert entgegentritt. (Wir erinnern uns an Zarin Katharina: *c'est un tête*: sie hat Köpf- chen.) Zum anderen, und das fällt wohl ebenso ins Gewicht, sind es die verwandtschaftlichen Beziehungen Weimars zum russischen Zarenreich, auf die Napoleon Rücksicht nimmt.

Goethe, durch die Kriegsereignisse unter dem Schock für Leib und Leben stehend, in der Ungewißheit, ob Carl August ihm Fürst und Mäzen bleiben wird, nutzt entschlossen dessen Ab- wesenheit, um unmittelbar in den Tagen nach der Schlacht sein Verhältnis zu Christiane Vulpius durch Heirat zu lega- lisieren und damit auch das Haus am Frauenplan, das ihm der Herzog zwar geschenkt, aber nicht rechtskräftig überschrie- ben hat – noch immer zahlt die fürstliche Kammer die Steu- ern –, in seinen Besitz zu bekommen. Carl August gewährt ihm auch das, wie die in dieser Sache gewechselten Briefe bezeugen.

Goethe wendet – sozusagen vorausschauend – Napoleons *Code civil* auf seine eigene Lebenssituation an.

Für Carl August beginnen schwere Zeiten. Napoleon nimmt das Weimarer Herzogtum in den ökonomischen Würgegriff, verurteilt es zu hohen Kontributionszahlungen und zur Hee- resfolge, das heißt zur Bereitstellung von Soldaten. Zudem hat der Herzog dem unter französischer Herrschaft stehenden Rheinbund beizutreten. All diese Bedingungen enthält das am 15. Dezember 1806 von Kanzler Friedrich Müller in Posen un- terzeichnete Friedenstraktat.

Von Ende 1806 bis 1813 ist das thüringische Land französisch besetzt. Der Regent ist zu Demutsbezeugungen gezwungen, zu einer Erfüllungspolitik verurteilt. Zähneknirschend, mit inne- rem Widerstand, tut er das. Führt nicht, wie die Herrscher an- derer Rheinbundstaaten, in seinem Herzogtum den *Code civil*

ein, davon hält er nichts; läßt – temperamentvoll wie er ist –
auch seiner ablehnenden Haltung gegen Napoleon intern und
öffentlich freien Lauf.

Auf dringlichen Rat seiner engsten Mitarbeiter, unter anderem auf den des mit Goethe befreundeten Geheimrats Voigt,
sucht er das Gespräch mit Napoleon, um die Last für sein
Land zu erleichtern. In Dresden steht er am 18. Juni 1807 dem
französischen Kaiser erstmals gegenüber. Seine Antipathie
festigt sich, in Carl Augusts Augen ist er ein Emporkömmling,
ein Parvenü. An Wolzogen schreibt er danach: *Ich habe die
zehn unangenehmsten Tage meines Lebens überstanden.*

Auch Napoleons Mißtrauen gegenüber dem Weimarer Regenten wächst. Das hat Folgen. Der französische Machthaber
ordnet seine Überwachung an. Ausnahmslos alle seine Handlungen werden dokumentiert, jeder seiner Briefe wird von der
französischen Geheimpolizei geöffnet. Napoleons Urteil über
ihn, bei einer Audienz Kanzler Müller gegenüber geäußert,
lautet: *Euer Herzog ist der unruhigste Fürst in ganz Europa.*

Müller, wie Goethe ein Napoleon-Verehrer, sieht in dieser Äußerung des französischen Diktators eine große Gefahr für das
Thüringer Fürstentum, er teilt seine Besorgnis Goethe mit.

Dieser beruhigt ihn, äußert – es ist das Jahr 1809 –: *Sey'n
wir unbesorgt! der Herzog gehört zu den Urdämonen, deren
granitartiger Charakter sich niemals beugt, und die gleichwohl
nicht untergehen können. Er wird stets aus allen Gefahren un-
versehrt hervorgehen; das weiß Er recht gut selbst, und darum
kann Er so vieles wagen und versuchen, was jeden Andern
längst zu Grunde gerichtet hätte.* Dieses überschwengliche
Lob sucht in Goethes Urteilen über seinen Mäzen seinesglei-
chen. Einzig der verklärenden Apotheose vom Oktober 1828

im Gespräch mit Eckermann kann man es zugesellen: *Es war in ihm viel Göttliches. Er hätte die ganze Menschheit beglük-ken mögen.*

Ist das einem Toten nachgerufen, letztlich aus der Versöhnung mit der Endlichkeit des Lebens erwachsen, so fällt die Charakterisierung von 1809 in eine politisch äußerst schwierige Zeit, in der sein Fürst die Verantwortung für das Land trägt. Dient das außerordentliche Lob, das Überhöhen der Kräfte seines Landesherrn nicht vielleicht auch der eigenen Beruhigung, der Selbstheilung, des Ausblendens der Mitverantwortung? Goethes Ausstieg, sein Rückzug von der Politik ist zu dieser Zeit unverkennbar in Gang.

Zu gegensätzlich sind ihrer beider Haltungen, vor allem zu dem französischen Machthaber. Goethe, der Napoleon-Bewunderer. Bereits am 3. Januar 1807 läßt er seinen alten Freund Knebel wissen, Napoleon sei *die höchste Erscheinung, die in der Geschichte möglich ist.* Der Herzog dagegen der Napoleon-Verächter, der Napoleon-Hasser.

Goethe spricht nach der Schlacht von Jena und Auerstädt nicht von *Katastrophe*, sondern in einem Brief an Carl August vom 25. Dezember 1806 – vorsichtig – von *Umwendung der Dinge.* Und bezeichnet den Weimarer Staat – ebenso vorsichtig – als *das nie wieder herzustellende Ganze.* Knebel gegenüber bekennt er offen: *Daß die morsche jenaische Verfassung bey dieser Gelegenheit* – dem Einzug der Franzosen – *zusammenbrechen würde, ließ sich voraussehen. Jämmerlicher konnte kein gemeines Wesen geführt seyn,* fügt er hinzu. In Bezug auf die Universität Jena heißt es: *Ich weiß, was es mir für Noth machte, meine wenigen Anstalten als ein gesundes Glied, innerhalb eines absterbenden Körpers zu erhalten.*

Während Carl August Napoleons Niederlage entgegenfiebert, seine Macht als *Fremdherrschaft*, als *Besatzung* empfindet und den Franzosenhaß und die nationalpatriotische Begeisterung schürt, spricht Goethe von Napoleons Protektorat als von einer *neuen Staatsform*, deutet dessen Herrschaft als *Phänomen einer neueren Zeit*. Seinen Sohn schickt er nach Heidelberg, um dort den *Code civil* zu studieren. 1813 macht er ihn ein weiteres Mal öffentlich zum Träger seiner napoleonfreundlichen Gesinnungen, indem er August, der sich freiwillig als Soldat zur Teilnahme am Feldzug gegen Napoleon gemeldet hat, dies untersagt, ihn mit väterlichem Befehl zurückbeordert. Für den aufkommenden deutschen Patriotismus, für die antinapoleonischen Bewegungen zeigt Goethe kaum Verständnis.

Carl August, *der unruhigste Fürst in ganz Europa*. Man kann diesen Ausspruch Napoleons auch als eine Art Kompliment auffassen; sich ihn zum Gegner zu machen, dazu gehören Mut und ebenjener *granitartige Charakter*, von dem Goethe spricht.

Der Weimarer Herrscher zähmt seine Rede nicht, übt auch im Beisein von Fürsten, Politikern und Militärs – so in den böhmischen Bädern – offen Kritik.

Seine Impulsivität bringt es auch mit sich, daß er nicht immer die Etikette beachtet. So versäumt er zum Beispiel, dem Imperator bei dessen Durchreise – wie es üblich, ja Vorschrift ist – an der Landesgrenze aufzuwarten. 1808 will er diesen Fauxpas wettmachen und ihn nicht zum zweiten Mal an der Grenze verfehlen, aber mit einem Achsenbruch bleibt er auf der Strecke liegen und muß Napoleon auf freiem Feld empfangen.

Der französische Kaiser, auf der Höhe seiner Macht, ruft 1808 die gekrönten Häupter Europas zum Fürstenkongreß nach Erfurt. Er residiert in der Statthalterei, dem schönsten Gebäude der Stadt. Ihm gegenüber liegt Carl Augusts Geleitshaus. Da Napoleons Hauptanliegen in Erfurt ist, den russischen Zaren Alexander auf seine Seite zu ziehen und er dem Weimarer Herzog mißtraut, ihm Spionageabsichten unterstellt, läßt er die Fenster der Statthalterei, die zum Geleitshaus hingehen – für alle sichtbar – zumauern. Demütigend ist für Carl August darüber hinaus Napoleons Wunsch, auf dem Gelände der Schlacht von 1806 eine Hasenjagd zu veranstalten.

Goethe dagegen wird 1808 in Erfurt von Napoleon zu einer Audienz empfangen, auf die er lebenslang stolz ist. Zudem ehrt ihn der Imperator mit der Verleihung eines Ordens.

Napoleons unterschiedliche Haltung zu den beiden Freunden respektive Carl Augusts und Goethes völlig gegensätzliche Bewertungen des französischen Herrschers sind für ihre Freundschaft eine äußerst harte Belastungsprobe.

1809 ist der Weimarer Regent in Anbetracht der Gesamtlage in großen politischen Nöten. Der österreichisch-französische Krieg bringt dem herzoglich-sächsischen Rheinbundkontingent Verluste. Zudem: Soldaten aus Thüringen sterben in Tirol, in Spanien, später – ein gewaltiger Blutzoll – in Napoleons Rußlandfeldzug.

1810 ist das napoleonische Herrschaftssystem in Deutschland scheinbar fest und unerschütterlich etabliert. Tief resigniert reagiert Carl August auf die Vermählung Napoleons mit der Erzherzogin Marie-Louise, der Tochter des österreichischen Kaisers Franz I. Napoleon glaubt, durch diese Ehe die volle kaiserliche Legitimität in Europa zu erlangen und zugleich seinen Feldzug gegen Rußland abzusichern. Carl August, Nachfahre der ahnenstolzen Wettiner, eines der ältesten deutschen Fürstengeschlechter, empört sich über die Vermählung der Kaisertochter mit dem korsischen Emporkömmling. Aber sie ruft auch seinen Spott hervor. Spott scheint für ihn in jenen Jahren überhaupt zu seiner Überlebensstrategie zu gehören.

Und Goethe, wie erlebt er die Jahre der Kriegswirren und politischen Unsicherheiten? Während Europa den Atem anhält, vom Krieg erschüttert wird, während Schlachten in Austerlitz, Aspern, Wagram und Borodino geschlagen werden, Napoleon mit seiner *Grande Armée* in Rußland einfällt und Moskau brennt, vergräbt er sich in Arbeit. Bemüht sich, durch *innere Thätigkeit ... Ruhe und Heiterkeit* zu erlangen.

In äußerster schöpferischer Konzentration gelingt ihm 1809 mit den »Wahlverwandtschaften« ein großer literarischer Neuansatz. Bis heute hat dieser außerordentliche Eheroman mit seiner zeichenhaften Bedeutungssprache, seiner ironischen Mehrdeutigkeit, seiner kühlen Betrachtungsweise, die dem Leser das Urteil überläßt, nichts von seiner Modernität verloren. Ein *Circular an meine Freunde*, nennt Goethe seinen Roman, der von den Zeitgenossen heftig angegriffen wird und unverstanden bleibt.

Unbeirrt arbeitet er weiter. Wendet sich seiner eigenen Lebensgeschichte zu. Bereits am 1. Oktober 1809 entwirft er ein Schema zur Biographie. Schon im Herbst 1811 erscheint der erste Teil von »Dichtung und Wahrheit«, 1812 der zweite (Buch 6 bis 10), 1814 dann der dritte Teil (Buch 11 bis 15).

Goethe liest, so ist aus dem Jahr 1811 belegt, seiner Frau Christiane und deren Gesellschafterin Caroline Ulrich daraus vor. Aber auch ein größerer Kreis von Zuhörern findet sich sowohl bei Hofe als auch im Haus am Frauenplan ein. Charlotte Schiller ist begeistert, sie *möchte*, wie sie schreibt, *jedes Wort behalten können*. Auch Frau von Stein lobt; kritisiert aber die Abwesenheit Carl Augusts: *Unser Herzog ist nie bei solchen*

Vorlesungen; der hört unterdessen Jagemann'sche Späße. (Eine Anspielung auf seine Vorliebe für das Weimarer Theater und dessen Primadonna, die Sängerin und Schauspielerin Caroline Jagemann, seine Mätresse.)

Die Sommer verbringt Goethe auch in diesen unruhigen Zeiten meist in den böhmischen Bädern. Der Herzog liebt ebenfalls die dortigen Aufenthalte.

1810 verläßt Goethe Mitte Mai Thüringen, kehrt am 2. Oktober zurück. 1811 sind es zwei Monate, die er in Böhmen weilt. 1812 notiert er am 22. Februar: *Einquartierung der Reusischen,* am 4. März: *Nachricht von der bevorstehenden Einquartierung. Durchzüge von Reitpferden und Maulthieren.* Daher fährt er bereits am 30. April, erst am 15. September wird er zurück sein.

Der Dichter sei *nach Karlsbad gereist,* heißt es in einem Brief Frau von Steins an Charlotte Schiller: *er sitzt in völliger Arbeit auf dem Parnaß, den zwei Kaiserinnen die nach Karlsbad kommen, entgegenzusingen.* Napoleons Gattin, die Tochter Kaiser Franz' I., und Maria Ludovika, seine dritte Frau, werden dort erwartet. Beide sind etwa im gleichen Alter.

Zu ihrer Begrüßung nun verfaßt Goethe Huldigungsverse in Stanzenform. Die an die Kaiserin von Frankreich gerichteten enthalten eine Mahnung an ihren Gatten, Frieden zu schließen. Diese merkwürdige Apotheose Napoleons als Friedenskaiser erregt bei vielen Zeitgenossen Verdruß. Wie mag Carl August diese Verse gelesen haben?

Im Auftrag der Karlsbader Bürgerschaft verfaßt Goethe die Gedichte. Auf eigene Kosten läßt er sie im Sommer 1812 in Karlsbad in 300 Exemplaren drucken und verteilen.

Als Maria Ludovika, die erst fünfundzwanzigjährige österreichische Kaiserin, in Teplitz eintrifft, verläßt Goethe seine
Frau, die in diesem Jahr zusammen mit ihrer Gesellschafterin
Caroline Ulrich mit in Karlsbad ist, er fährt nach Teplitz.
Im August ist er fast täglich in Gesellschaft der Kaiserin,
avanciert zu ihrem Vorleser. Carl August gehört seit seiner Ankunft ebenfalls zu diesem Kreis.

Die erste Hofdame der jungen Kaiserin ist die dreiunddreißig-
jährige Josephine Gräfin O'Donell. Carl August und Goethe
hofieren auch sie. Und beide treten mit ihr in einen schrift-
lichen Austausch. An dieselbe Adressatin sprechen sie im an-
nähernd selben Zeitraum zu identischen Themen – und außer-
dem noch übereinander. Das ist einmalig in ihren Biographien,
und daher betrachten wir diesen Schriftverkehr mit der Hofdame der österreichischen Kaiserin etwas näher.

Bereits am 30. August, Carl August ist schon in Richtung
Weimar abgereist, läßt er Josephine O'Donell wissen: *für mich
war das Ende dieser reizenden Saison in Teplitz, als wenn ich
das Leben verließ* ... Goethe dagegen ist geblieben, hat nur die
Bäder gewechselt, ist zurück nach Karlsbad – nennt sich in einem Brief vom 28. August an die Gräfin ihren *danckbarsten
Knecht* und versichert ihr, *daß Ihre Freundschaft ein großer
und unerwarteter Gewinn für mein Leben ist* ...

Carl August, wieder in seinen Pflichten als Landesherr, erwartet von dem Freund Nachrichten aus den böhmischen Bädern. Ungehalten äußert er sich Josephine O'Donell gegenüber: *Goethe hat keinen Lebenshauch von sich gegeben, seit er
in Karlsbad ist, heut erst bekam unser französischer Gesandter,
ich weiß nicht, warum gerade der einen Brief von ihm* ...

Er spielt auf Nicolas Auguste Marie Rousseau Baron de
Saint-Aignan an. (Goethe verwendet in seinen Briefen an

diesen den Vornamen Etienne.) Von Napoleon ist er zur Überwachung der sächsischen Höfe, vor allem des unruhigen Weimarer Fürsten eingesetzt, hat als Außerordentlicher Gesandter und Bevollmächtigter des französischen Kaiserreichs seinen Sitz in Weimar. Für den Regenten aber ist er der Vertreter des ihm verhaßten Napoleon. Am 9. Februar 1812 hat er sein Beglaubigungsschreiben übergeben. Aber einen Tag zuvor, unmittelbar nach seiner Ankunft in Weimar, noch vor der offiziellen Erstaudienz beim Landesherrn, sucht er das Haus am Frauenplan auf. Eine demonstrative Geste. Goethe ist seither mit ihm befreundet. Dieser Saint-Aignan nun erhält einen Brief, *warum gerade der ...*, während er, Carl August, leer ausgeht.

Im nächsten Schreiben an die Hofdame macht er seinem Mißmut über den alten Freund Luft, indem er das Problem von der politischen auf die persönliche Ebene verlegt. Josephine sei ihm *untreu geworden*, ist nun sein Vorwurf, sie habe *nur auf Goethens Aufmerksamkeit Wert gelegt*.

Spiel oder Ernst? Beides wohl. Das Gefühl der Zurücksetzung, vor allem in politischer Hinsicht in bezug auf Saint-Aignan. Selbst Carl Augusts Lektüre von Goethes neuestem Werk scheint das zu beeinflussen, es fällt der österreichischen Freundin gegenüber zwiespältig aus. Am 4. November schreibt er ihr: *Goethe ist augenblicklich in Jena; der zweite Band seiner Quasi-Lebensgeschichte ist erschienen; er enthält sehr interessante Dinge, feine für die Anatomie der Seele lehrreiche Beobachtungen; aber manchmal langweilig, zu fein gesponnen, um gerade aufs Ziel loszuführen; es sind zu viel große Worte darin, die ich gar nicht liebe, und sehr viel höchst langweilige Einzelheiten.*

Die Gräfin sieht das offensichtlich anders. Sie hat vom Verfasser persönlich ein Exemplar bekommen. Wir wissen es aus einem Brief Goethes. Er bedankt sich bei Josephine O'Donell für ihre Zustimmung zum zweiten Teil von »Dichtung und Wahrheit«; von ihrem *freundlichen Wort* schreibt er, davon, daß ihr *aufmunternder Beifall* ihm *viel wert* sei.

Carl August aber hat sich noch nicht beruhigt. Sein Schreiben mit dem Vorwurf, die Gräfin sei ihm *untreu geworden*, will er dem russischen Fürsten Alexander Kurakin anvertrauen, der nach Wien geht. Da sich dessen Abreise verzögert, gibt er es auf die *Post, auf die Gefahr hin, daß es von allen Naseweisen Sachsens, Böhmens und Wiens geöffnet werde.* Und kündigt an, Kurakin werde ihr in Wien eine *Kiste* übergeben. Über deren Inhalt heißt es, sie enthalte *Goethes Kadaver.*

Der Prinz wird Ihnen von mir eine Kiste mit den einzelnen Gliedern von Goethes Kadaver überbringen, die ich zerstückelt habe, weil Sie mich in Teplitz verraten haben um seiner schönen Augen willen. Setzen Sie sie wieder zusammen und machen Sie einen neuen Menschen daraus ...

Kurakins Abreise verzögert sich wiederum. Am 25. November teilt Carl August der Gräfin O'Donell mit: *Gestern, bei einer Jagd in der Gegend, habe ich in Jena diesen schrecklichen Goethe aufgesucht, der mir soviel Unrecht getan hat.* Und nochmals spielt er auf den Inhalt der *Kiste* an. *Da kommt er zurück – ich sage Ihnen nichts weiter ...* Ein äußerst makabrer Scherz.

Einen Tag zuvor, am 24. November, hat Goethe an die Wiener Hofdame geschrieben. Dieser Brief ist, wie alle auch für Maria Ludovika, für die kaiserliche Majestät gedacht. *Unsere allerverehrteste Frau und <u>Herrin</u>,* nennt er sie, redet *von unserer Angebeteten* und gesteht, daß er sich *seit einiger Zeit, obgleich ungern und mit Mühe, abgewöhnt habe* von ihr *zu sprechen*:

denn die bravsten und sonst für's Vortreffliche empfänglichen Menschen enthielten sich nicht mir zu versichern, ich rede enthusiastisch, wenn ich nichts als die reine Prosa zu sprechen glaubte. Ein Beleg, wie schwärmerisch, wie – vielleicht bis zur Lächerlichkeit übertrieben – er von ihr spricht.

Aber auch sein Mitleid erweckt sie. *Ich will gern gestehn,* heißt es, *ich kann's immer noch nicht verwinden, daß ich Sie zuletzt leidend gesehen habe.* Maria Ludovika kämpft mit der Lungenschwindsucht, am 7. April 1816 wird sie, achtundzwanzig Jahre alt, daran sterben.

Goethe endet seinen Brief an Josephine O'Donell an jenem 24. November 1812 mit: *morgen erwarte ich den Herzog.*

D er Winter 1812 ist außerordentlich streng. In Carl Augusts nächstem Brief an die Wiener Freundin, datiert auf den 29. Dezember, spricht er davon. Er sei an Weimar, heißt es, an diesen *Etappenort der Militärstraße,* gebunden, *mit Ihrer Erlaubnis, mit dem Hintern festgefroren auf meinem durch diesen ungeheuren Winter vereisten Gebiet* ... Dann schildert er, wie Napoleon nach seiner Niederlage in Rußland durch Thüringen kommt.

Am 19. Mai 1812 noch hatte Carl August auf seinem Weg nach Teplitz in Dresden die Gelegenheit einer Audienz beim französischen Kaiser genutzt, diesen eindringlich vor einem Rußlandfeldzug zu warnen. In seinen Händen ist ein Schreiben, daß der Zar keinen Krieg mit Frankreich wünsche. Alexander hat es an seine Schwester Maria Pawlowna, Carl Augusts Schwiegertochter, gesandt. Vergeblich! Als Vermittler ist der Weimarer Herzog chancenlos. Mit einem Heer von 600 000 Mann, darunter Soldaten aus Weimar und dem Umland, fällt Napoleon in Rußland ein. Im Winter 1812 dann die Niederlage. Sein schmählicher Rückzug.

Carl August kann seine grimmige Genugtuung, seine Schadenfreude über dessen fluchtartige Durchfahrt kaum verbergen. Er schreibt: Der Tag war der *14. dieses Monats, inkognito* sei der *Aller-Gefrorenste* durchgekommen, *in der infamsten Postkutsche, die dem Postmeister einer sechs Meilen von hier gelegenen Station gehört, in deren Nähe der unglückliche König von Preußen im Jahre 6 die Schlacht von Auerstädt verlor; dort, auf dieser Post, zerbrach der Aller-Gefrorenste einen Wagen, den ihm der gute König von Sachsen in Dresden am 13.*

dieses Monats geliehen hatte. Die Kutsche führte ihn mit Mr.
de Caulincourt bis nach Erfurt; in seinem eroberten Gebiet
angelangt, belegte er einen Wagen seines hier wohnenden Ge-
sandten, Mr. de St. Aignan, mit Beschlag, in dem er nach seiner
guten Stadt Paris floh ...

Über seinen Dichterfreund heißt es im selben Brief: *Goe-*
the geht seit einigen Wochen gar nicht aus, aus Furcht vor der
Kälte, die hier über die Maßen groß ist. Und wenig später: *Ich*
sehe Goethe selten, er geht nicht aus und verpimpelt sich.

Am 16. Dezember 1812 aber, zwei Tage nach Napoleons
Durchreise, läßt der Herzog seinem Freund, den französischen
Kaiser mit *Nacht* und *Hölle* assoziierend, jene Nachricht zu-
kommen: *Weißt Du schon, daß St. Aignan beauftragt ist, Dir*
vom Kaiser der Nacht schöne Grüße zu bringen? So wirst von
Himmel und Hölle beliebäugelt.

Das Jahr 1813. Sowohl Goethe als auch Carl August wünschen, wie im Vorjahr, im Sommer in Teplitz wieder mit der
österreichischen Kaiserin und ihrer Hofdame zusammenzu-
kommen. In seinem Novemberbrief an Josephine O'Donell zitiert Goethe dessen *Hoffnungswort, daß man in jenem Arca-*
dien nächsten Sommer die goldenen Tage wiederholen möchte.

Aber es ist Krieg. Rußland und Preußen haben sich zusam-
mengeschlossen und Frankreich am 17. März 1813 den Krieg
erklärt. Napoleons in Frankreich neu aufgestellte Heere nä-
hern sich von Westen her. Wegen bevorstehender Truppen-
durchzüge und Einquartierungen wird Goethe von seiner Frau
gedrängt, zu seiner eigenen Sicherheit, Weimar zu verlassen. Er
reist schon ungewöhnlich zeitig.

Am 17. April bricht er in Richtung Dresden auf. Dort erlebt er den Einzug des russischen Zaren und des preußischen

Königs. Am 21. vermerkt er im Tagebuch: *bei Körner, wo wir Herrn Arndt fanden.* Körners Sohn Theodor ist als freiwilliger Jäger bei den gegen Napoleon kämpfenden Lützowern. Der Vater äußert sich begeistert darüber und ist voller Hoffnungen; Goethe aber soll – nach Ernst Moritz Arndts Zeugnis – erzürnt entgegnet haben: *Schüttelt nur an euren Ketten, der Mann ist Euch zu groß, Ihr werdet sie nicht zerbrechen.*

Noch einige Zeit bleibt er in Dresden, reist am 26. April nach Teplitz weiter. Bereits einen Tag nach seiner Ankunft schreibt er an Josephine O'Donell nach Wien, *als Flüchtling aus dem unruhigen Thüringen* sei er im *friedlichen Böhmen angelangt.* In Briefen an andere heißt es, man sei von den Kriegsschauplätzen zwar entfernt, aber des *Nachts* sähe man *manchmal die Feuerzeichen am Himmel, wenn irgend ein unglücklicher Ort brennt,* und *Kanonendonner* sei *in der Luft.* Von *Verdüsterung des politischen und militärischen Himmels ... der jedes Behagen verscheuche,* ist die Rede, *von entsetzlichem Druck,* der auf uns liege. Er sei von *lauter Flüchtigen, Blessirten, Geängstigten* umgeben, schreibt er und klagt über das, was er täglich in dem böhmischen Bad hören muß: *... sie sind alle im Augenblick ersoffen und quälen sich von Morgen zu Abend mit widersprechenden Neuigkeiten.*

Auf die Ankunft der hohen Frauen hoffend, will er – wie im Vorjahr – seine Arbeit an »Dichtung und Wahrheit« fortsetzen. *Mein erster Wunsch war Ruhe,* gesteht er der Gräfin. Aber John, sein Schreiber, wird krank, das bringt ihn in eine schwierige Situation. Zudem die politischen Ungewißheiten.

Ungeduldig wartet er auf Carl August. Am 27. Juni heißt es erleichtert: *Meine Lage wird durch die Ankunft des Herzogs sehr gesichert: denn es mag erfolgen was da will, so ist er davon doch immer eher unterrichtet als wir Particuliers, und es ist meine Schuldigkeit und zugleich mein Vortheil, mich an ihn anzuschließen.* Hatte er am 22. April der Wiener Hofdame geschrieben: *Der Herzog hat sich von einem Übel am Fuße wieder hergestellt,* so erfährt die Freundin nun unter dem Datum des 5. August 1813: *Durchl. Herzogs Ankunft gab meinem stockenden Zustande eine neue Bewegung und es ist mir durch diese erfreuende und aufregende Gegenwart abermals viel Gutes geworden ...*

Der Herzog sieht das anders. Enttäuscht, daß sich das heitere Zusammensein des Vorjahres nicht fortsetzt, die österreichische Kaiserin und ihre Hofdame 1813 den böhmischen Bädern fern bleiben, läßt er Josephine O'Donell wissen: *Teplitz ist auch nicht beständig in seinen Vorzügen; es überschreitet in diesem Jahre jedes Maß von Langeweile, schlechtem Wetter und Unfreundlichkeit.* Und in bezug auf den von ihr verehrten Goethe heißt es süffisant: *unter uns gesagt: er ist Ihnen nicht treu.* Ausgleichend fügt er hinzu, *aber wer ist das wohl in dieser Welt.*

Carl Augusts offenkundig schlechte Verfassung ist der *Verdüsterung des politischen und militärischen Himmels* geschuldet. Seit im März 1813 Rußland und Preußen Frankreich den Krieg erklärt haben, fühlt er sich durch seine verwandtschaftlichen Bindungen an den russischen Zaren und den preußischen König gestärkt und auf deren Seite gezogen. Aber er ist in einer äußerst schwierigen Lage, sitzt sozusagen zwischen den Stühlen. Er schwankt zwischen Patriotismus, Existenzangst und Devotionsbekundungen.

Als Rheinbundfürst ist er dem französischen Imperator verpflichtet; seine geheime Sympathie aber gehört denen, die gegen Napoleon kämpfen. Daher tritt er nicht entschieden genug gegen Vorgänge auf, die sich auf seinem Territorium abspielen.

So agiert hier im Frühjahr das Lützowsche Freikorps mehrfach, bei Jena zum Beispiel entwaffnet es – offenbar ohne nen-
nenswerten Widerstand – eine 200 Mann starke Einheit der
Rheinbundarmee. Damit nicht genug. Am 11. April besetzt
eine Eskadron preußischer Husaren Weimar. Der Fürst lädt
die Anführer – darunter ein Sohn von Feldmarschall Blücher –
bedenkenlos zur Hoftafel. Ein äußerst gewagtes Unternehmen.
Vom Vorwurf der Unvorsichtigkeit ist er nicht freizusprechen.
Sie bringt ihn Napoleon gegenüber in äußerste Gefahr.

Schon einmal – 1806 – hing sein Schicksal und das seines Landes von dem französischen Machthaber ab. Riskiert er das ein
zweites Mal?

Hat er keine Angst, daß ihm das gleiche widerfahren
könnte wie dem Freiherrn Heinrich Friedrich Carl vom und
zum Stein? Dieser ist im selben Alter wie er, Jahrgang 1757, in
Nassau geboren und mit dreiundzwanzig Jahren in den preußischen Staatsdienst getreten. Nach vielen Jahren reforme-
rischer Tätigkeit entläßt ihn der preußische König Friedrich
Wilhelm III. am 3. Januar 1807. Auf Drängen Napoleons stellt
der König ihn jedoch am 10. Juli wieder ein und ernennt ihn
zum Staatsminister. Aber bereits ein Jahr später fällt Stein bei
Napoleon in Ungnade, am 24. November 1808 muß ihn der
Preußenkönig entlassen, um keinen Bruch mit dem französischen Kaiser zu riskieren. Dieser hat durch seine Geheimpolizei einen Brief in die Hände bekommen, in dem Stein für einen
Volksaufstand gegen ihn plädiert.

Ein Erschießungsbefehl ergeht. Stein flieht nach Böhmen.
Napoleon konfisziert seine auf dem Gebiet des Rheinbundes
liegenden Nassauer Besitzungen.

Stein aber ist weiterhin unermüdlich tätig, wird zur führenden Persönlichkeit des antinapoleonischen Widerstands. Carl

August bewundert ihn. Aber kann ihm nicht Gleiches geschehen? Was setzt er aufs Spiel, wenn er nichts gegen die Aktivitäten der Lützower und der Preußen auf seinem Gebiet unternimmt?

Erst eine Woche nachdem die Husaren einmarschiert sind, am 18. April, wird die von Napoleon befohlene Ordnung wiederhergestellt, kehren die Franzosen zurück.

Carl August bewegt sich waghalsig buchstäblich *zwischen den Fronten*, denn von Westen her rückt bereits Napoleon höchstpersönlich mit seinem Heer heran. Nur zehn Tage nachdem die Preußen vertrieben und die Franzosen wieder die Stadt in der Hand haben, erreicht er Weimar.

Am 28. April ist Napoleon – wie das Fourierbuch ausweist – im Schloß zu Gast. Der Herzog empfängt ihn und begleitet den Kaiser am folgenden Tag auf seinem Ritt an die Front bis Eckertsberga. *Als wir zusammen im Amtshause in Eckbrg. angelangt waren* – überliefert Carl August –, *so nöthigte Er mich mit ihm in das für ihn bereitete zimmer zu gehen, wo 4 Spieltische mit Wachslichtern besezt standen; die tische stießen an einander. Er sezte sich an die eine breite Seite mit dem huth auf dem Kopfe u. hieß mir, ihm gegenüber, einen stuhl zu nehmen.*

Es kommt offensichtlich zu einem längeren Gespräch. Carl August zeigt sich danach beeindruckt von dem Imperator. Er nennt ihn ein *außergewöhnliches Wesen*, spricht von ihm als einem *Inspirierten*, einem *Erleuchteten*, der ihn an *Mohammed erinnert habe*. Ein Sinneswandel? Oder Taktik? Letzteres ist zu vermuten, denkt man an den Adressaten des Lobs, es ist der französische Gesandte Saint-Aignan. Oder doch auch Bewunderung? Beides wohl. Gewiß spielt auch auf der Seite Napoleons ein Kalkül mit. Auf Carl Augusts Territorium liegen für ihn wichtige Heerstraßen. Vielleicht erwächst seine für dieses Gespräch belegte Offenheit gegenüber dem *unruhigste<n> Fürst<en> Europas* aber auch aus der Anerkennung von dessen geistigen und charakterlichen Potenzen.

Von Eckertsberga aus zieht Napoleon in die Schlacht bei Großgörschen, die er am 2. Mai 1813 gewinnt. Am 20. und 21. Mai findet eine weitere Schlacht bei Bautzen statt. Bonaparte erscheint mit einem Hauptheer von über 110 000 Mann. Auf der anderen Seite stehen die verbündeten Truppen Rußlands und Preußens mit 97 000 Soldaten. Napoleon entscheidet die Schlacht trotz hoher Verluste – 20 000 bis 25 000 Tote und Verletzte soll es auf seiner Seite gegeben haben – für sich.

Angesichts dieses Sieges verlegt sich Carl August auf äußerste Schmeichelei. Überschwenglich gratuliert er Napoleon: *Da mein heißes Wohlergehen Ew. Majestät erhört worden ist, preise ich dafür die göttliche Gnade und lege Ihnen, Sire, meine untertänigsten Glückwünsche zu Füßen. Mögen EW. Kaiserliche und Königliche Majestät den Ausfluß meiner tiefen Unterwerfung und einer unwandelbaren Anhänglichkeit, die ich Ew. Majestät geweiht habe, mit Herablassung entgegennehmen.*

Des Herzogs politische Bedrängnis. Von *goldenen Tagen*, von *Arcadien* kann in diesem Sommer 1813 in Teplitz keine Rede sein.

Auffällig bemüht sich Carl August, da für ihn in Teplitz *jedes Maß von Langeweile* überschritten wird, um Kontakt zu Österreich. So speist er mit dem General Karl Philipp von Schwarzenberg, und er weilt mehrere Tage am Hof des österreichischen Kaisers Franz I. auf Schloß Brandeis an der Elbe. Das ist im Juli. Trifft er dort auch die junge Kaiserin Maria

Ludovika? Während Goethe schriftlich mit ihr nur über ihre Hofdame verkehren darf, gilt das für den Fürsten nicht, er steht mit ihr persönlich in Briefwechsel. Beide sind sich einig in ihrem Haß gegen Napoleon. Auch darüber ist Bonaparte bestens informiert. Kanzler Müller gegenüber äußert er: *Hat er nicht fortwährend mit der Kaiserin von Österreich, meiner Schwiegermutter, korrespondiert, die von Wien aus giftige Netze für mich spinnt?* Er habe – so Napoleon – sie *alle gelesen diese Briefe.*

Carl August und sein Dichterfreund im Sommer 1813 in Teplitz.

Am 5. August 1813 läßt Goethe die österreichische Freundin wissen: *Durchl. Herzog sind im Begriff nach Franzenbrunn abzureisen. Ich werde diesen Beyspiel aber nicht auf demselben Wege folgen; denn ich gedenke nach Dresden zu gehen und von da wieder nach Hause zurückzukehren, nachdem ich meinen diesjährigen Sommer-Lebens Curs von Freud und Leid mit manchem Unterricht und neuem Erwerb und Verlust durchzogen habe.*

Am 10. August, 6 *Uhr,* verläßt er Teplitz, *um drey Uhr* erreicht er Dresden. Die Stadt ist inzwischen in der Hand der Franzosen. Eintrag am 13. August im Tagebuch: *Am Brühlischen Palais dem Kayser begegnet welcher von einem kleinen Gefolge begleitet die Schanzarbeiten besehen hatte.*

Auch die Schlacht um Dresden, die am 26. und 27. August 1813 stattfindet, wird Napoleon für sich entscheiden. An die Seite der Heere des russischen Zaren und des preußischen Königs treten in dieser Schlacht die Truppen des Hauses Habsburg. Da Metternichs Gespräche mit Napoleon am 28. Juni 1813 in Dresden ergebnislos bleiben, der französische Kaiser sich nicht auf die Forderungen der Donaumonarchie einläßt, verbindet sich Österreich mit Preußen und Rußland; durch diesen Schritt Franz' I. wird sich der Kriegsverlauf, trotz Napoleons Sieg in Dresden, zu seinen Ungunsten verändern.

Nachricht von der Schlacht bey Dresden, notiert Goethe – zurück in Thüringen – am 30. August in sein Tagebuch. Mit Carl August hält er sich im Thüringer Wald, in Ilmenau auf: *Mit Seren. u. Suite ausgeritten. Gickelhahn, Herrmannstein, Gabelbach. Hohe Schlaufe.* Kaum denkbar ist ein Gespräch der beiden Freunde über die politische Situation. Während der eine der Niederlage Napoleons entgegenfiebert, sieht der andere in Napoleon unverändert eine große wirkende Geschichtsmacht und ist von dessen Unbesiegbarkeit überzeugt.

Daß Moskau verbrannt ist, thut mir gar nichts. Die Weltgeschichte will künftig auch was zu erzählen haben, heißt es am 14. November 1812 in einem Brief Goethes an Carl Friedrich Reinhard. Ist es der Versuch, mit Sarkasmus Distanz zum Weltgeschehen zu gewinnen? Mit Ironie auf die geschichtlichen Vorgänge zu reagieren, die ihn seit der Revolution in Frankreich beunruhigen und bedrängen? Tritt er Napoleon damit zur Seite? Die Einwohner Moskaus selbst waren es, die ihre Stadt in Flammen aufgehen ließen und flohen, um Napoleon den Triumph des Einzugs mit seiner *Grande Armée* in ihr Moskau zu nehmen. Eine patriotische Tat. Fünf Tage brannte die Stadt, war zu drei Vierteln zerstört. Und Zar Alexander macht Napoleon kein Friedensangebot, zwingt ihn damit zum Rückzug. Tolstoj hat es in seinem Roman »Krieg und Frieden« eindrucksvoll geschildert.

Vom 16. bis 19. Oktober 1813 findet die Völkerschlacht bei Leipzig statt. Den verbündeten Armeen Rußlands, Österreichs und Preußens gelingt – unter hohen Verlusten – endlich ein Sieg über Napoleon. Das thüringische Gebiet liegt auf dem Rückzugsweg der geschlagenen Armee, die von den Siegern verfolgt wird.

Berichte darüber enthalten wiederum die Briefe an Josephine O'Donell. Unter dem Datum des 30. Oktober schreibt Goethe: *Nachdem uns ein zwar gehofftes aber doch immer schweres Geschick lange gedroht, so brach es endlich am 21. und 22. October über uns herein ...* Am 21. Oktober war es zu scharfen Kavalleriegefechten zwischen Franzosen und den Siegern von Leipzig in den Straßen Weimars gekommen. Die Lage war unübersichtlich und äußerst bedrohlich. Goethe fährt fort: *wir hatten von den rohen losgelassenen Gewalt alles zu fürchten und vieles zu ertragen. Wenn Sie sich vorstellen daß wir in acht und vierzig Stunden die ganze Stufenleiter vom Schreckbarsten bis zum Gemeinsten durchgeduldet haben, so werden Sie gewiß Ihres Freundes mit Antheil gedenken.*

Sechs Tage später gibt auch Carl August der Gräfin einen Bericht über das Vorgefallene. Zunächst bedankt er sich *für die herrliche Geldbörse, die Ihre schönen Hände zu sticken geruten ... Sie ist einzig schön und Kaiserin aller Geldbörsen, ich werde nicht müde, sie alle Tage zu betrachten und zu küssen.* Dann geht er auf die Vorfälle ein. *Beinahe wären wir von den Franzosen geplündert worden, da retteten uns die Kosaken zweimal; wir hatten sogar einen ziemlich lebhaften Kampf in der Stadt.*

Wo Goethe vom *Schreckbarsten* und *Gemeinsten* spricht, wird Carl August sehr direkt. *Währenddessen amüsierten sich die russischen und österreichischen Truppen in den Dörfern mit – – – sie haben einen verfluchten Appetit! – und zerstören mehr, als sie essen. Diese heiligen Heiden haben uns und unsere Töchter schön zugerichtet ... Morgen wird Erfurt bombardiert.*

Die Alliierten nehmen Quartier in Weimar. Carl August lädt den Ranghöchsten, den österreichischen Staatskanzler Metternich, ein, in seinen Privatgemächern zu logieren. Vielleicht erinnert er sich an seine Unvorsichtigkeit, als er kaum ein Jahr zuvor Metternich zum *Teufel* wünschte. Am 25. November 1812 beklagte er in einem Brief an Josephine O'Donell, *daß die Wiener Staatskanzlei mit der Aufbewahrung von ihr anvertrauten Briefen sehr nachlässig* sei, und endet mit dem Satz: *Also! Hol der Teufel die Staatskanzlei und den Kanzler! Amen.*

Daß ihm dabei im nachhinein nicht ganz wohl ist, läßt sich aus einem weiteren Schreiben an die Gräfin vom 17. Januar 1813 schließen. Er fordert die Wienerin auf: *Verlieren Sie meinen Brief nicht; ich möchte nicht gehängt werden, es gibt schönere Todesarten.*

Carl Augusts Verhältnis zu Metternich wird nicht das beste werden, Goethe dagegen erfährt eine hohe Wertschätzung durch den österreichischen Politiker. Bereits am 26. Oktober macht er seine Aufwartung am Frauenplan. Noch am selben Tag vermerkt Goethes Tagebuch: *Gegenvisite bei dem Grafen Metternich.*

In seinem Haus ist der österreichische General Hieronymus von Colloredo-Mansfeld mit vierzehn Offizieren einquartiert. Carl August berichtet nach Wien, *Goethe hat Jerome Colloredo in seinem Hause gehabt ... seine ganze Bewachung und sein Gefolge logierten auch dort.* Selbst da kann sich der Herzog einer kleinen Stichelei gegenüber dem Freund nicht enthalten, er nennt ihn Josephines *Liebling* und zeigt sich beruhigt, daß Colloredo *in bezug auf Poetik gar nicht mit ihrem Liebling übereinstimmte.*

Überliefert ist: Goethe tritt General Colloredo mit dem ihm von Napoleon verliehenen Kreuz der Ehrenlegion an der Brust entgegen. Auf dessen Empörung darüber soll er entgegnet haben, er könne nicht einen ihm vom französischen Kaiser verliehenen Orden ablegen, nur weil dieser eine Schlacht verloren habe. Am nächsten Tag aber trägt er den ihm vom russischen Zaren verliehenen St.-Annen-Orden.

Während Carl August wohl noch im Verlauf der Leipziger Schlacht den Entschluß faßt, den Rheinbund zu verlassen, der *Fremdherrschaft* ein Ende zu bereiten, ein Verbündeter der Befreiungsheere, der Russen, Österreicher und Preußen, zu werden, während er sich mit dem Gedanken trägt, seinen Dienst in der preußischen Armee wieder aufzunehmen, einen Aufruf für Kriegsfreiwillige zum Kampf gegen Napoleon erläßt, bleibt Goethe gegenüber der nationalen Erhebung, gegenüber dem deutschen Patriotismus skeptisch.

U nd was ist denn errungen oder gewonnen worden, fragt Goethe am 21. November 1813 in einem Gespräch in seinem Haus einen jungen Besucher. *Sie sagen: die Freiheit; vielleicht würden wir es aber Befreiung nennen – nämlich Befreiung nicht vom Joche der Fremden, sondern von Einem fremden Joche. Es ist wahr: Franzosen sehe ich nicht mehr und nicht mehr Italiener, dafür aber sehe ich Kosaken, Baschkiren, Kroaten, Magyaren, Kassuben, Samländer, braune und andere Husaren. Wir haben uns seit einer langen Zeit gewöhnt, unsern Blick nur nach Westen zu richten und alle Gefahr nur von dorther zu erwarten, aber die Erde dehnt sich auch noch weithin nach Morgen aus.*

Der Besucher ist Heinrich Luden, Jahrgang 1778. Der Historiker hat 1805 in Jena promoviert, ist dort 1806 außerordentlicher Professor, 1810 ordentlicher Professor geworden. Mit zahlreichen Publikationen hat er sich einen Namen gemacht. Nun, im Enthusiasmus, in der Begeisterung über den Sieg der Verbündeten in der Leipziger Schlacht und Napoleons vernichtende Niederlage, vollzieht er den Schritt in die Politik, entschließt sich zur Gründung einer *politischen Zeitschrift.*

Daß man in Jena an ein neues Zeitungsblatt denkt, kann ich nicht mißbilligen, besonders wenn ein so vorzüglicher Mann wie Luden die Redaction übernehmen will, schreibt Goethe am 12. November 1813. Er möchte Näheres über das Vorhaben wissen, daher neun Tage später das Gespräch. In mehrfacher Hinsicht, sowohl in Hinblick auf Goethes Position als auch – indirekt – für sein Verhältnis zu Carl August ist es aufschlußreich. Luden hat es aufgezeichnet.

Einleitend bejaht Goethe zunächst dessen Vorhaben. Der Diplomat. *Als öffentlicher Beamter* habe er gegen die Herausgabe der Zeitschrift nichts einzuwenden, schließlich habe man ja *die Freiheit mit vielem Blute ruhmvoll erkämpft* ... Die *herzogliche Regierung* werde, versichert er, ihm *ohne Zweifel vollkommen freie Hand lassen.*

Dann aber, *vertraulich* um *seine Meinung gefragt,* widerrät er entschieden *das ganze Unternehmen* und fordert Luden kategorisch auf, zu seinen *gelehrten geschichtlichen Arbeiten zurückzukehren, die Welt Ihren Gang gehen zu lassen und sich nicht in die Zwiste der Könige zu mischen, in welchen doch niemals auf Ihre und meine Stimme gehört werden wird.*

Der Fünfunddreißigjährige widerspricht vehement, von *Erhebung des deutschen Volkes, von der Nothwendigkeit, gerade jetzt eine bessere Zukunft zu begründen,* von der *Benutzung dieser großen Tage des neuen Heils* redet er.

Goethe hört schweigend zu, wirft ihm dann vor, er sei *in einigen Eifer hineingeraten,* wird dann direkt. *Sie wollen in dieser wunderlichen und furchtbaren Zeit ein Journal herausgeben, ein politisches Journal; Sie gedenken, dasselbe gegen Napoleon zu richten und gegen die Franzosen* ... *Sie werden alles gegen sich haben, was groß und vornehm in der Welt ist; denn Sie werden die Hütten vertreten gegen die Paläste und die Sache der Schwachen führen gegen die Hand der Starken.*

An keiner Stelle ist wohl Goethes Konservatismus, seine Abwehr liberaler und demokratischer Positionen genauer benannt; *alles gegen sich haben, was groß und vornehm ist* ... *die Hütten vertreten gegen die Paläste* ...

Goethe überzeugt dann den Jüngeren, daß auch ihm *Deutschland warm am Herzen liege,* daß er durchaus für *die großen*

Ideen Freiheit, Volk, Vaterland Verständnis habe, und fragt: *Ist denn wirklich das Volk erwacht? Weiß es, was es will?* Er verneint die selbstgestellte Frage, antwortet: *der Schlaf* sei *zu tief gewesen.* Und schlußfolgert daraus, daß der Weg, die *Bildung des Volkes zu mehren,* der einzige sei.

Wenige Tage vor dem Gespräch mit dem Jenaer Professor hat er auf Frau von Steins Frage, *ob die Vernunft endlich in der Welt Herrscherin werden würde* – mit nein geantwortet, erklärt, sie habe *keine Unterlage,* sei *bloß geistig, nur die Humanität müsse cultivirt werden.* Davon hätten ihn die Gespräche mit den Großen, den *Männern, die das ungeheure Ganze leiten,* überzeugt.

Goethes Abkehr von der Politik in dieser *wunderlichen und furchtbaren Zeit,* sein Vertrauen in *Wissenschaft und Kunst,* denn sie allein – so sagt er – *gehören der Welt an,* vor allem aber: *vor ihnen verschwinden die Schranken der Nationalität.*

Luden deutet Goethes Rückzug auf Wissenschaft und Kunst als Resignation. Sein *Schweigen bei den großen Ereignissen und den wirren Verhandlungen dieser Zeit ... sei schmerzvolle Resignation;* und Verständnis zeigend, fährt er fort, *zu welcher er sich in seiner Stellung und bei seiner genauen Kenntniß von den Menschen und von den Dingen wohl entschließen mußte.*

Aber diese *Resignation* erwächst aus der nüchternen Einsicht in die neuen politischen Konstellationen. Bereits als Goethe vom Vorhaben der *politischen Zeitschrift* erfährt, schreibt er an Knebel, man solle *sich mit den höhern Behörden, den preußischen und östreichischen, in Rapport setzen: denn von nun an sollte kein Deutscher etwas auf eigene Hand unternehmen.* Hier spricht er bereits die Zwänge an, in denen sich das kleine Herzogtum Sachsen-Weimar-Eisenach gegenüber den neuen Siegermächten Rußland, Preußen und Österreich befinden wird.

Und dann kommt er direkt auf Carl August zu sprechen: *Ich möchte unserm fürstlichen Hause ... keine Unannehmlichkeiten bereiten, ich möchte unser Gouvernement, das nicht über hunderttausend Bayonette zu verfügen hat, in keine verdrießlichen Verhandlungen verwickelt sehen; ich möchte von der Universität, deren Mitglied Sie sind, jeden Nachtheil abwenden;* Und Goethe schließt: *ich denke endlich – warum sollte ich es nicht sagen? – auch an meine Ruhe und Ihr Wohl.*

Ruhe ist wohl das letzte, was der junge Luden will. Er, der Goethes *Protection* für sein Vorhaben erhofft hatte, verläßt gewiß enttäuscht das Haus am Frauenplan. Er geht an die Arbeit. Nach der griechischen Rachegöttin wird er seine Zeitschrift »Nemesis« nennen. Und wie Goethe voraussieht, wird die »Nemesis« Carl August *Unannehmlichkeiten bereiten*, in den Jahren 1817, 1818 und 1819. Und schließlich 1823, in der Zeit der Restauration, der Demagogenverfolgung, erfolgt eine Vorladung Heinrich Ludens nach Mainz vor die »Zentralkommission zur Untersuchung hochverräterischer Umtriebe«.

Doch davon später. Noch befinden wir uns im zu Ende gehenden Jahr 1813.

Der 27. Oktober 1813: An diesem Tag wird der französische Gesandte Saint-Aignan als Gefangener nach Prag abgeführt – und Carl August wird vom russischen Außenminister Karl Robert von Nesselrode im Auftrag des Zaren, der sich als Haupt der Verbündeten fühlt, eröffnet, daß Freiherr vom und zum Stein mit ihm die Modalitäten des Anschlusses an die antinapoleonische Koalition verhandeln wird.

Seit 1811 fungiert Stein als Berater des Zaren. In seiner »Petersburger Denkschrift« wiederholt er seinen Aufruf zu einem Volksaufstand gegen Napoleon und tut viel dafür, daß Preußen sich aus der Verbindung zu Frankreich löst und mit Rußland verbündet. Als russischer Gesandter wird Stein am Wiener Kongreß teilnehmen. Vorerst aber ist er beauftragt, mit den beitragswilligen Fürsten alles Erforderliche zu regeln.

Der Weimarer Herzog bietet den Alliierten 800 Soldaten und einen Betrag von 1000 Talern monatlich. Damit gibt sich Stein nicht zufrieden, der Geldbetrag sei ganz ungenügend und auch die Zahl der Soldaten entspreche nicht der Norm, läßt er ihn wissen. Steins Forderung: Der Weimarer Regent hat 2000 Soldaten zu stellen und einen großen Teil der um ein vielfaches erhöhten Geldforderung in Naturalien beizusteuern. Erneut, nun von seiten der Verbündeten, wird Carl August in den Würgegriff genommen. Seine Antwort scheint Widerstand gegen diese harten Bedingungen bekundet zu haben. Der Freiherr vom und zum Stein jedenfalls kommt auf seinem Weg nach Frankfurt persönlich nach Weimar. Am 10. November *abends eine lange freundschaftliche Unterredung mit dem Baron vom Stein*, notiert Kammerpräsident von Gersdorff,

und: *Man verlangt das Notwendigste, aber nichts Unmäßiges.*
Am 11. dann der Abschluß der Verhandlungen, Carl August
stimmt allen Forderungen zu.

Zugleich strebt er, nach sieben Jahren erzwungener Pause, die
Fortsetzung seiner Militärkarriere an. Am 24. November 1813
überträgt ihm der Kriegsrat der Verbündeten in Frankfurt am
Main – an der Spitze steht der russische Zar Alexander – den
Oberbefehl über das III. Armee-Korps. Carl August kommt
unter russisches Kommando. Für den Sechsundfünfzigjährigen steht die Erfüllung seines militärischen Auftrags in der
nächsten Zeit an erster Stelle. Anfang 1814 verläßt er Weimar, am 7. Januar zieht er ins Feld. *Unser gnädigster Herr
begiebt sich zu seinen Heerhaufen, welche schon bis Cassel
vorangerückt sind,* schreibt Goethe an Friedrich Wilhelm von
Trebra und sein Tagebuch vermerkt an diesem Tag: *Serenissimi Abfahrt.*

Dem Herzog untersteht ein Heer von 44 Bataillonen,
28 Schwadronen, 3 Kosakenhaufen und 85 Geschützen. An
anderer Stelle ist von 24000 Linientruppen und 20000 Land-
wehrmännern die Rede. Er hat die Aufgabe, die Niederlande,
besonders den belgischen Teil zurückzuerobern. Und zugleich
die Flanke für den Stoß der Hauptarmee unter Feldmarschall
Blücher in Richtung Paris abzusichern. Auch alle militärischen
und sonstigen Potentiale dieser Provinzen hat er für die End-
phase des Feldzugs zu mobilisieren.

Wiederum befindet er sich nicht bei der Hauptarmee, aber
diese Militäraktion ist wohl die umfangreichste Verantwortung, die ihm übertragen ist; von *Abenteuer* spricht er, wie
bereits erwähnt, und, daß es ihm – *zur Schande seis gesagt –*,
Spaß mache.

Ende Januar zieht er in Brüssel ein, veranlaßt dort das Einsetzen einer neuen Regierung. Die Ankunft der Kontingente unter General Thielmann verzögert sich, so daß er zeitweise ein Feldherr ohne Truppe ist. Überdies kommt es zu unangenehmen Auseinandersetzungen mit den Carl August unterstellten preußischen Generälen, die offenkundig mehr taktische und strategische Erfahrung haben. Darüber hinaus gibt es Spannungen mit dem schwedischen König Karl XIII. Und schließlich mit Feldmarschall Blücher selbst. Am 21. März verlangt dieser in einem Brief an Carl August die *Berennung und Belagerung* der Festung Maubeuge, nachdem der Weimarer Herzog sich bereits die meisten Festungen, in denen sich napoleonische Truppen verschanzt haben, unterwerfen konnte. Blücher überläßt ihm dazu die preußische Division von General Ludwig von Borstell. Die Kerntruppe aber muß er an Blücher abgeben, der mit der schlesischen Armee nach Paris marschiert. Dadurch gerät er Ende März, Anfang April in eine äußerst schwierige Lage. Die Einnahme der Festung Maubeuge gelingt ihm nicht.

Die geplagteste Kreatur der Erde, nennt sich der mit viel Elan in diesen Krieg aufgebrochene Carl August da und scheint tief deprimiert. Aber nicht für lange.

Nachdem in Paris am 11. April 1814 ein Waffenstillstand vereinbart wurde, sieht er seinen militärischen Auftrag als erfüllt an. Kurzentschlossen verläßt er am 21. April sein Hauptquartier, nachdem er den Oberbefehl an General Thielmann abgetreten hat.

Er macht sich sofort auf den Weg und eilt nach Paris. Am 23. April kommt er dort an.

Am 31. März sind die Alliierten in Paris eingezogen. Am 6. April bietet Napoleon seine Abdankung an, nach der Unter-

zeichnung des Vertrags von Fontainebleau am 11. April geht er am 20. April ins Exil nach Elba.
Die Verhandlungen der Siegermächte.

Carl August ist keineswegs ohne dynastischen Ehrgeiz. Fragen der Rangerhöhung und Gebietserweiterung beschäftigen ihn, vor allem mit einer Nachfolge im albertinischen Sachsen liebäugelt er. Sein militärischer Einsatz, glaubt er, berechtige ihn dazu. Zar Alexander spricht ihm auch in Paris Dank und Anerkennung für seine Kommandoführung aus, im Hinblick auf Gebietswünsche aber verhält er sich kühl und distanziert, weist Carl August auf ältere Pläne hin, nach denen Sachsen Preußen zugeschrieben werde.

Der Weimarer Regent bekommt in den Pariser Wochen eine Ahnung davon, was sich während des Wiener Kongresses bestätigen sollte. Die Sieger, vor allem die Großmächte Rußland und Preußen, verteilen die den Besiegten abgenommene Beute unter sich. Offen und brutal wird um Gebiete, Grenzen und Exklaven, um Einfluß und Macht gefeilscht, wird hinterrücks bestochen, die Macht des Stärkeren ausgespielt. Der amerikanische Präsident Thomas Jefferson nennt es einen *Schacher wie mit Vieh*. Carl August begreift, als Herzog eines winzigen Landes hat er gar nichts oder nur wenig zu erhoffen.

Sein Aufenthalt in Paris. Er stattet Joséphine, der früheren Kaiserin, auf Schloß Malmaison einen Besuch ab. Eine Dankesgeste wohl, denn Napoleon hatte 1808 bei der Geburt von Carl Augusts Enkelin Marie die Gevatterschaft übernommen. Noch liegt seine Flucht von Elba, sein Wiedereinzug in Paris am 20. März 1815 und seine sogenannte Herrschaft der Hundert Tage in der Ferne.

Von Paris aus unternimmt der Weimarer Fürst im Gefolge des Zaren und des preußischen Königs eine Reise nach Britannien. Im Juni und Juli 1814 weilt er auf dem Inselreich. Der Aufenthalt ist für ihn in mehrfachem Sinne eine entscheidende Zeit.

Sein Interesse gilt vor allem den Industrie- und Wirtschaftszentren. In den zwei Monaten reist er durch das Land, er sieht viel, kommt nach Portsmouth, Salisbury, Bristol, Clifton, Bath, Birmingham und Oxford. Er, der sich zeitlebens für Technik interessiert, hat einen wachen Blick für die sich in vollem Gang befindlichen Umwälzungen, für die beginnende industrielle Revolution.

Zu Gunsten des weltbekannten Inselreichs kann ich Dir viel sagen …, liest Goethe in einem Brief seines Fürsten. *Was Mechanik betrifft, da ist England das wahre Paradies dieser Wissenschaft.* Ausführlich schildert Carl August einen Ausflug unter Führung von James Watt Jr., dem Sohn des Erfinders der Dampfmaschine. *Einige Meilen nördlich von Birmingham brachte mich Herr Watt zu Steinkohlen- und Eisensteingruben, bei welchen auch gleich die Usinen, Hammer und Ziehereien befindlich waren. Dorten brannten zugleich die Herde von 250, sage zwei-hundertfünfzig Feuermaschinen, auf der Fläche von einer Quadratstunde, welche alle einer Gewerkschaft gehörten. Und solcher Gewerkschaften waren dort mehrere, die aneinander gränzten, dergestalt, daß ich nicht zu viel sage, wenn ich vermute, mehr wie tausend solcher Feuerschlünde zu gleicher Zeit rauchen gesehn zu haben. Die Sonne wird davon meilenweit verdunkelt und die ganze Gegend ist mit einem schwarzen Staube, dem Niederschlage dieser Rauche bedekket. Dazu brennen an manchen Stellen Steinkohlenflötze und vermehren diese Gewölke.*

Man spürt an dieser Schilderung, wie wichtig Carl August diese Erfahrung ist, die er Goethe voraus hat. Stolz ist er auch lebenslang darauf, Städte wie London, Paris und Wien, die sein Freund niemals betreten wird, mit eigenen Augen gesehen zu haben. Mehrfach spielt er in Briefen an ihn auf seine dort erworbenen Kenntnisse an. Meist sind es nur Kleinigkeiten, analog zu den Möglichkeiten seines Landes. Einmal heißt es: *Daß Dir mein kaltes Treibhaus gefallen hat, freut mich sehr, ich habe es aus Erfahrung zusammengesetzt, die ich in England, Brabant und Wien sammelte.* Ein andermal geht es um das Stopfen und Ausstellen von Tierbälgen. *Die Tiere*, berichtet er, würden *auf Draht stehend, auf ein Brettchen oder hölzernes Postament'chen gestellt* und *in großen Glasschränken verwahrt. In dieser Manier*, schließt er, *werden in Paris und Wien die Vögel und dergleichen aufgehoben.*

In London verfolgt Carl August mit großem Interesse die Arbeit des britischen Parlaments. Er läßt sich später sogar Akten des englischen Ober- und des Unterhauses kommen, studiert sie. Die Herrschaftsform konstitutionelle Monarchie beeindruckt ihn und wird ihm Anregung für seine eigene Regierungstätigkeit.

Am 9. April 1814 trägt Goethe in sein Tagebuch ein: *Nachr. von der Einnahme von Paris. Freudenschiesen den ganzen Tag.* In Weimar trifft man Vorbereitungen zum Empfang des siegreichen Feldherrn. Statt pompöser Feierlichkeiten plädiert Goethe für eine Stiftung für Waisenkinder. Vergebens! *Die Feierlichkeiten zur Ankunft des Herzogs aus dem glücklichen Feldzug erregten Vorbereitungen zu architektonischer Zierde der Straßen,* heißt es dann. Aber Carl Augusts Ankunft verzögert sich, die Siegerkränze welken, der Lorbeer vertrocknet. Erst zum Herbstanfang am 1. September wird er zurück sein.

Da hat Goethe schon längst Weimar verlassen. Am 25. Juli ist er in Richtung seiner alten Heimat aufgebrochen. Siebzehn Jahre ist er nicht dort gewesen. Bereits drei Tage nach seiner Abreise läßt er die zurückgebliebene Christiane wissen ... *schrieb ich viele Gedichte an Hafis ...*

Wie sich in der politischen Welt irgend ein ungeheures Bedrohliches hervortat, so warf ich mich eigensinnig auf das Entfernteste, wird er sich später erinnern. Und für das Jahr 1814 festhalten: *der »West-östliche Divan« ward gegründet.*

Die Ereignisse in der politischen Welt haben in ihm große Unruhe ausgelöst, ihn in eine Schaffenskrise gestürzt. Seine Arbeit an »Dichtung und Wahrheit« ist ins Stocken geraten, ja gänzlich abgebrochen. (Nur die Korrekturen im bereits abgegebenen dritten Teil werden noch ausgeführt.) Aber über-

raschend und beglückend stellt sich etwas Neues ein, eben-
jenes, was mit dem *Entferntesten* zu tun hat.

Auslöser ist die Lektüre eines persischen Dichters aus dem
14. Jahrhundert, ist der »Diwan« des Mohammed Schemsed-
din Hafis. In der deutschen Übersetzung hat ihm sein Verleger
Cotta dieses Buch geschenkt. Bereits zur Jahreswende 1812/13
sollte es erscheinen, durch die Kriegswirren hat sich die Aus-
lieferung bis Mitte 1814 verzögert. Nun ist das Werk – freilich
nur in Nachdichtungen – in Goethes Händen. Er liest diesen
großen Poeten, der vor 700 Jahren gelebt hat, geboren 1315
oder 1325, gestorben 1390. Er liest und liest.

Und die lyrische Kraft der fremden Verse bringt eigene hervor. Goethe erlebt das große Glück, daß ihm im siebten Lebensjahrzehnt eine Fülle von neuen Gedichten gelingt. Augen-
fällig ist, er knüpft mit diesen Versen nicht an seine früheren
an, sondern entwickelt eine ganz neue Lyriksprache von äußerster Formenvielfalt.

Der Beginn dieser Produktivität. Von Mitte Juli 1814 ist
wohl das erste datierte Divan-Gedicht »Erschaffen und Beleben«. 1819 wird die Lyriksammlung unter dem Titel »West-
östlicher Divan« erstmals erscheinen. *Diese mohamedanische
Religion, Mythologie, Sitte,* gesteht er seinem Altersfreund
Zelter in einem Brief, geschrieben am 11. Mai 1820, *geben
Raum einer Poesie wie sie meinen Jahren ziemt.* Und: *Der
Geist gehört vorzüglich dem Alter oder einer alternden Welt-
epoche.*

Am 25. Juli – wie gesagt – seine Abreise. Über Monate wird er
ausbleiben, erst am 27. Oktober wieder zurück sein. Er reist
in diesen Sommer- und Herbsttagen 1814 durch die schönen
Gegenden von Rhein und Main, eine neue Liebe erfüllt ihn,
zu Marianne, der Frau seines Frankfurter Freundes Willemer.

Und bei aller existentieller und politischer Gegenwärtigkeit lebt er in der Welt seines Werkes, im »West-östlichen Divan«; *das orientalische Interesse riß mein ganzes Vermögen mit sich fort ... wäre dieser Trieb aufgehalten, abgelenkt worden, ich hätte den Weg zu diesem Paradiese nie wieder zu finden gewußt,* bekennt er. Sein »West-östlicher Divan« wächst und wächst. Die Flucht aus der *wirklichen Welt* in die *ideelle* trägt reichlich poetische Früchte.

Carl August dagegen, als Militär und Politiker, ist an die *wirkliche Welt* gebunden.

Die politischen Ereignisse bringen es mit sich, daß sich die Freunde 1814 und 1815 kaum sehen.

Im August 1814 Begegnungen der beiden in Mainz und Wiesbaden. Dann, Ende September 1815, ein Treffen in Heidelberg.

Am 23. August 1814 notiert Goethe in sein Tagebuch: *Mit Serenissiomo bis tief in die Nacht.* Acht Monate haben die Freunde sich nicht gesprochen. Carl Augusts Rückkehr nach Weimar, die Goethe nicht abgewartet hatte, verzögerte sich nochmals, da der Fürst sich in den kühlen und regnerischen Sommermonaten in England vermutlich Rheuma oder Arthritis zugezogen hat, er wird von Schmerzen in den Beinen geplagt. Daher begibt er sich, ehe er seine Regierungstätigkeit im Herzogtum Sachsen-Weimar-Eisenach wieder aufnimmt, zunächst in ein deutsches Bad, um sein Leiden zu lindern. Von Aachen aus schreibt er Goethe: *Ich gehe hier über Coblenz gerade nach Mayntz ... ich werde dich dahin einladen.*

Bis tief in die Nacht ihr Gespräch. Worüber wohl? Die in England gemachten Erfahrungen, die er seinem Freund voraus hat, werden es vielleicht sein, über die er begeistert berichtet.

Gewiß wird das Thema Napoleon nicht berührt. (*Was wird nun Goethe zu seinem Schutzgott sagen?*, hatte der Herzog aus Paris seiner Louise nach Weimar geschrieben.)

Carl August kann die Veränderung des Freundes nicht verborgen bleiben; dieser selbst bezeichnet sich als *verjüngt*, und auch andere nehmen es an ihm wahr. Die Abkehr von der Politik, das Eintauchen in die lyrische Produktivität. Deutet Goethe es an, erzählt er davon? Monate später spricht er in einem Brief an den Freund wie selbstverständlich vom *Orient, wo ich mich jetzt gewöhnlich aufhalte* ...

Was die beiden auch immer erörtert haben – vom 24. bis 26. August begegnen sie sich in Wiesbaden –, Carl Augusts Einzug in Weimar nach acht Monaten Abwesenheit wird ohne den Freund stattfinden. Auch seinen siebenundfünfzigsten Geburtstag feiert er am 3. September ohne ihn.

An ein Verweilen in Thüringen aber ist nicht zu denken. Die Zusammenkunft der Siegermächte in Wien verlangt Carl Augusts Teilnahme. Wenige Tage später schon reist er ab. Am 17. September kommt er in der österreichischen Stadt an. Gern hätte er seinen berühmten Freund Goethe an seiner Seite gehabt, um – wie einst – mit seinem *Hofpoeten* Aufsehen zu erregen. Hat er vielleicht in Mainz eine Andeutung in dieser Richtung gemacht und hat Goethe sich taub gestellt? Die Zeiten sind lange vorbei, in denen dieser seinen Herzog in diplomatischer Mission an den preußischen Hof oder den braunschweigischen begleitete oder gar an seiner Seite an Feldzügen teilnahm.

Carl August ohne seinen Dichterfreund in Wien. Er reist mit seinem erfahrenen Privatsekretär Kanzleischreiber Vogel als Reisemarschall, mit dem Schreiber Thon, mit dem umtriebigen Oberhofmarschall Albert Cajetan Graf von Edling und mit dem erst knapp über dreißigjährigen Kammerpräsidenten Gersdorff als Verhandlungsführer. Letzterer wird sich bewähren und in der Folge zum wichtigsten Berater Carl Augusts aufsteigen.

Der Weimarer Herzog bezieht mit seinem Gefolge in Wien ein Logis von 12 oder 13 Zimmern. Es befindet sich im Müllerschen Gebäude am Roten Turm, der Blick geht auf einen Donauarm und die gegenüberliegende Leopoldstadt. Voigt, der in Weimar die Regierungsgeschäfte führt, bereiten die Ausgaben seines Fürsten in Wien große Sorgen. Geld muß aufgenommen werden.

Am 1. November wird der Wiener Kongreß eröffnet. Die Friedensgespräche ziehen sich hin. Napoleons Rückkehr verursacht zudem eine längere Unterbrechung. In Wien wird getanzt, soupiert, gefeiert. Auch Carl August tut das, aber auf die Dauer langweilt es ihn. So beschäftigt er sich intensiv mit Malerei, so daß ihm die Wiener k.k. Akademie der vereinigten bildenden Künste im April 1815 zum Ehrenmitglied ernennt. Er macht Reisen in die nähere Umgebung Wiens, ebenfalls in die weitere, so nach Ungarn. Meist begleitet ihn der fünfzehn Jahre jüngere Graf Edling, mit dem er sich angefreundet hat. Aber auch mit Freiherr vom und zum Stein unternimmt er eine Reise.

Die Verhandlungen. Wie in Paris geht im Hintergrund die Aufteilung der Beute vonstatten. Graf Metternich als führende Gestalt will vor allem Österreich stärken, aber auch die Großmächte Rußland und Preußen setzen ihre Ansprüche durch. So bekommt zum Beispiel Preußen Gebiete am Mittel- und Niederrhein und große Teile Sachsens. Der russische Zar, der österreichische Kaiser und der König von Preußen schließen sich zur »Heiligen Allianz« zusammen.

Da der Weimarer Herzog durch seine entschieden antinapoleonische Haltung, im Gegensatz zu vielen anderen deutschen Fürsten, keine Rangerhöhung durch den französischen Kaiser erfahren hat, wird das – auf Antrag des russischen Zaren – nachgeholt. Sein kleines Thüringer Land wird Großherzogtum, er selbst trägt fortan den Titel »Großherzog« und darf sich »Königliche Hoheit« nennen. Dieser Beschluß wird am 11. Februar 1815 gefaßt, aber erst Anfang April setzt Graf Razumowsky Carl August davon in Kenntnis.

Goethe gratuliert seinem Freund am 22. April 1815. *Ew. Königl. Hoheit haben bisher den kleinen Kreis bis in's Unendliche erweitert, indem Sie in einem jedem Einzelnen der Ihrigen eine gemäße Thätigkeit zu erregen und zu begünstigen gewußt*, schreibt er. Sein Wunsch sei, daß er *diese Wohltat ... in einem ausgebreiteteren Wirkungskreise* beibehalten möge. Er fährt fort: *Erlauben Höchstdieselben mir fernerhin davon als freudiger Zeuge zu verharren, ja, in dem kleinen Bezirk, der meiner Thätigkeit angewiesen bleibt, redlich mitzuwirken, so werden auch meine spätern Tage, wie die bisherigen, die ich in Ihrer Nähe und durch Ihre Gunst und Einfluß genutzt und genossen, nicht ohne Wirkung und Frohsinn verfließen.*

Über sechs Monate später, am 22. September 1815, ein weiteres Abkommen das Großherzogtum Weimar betreffend. Etwas halbherzig werden einige kleinere, ehemals sächsische und preußische Gebiete nun Carl Augusts Territorium zugeordnet. Unter anderem der Kreis Neustadt/Orla, das fuldaische Gebiet der Rhön, Vacha, Teile des Amtes Trautenburg und die Ämter Azmannsdorf, Tonndorf, dazu die bei Erfurt gelegenen Dörfer Stotternheim und Schwerborn. Das Herzogtum vergrößert sich von 36 auf 66 Quadratmeilen. Es umfaßt jetzt – immer noch ein Flickenteppich – 43 000 km². Die Zahl der Einwohner erhöht sich von 120 000 auf 190 000.

Dieses Abkommen muß Gesprächsgegenstand gewesen sein, als Carl August Ende September 1815 Goethe in Heidelberg trifft, denn am 1. Oktober schreibt dieser an Voigt nach Weimar: *Unsre Seelenangelegenheit* (Seelen = Bewohner) *geht wie Serenissimus sagten nach Wunsche.* Und er fügt an: *Ein Glück bey soviel unseligen Verhandlungen. Wie aber die Welt gespalten und in die kleinsten Bißlein zerrissen ist, erfährt man zu Wunder und Schrecken ...*

Vom Wiener Kongreß ist Carl August am 8. Juni 1815 nach fast neun Monaten Abwesenheit nach Weimar zurückgekehrt. Wie im Vorjahr ist Goethe bei seiner Ankunft nicht anwesend. Der zweite verpaßte Empfang. Bereits am 2. Mai hat er Weimar verlassen. Auch 1815 – es ist das Jahr von Napoleons Herrschaft der Hundert Tage und seiner Niederlage in der Schlacht bei Waterloo – fühlt Goethe *höchst nötig, sich aus der wirklichen Welt, die sich selbst offenbar und im stillen bedrohte, in eine ideelle zu flüchten.* Wieder reist er in die Rhein-Main-Gegend, in, wie er sagt, sein *Geburtsland,* sein *eigentliches Mutterland.* Und bekennt: *So wurd ich denn auch auf dieser Reise gewahr, wie viel ich bisher, durch das unselige Kriegs- und Knechtschaftswesen auf einen kleinen Theil des Vaterlandes eingeschränkt, leider vermißt und für eine fortschreitende Bildung verloren hatte.*

Er versucht, alles nachzuholen. Vom 24. Mai bis zum 10. Oktober 1815 ist er unterwegs. Seine Reiseroute: Wiesbaden, Biebrich, Mainz, Johannisberg, Köln, Bonn, Koblenz, Nassau, Frankfurt am Main, Darmstadt, schließlich Heidelberg.

Der preußische Freiherr vom und zum Stein lädt ihn nach Nassau ein. Mit ihm, der führenden Persönlichkeit des antinapoleonischen Widerstandes, befreundet er sich. Ihre Gemeinsamkeit ist kaum die Politik, sondern eher die altdeutsche Kunst, er unternimmt wenig später mit ihm eine Schiffsreise nach Köln, sie besichtigen den Dom. Der Reisebericht »Kunst und Altertum am Rhein und Main«, in dem Stein aber nicht erwähnt wird, entsteht. Weiterhin wird Goethe um seine künstlerische Beratung für ein Blücher-Denkmal in Rostock gebeten. Und der österreichische Kanzler Metternich verleiht ihm *die Würde eines Kommandeurs des Leopoldordens*. Überschwenglich dankt er ihm, erinnert an ihre erste Begegnung in Weimar nach der Völkerschlacht bei Leipzig, er habe ihm damals die für *Wissenschafts- und Kunstfreunde* so *wünschenswerte Ruhe* wiedergegeben.

Vom 12. August bis zum 18. September 1815 dann weilt er auf der Gerbermühle bei Frankfurt, dem Sommeranwesen der Willemers. Wieder das beglückende Zusammensein mit Marianne, seine Leidenschaft für sie. Auch nach Heidelberg kommt Willemer mit Marianne und Rosine Städel; vom 23. bis 26. September nochmals erfüllte Tage. Auf dem Heidelberger Schloß der Abschied von Marianne, der Suleika seiner Dichtung.

Dann erwartet er Carl August in Heidelberg. Ihre letzten Begegnungen in Mainz und Wiesbaden liegen über ein Jahr zurück.

Am 25. September schreibt Goethe an dessen Zweitfrau Caroline von Heygendorff nach Mannheim: *Unsern theuren Fürsten erwarte stündlich.* An Christiane heißt es: *Er wäre schon längst hier, aber er macht den Weg jagend …* Und mit Anspielung auf seine Jagdgesellschaft: *Wir wollen es ihnen gönnen nach so viel Noth und Leiden.* Am 28. September im Tagebuch dann: *Kam der Herzog.* Am 29. zeigt Goethe ihm das Heidelberger Schloß und die Kunstsammlungen der Brüder Boisserée.

Am 30. die Notiz: *Mit Serenissimo nach Mannheim.* Am 1. Oktober *Bey Fr. v. Heygendorf. Gefrühstückt.* Und: *Um halb 10 Serenissimus ab …* Kurz darauf verläßt auch Goethe Mannheim. *Um halb 11 fuhr ich ab.*

Wieder in Heidelberg zurück, schreibt er noch am selben Tag nach Weimar an Geheimrat Voigt: *Ich, nach Heidelberg zurückgekehrt, werde, auf höchsten Befehl, Carlsruh besuchen, alsdann in Franckf. mit unserm theuren Fürsten wieder zusammen treffen. Es ist wundersam genug daß ich vor vierzig Jahren, gerade in diesem Monat, durch eine Kalbische Staffete von Heidelberg nach Weimar gerufen wurde. Welch ein Glück, nach so unendlichen Ereignissen, immer noch in gleichem Verhältniß zu stehen, und nach einem solchen Kreislauf, dieselbe Bahn aufs neue zu betreten.*

Goethe folgt zunächst dem *höchsten Befehl, Carlsruh* zu besuchen. 3. Oktober: *Gegen ein Uhr in Carlsruhe.* Er äußert, *wohlgetan* zu haben, *sich vom Herzog* zu dieser Reise *influenzieren zu lassen.* Zwei Tage später aber kehrt er schon zurück: *Abgefahren halb zwey.* Am Abend des 5. Oktober gegen acht erreicht er wieder Heidelberg.

Der junge Sulpiz Boisserée, Begleiter und Vertrauter Goethes in diesen Tagen, überliefert, daß dieser bei seiner Rückkehr Briefe vorfand, unter anderem von Carl Augusts Zweitfrau, der »Jagemann«; *er soll nach Mannheim kommen zu Tableaux und Attitüden. Er ist sehr angegriffen, hat nicht gut geschlafen, muß flüchten,* so Boisserées Notiz am Morgen des 6. Oktober. Und: *Er fürchtet den Herzog.*

Muß flüchten? Boisserée schreibt, daß Goethe *plötzlich fort will,* er *Krankheit fürchtet, Ängste* ihn beherrschen, er will sein *Testament machen.*

Goethes Tagebuch weist am 6. aus: *Entschluß zur Abreise.* Er wird nicht nach Mannheim fahren. Mißachtet auch den *höchsten Befehl* seines Herzogs, sich mit ihm in Frankfurt zu treffen. Am selben Tag teilt er Carl August mit: *Nun aber muß hoffen und bitten daß Ew. Hoheit mir nicht zürnen möge, wenn ich anzeige: daß es mich beym Schopfe faßt und über*

Würzburg nach Hause führt. Es sei der *Dämon,* der ihn *treibe.* Und in Anspielungen auf die politischen Verhältnisse heißt es: *wo so vieles in Bewegung ist und sich nach allen Richtungen durchkreuzt.*

Am 7. Oktober die Abreise von Heidelberg. Sulpiz Boisserée begleitet Goethe. *Trauriger, schwerer Abschied,* notiert der Zweiunddreißigjährige. *Im Wagen erholt sich der Alte allmählig. Die Sicherheit, nicht mehr vom Herzog oder der Jagemann erreicht zu werden, beruhigt ihn sichtbar.*

Seine *Angst vor dem Herzog,* seine Weigerung, ihn in Frankfurt zu treffen, seine überstürzte Abreise. Auf der Fahrt dann Gespräch über *Deutsche Politik, Verhältnisse.* Goethe kommt auf Carl Augusts frühe Aktivitäten in der großen Politik für den Fürstenbund zurück, sieht in ihnen eine *Art Verschwörung,* in die auch er *durch seinen Herrn* verwickelt worden sei. *Denn in seinen ersten Anfängen hatte dieses Unternehmen mehr die Gestalt einer Verschwörung als eines Bundes, deswegen es auch gleich mißlang, sobald es öffentlich die letztere Form annehmen sollte,* schrieb er ein Jahr zuvor am 16. November an Christian Wilhelm Dohm, der sich mit der Geschichte des Fürstenbundes beschäftigt.

Fürchtet er eine Wiederholung, fürchtet, daß der Fürst, nunmehr Großherzog und Königliche Hoheit, seine Kräfte überschätzt? Daß er im Alleingang handelt und sich erneut den Zorn der *Großen,* Preußens und Österreichs, zuziehen wird? Bereits im November 1813 hatte Goethe – in Zusammenhang mit den Gesprächen mit Luden – an Knebel geschrieben: Man solle *sich mit den höhern Behörden, den preußischen und östreichischen, in Rapport* setzen, *denn von nun an sollte kein Deutscher etwas auf eigene Hand unternehmen.*

Ist die Ursache der großen inneren Unruhe, daß er durch

seinen ehrgeizigen Mäzen erneut und wider seinen Willen in dessen Politik verwickelt werden könne?

Oder ist eher das Gegenteil der Fall? Ist es die Angst, daß er bei den bevorstehenden Veränderungen übergangen werden könnte? Er kann nicht übersehen, daß zum einen in der Weimarer Behördenhierarchie eine Umschichtung zu Gunsten des Geburtsadels vor sich geht. Zum anderen holt Carl August wesentlich jüngere Berater an seine Seite, Graf Edling ist in den vierziger Jahren, der Freiherr von Gersdorff in den Dreißigern. Er ist die jüngste *Excellenz* in der Regierung. Wird diese nächste Generation die *Alten* verdrängen? Voigt ist einundsiebzig, Goethe sechsundsechzig.

Goethes Absage des Treffens mit Carl August in Frankfurt. Boisserées Wort: *Er fürchtet den Herzog.* Vielleicht wird er sich bewußt, daß seine Äußerung Tage zuvor Voigt gegenüber: *Welch ein Glück* es sei *nach so unendlichen Ereignissen, immer noch in gleichem Verhältniß zu stehen*, eine Illusion ist. Und daß man *nach einem solchen Kreislauf* – nach *vierzig Jahren* – nicht einfach *dieselbe Bahn aufs neue … betreten* kann. Die Zukunft wird zeigen, daß Goethes Besorgnisse hinsichtlich seines Fürsten nicht unbegründet sind.

Aber auch ganz andere Ängste können ihn zu seiner überstürzten Abreise in Richtung Weimar getrieben haben; böse Vorahnungen in bezug auf seine Frau Christiane, die ihn in seinem poetischen Schaffensrausch des »West-östlichen Divans« und in seinem Liebesglück mit Marianne von Willemer besonders beunruhigen.

Ihre schwere Erkrankung im Frühjahr 1815. *Zwey Querfinger vom Tode* sei sie gewesen, hat er am 3. April an Johann Jakob Willemer geschrieben. Und noch am 17. Mai heißt es in einem Brief an Sartorius in Anspielung auf die Erkrankung seiner Frau: *beliebte es den verruchten Dämonen mich auf eine empfindlich abgeschmackte Weise mit Fäusten zu schlagen.* Christiane aber kommt *wieder auf die Beine,* er dagegen wird von dem *schrecklichsten Katarrh* geplagt.

Dennoch gibt er seine Reisepläne – wiederum in die Rhein-Main-Gegend – nicht auf. *Ärzte, Freunde, ja die fürstlichen Personen selbst treiben mich mit verehrungswerther Theilnahme fort, und ich gehorche diesem Winke, da ich sonst noch gezaudert hätte ...*

Wie wir wissen, verläßt er mit seiner eigenen Kutsche und Barth als Kutscher sowie dem Diener Stadelmann am 24. Mai Weimar. Und wie 1814, so entstehen auch 1815 Gedichte. Hatte es im Vorjahr drei Tage nach der Abfahrt an Christiane geheißen: *schrieb ich viele Gedichte an Hafis,* so teilt er ihr nun noch am Tag der Abfahrt mit, daß ihn *unterwegs sogleich die guten Geister des Orients besucht und mancherley gutes eingegeben* haben.

Nun die Rückreise. Sulpiz Boisserée begleitet ihn bis Würzburg. *Liebesgeschichten wechselseitig,* notiert er. Und Goethe schreibt an Rosine Städel – bestimmt für die geliebte Marianne –, *so gelangten wir unter tausend Rückerinnerungen nach Würzburg.*

Von dort fährt Goethe allein weiter, erreicht Meiningen, wo er übernachtet. Divan-Gedichte entstehen, unter anderem »Ein Spiegel« und »Hatem und Mädchen«. Am 10. Oktober die Notiz: *Mitternachts Gotha.* Am 11.: *Um 7 Uhr früh von Gotha ab.* Die Ankunft.

Die bange Frage, wie wird er seine Frau nach fast einem halben Jahr Abwesenheit vorfinden?

Kaum acht Monate hat sie noch zu leben. Zeitweise Besserung. Dann wieder Verschlechterung. Die Zeit ihrer schweren Krankheit. Am 29. Mai notiert Goethe in sein Tagebuch: *Gefährlicher Zustand meiner Frau.* Bis zu ihrem Tod finden sich täglich Notizen zu ihrem dramatisch sich verschlechternden Gesundheitszustand. Am 6. Juni 1816 stirbt Christiane von Goethe. Im Tagebuch ihres Gatten der Eintrag: *Nahes Ende meiner Frau. Letzter fürchterlicher Kampf ihrer Natur. Sie verschied gegen Mittag. Leere und Todtenstille in und außer mir.*

In den »Tag- und Jahresheften« auf das Jahr 1816 erwähnt Goethe unter anderem den Tod der Kaiserin von Österreich sowie seine Auszeichnung mit dem Großkreuz des Falkenordens. Den Tod der Frau aber, die ihm fünf Kinder geboren hat, mit der er achtundzwanzig Jahre zusammenlebte, achtzehn in freier Liebe, zehn Jahre in der Ehe, erwähnt er mit keinem Wort. Könnte man ihm zugute halten, daß er sich in dieser Zeit schon ausschließlich historisch sieht und private Dinge zurückdrängt, so ist es doch menschlich kaum nachzuvollziehen, und dieses Schweigen hat zudem den Raum für abschätzige Urteile über Christiane von Goethe geöffnet und ihr Vergessenwerden befördert.

Wenige Wochen nach ihrem Tod, am 20. Juli 1816, bricht Goethe erneut zu einer Reise auf; wiederum ist die Rhein-Main-Gegend sein Ziel. Aber die Kutsche schlägt bereits am ersten Reisetag in der Nähe von Erfurt um, die Achse bricht, Meyer, sein Begleiter, verletzt sich. Goethe sieht das als ein *Zeichen,* entscheidet sich zur Umkehr, bleibt den Sommer über in Thüringen. Bereut es wohl, denn es heißt: *Aus Unmut und Aberglaube ward die vorgesetzte Reise vielleicht übereilt auf-*

gegeben. Und so wird er Marianne von Willemer nicht wiedersehen. Ihre Begegnung in den Oktobertagen 1815 in Heidelberg war ein Abschied für immer. Lebenslang aber werden die beiden brieflich in Verbindung bleiben.

IV

Carl August drängt nach den ihn demütigenden Erfahrungen der Jahre der *Fremdherrschaft* unter Napoleon temperamentvoll und ungeduldig auf Veränderungen in seinem kleinen Land. Die Gebietserweiterung und der Bevölkerungszuwachs geben ihm den Anstoß zu einer neuen Staatsgestaltung. Sein Ehrgeiz ist geweckt. Die kommenden Jahre werden gewichtige in seinem Leben.

Im Herbst 1815 wandelt er zunächst sein Geheimes Consilium in ein Großherzogliches Staatsministerium um.

Als Präsidenten setzt der Regent den altgedienten Christian Gottlob von Voigt ein. Den Jüngeren, die sich beim Wiener Kongreß an seiner Seite bewährt haben, weist er mit weitreichenden Kompetenzen ausgestattete umfangreiche Ressorts zu, so Graf Edling und Freiherrn von Gersdorff. Ebenso dem jungen von Fritsch. Er ist der Sohn des Freiherrn von Fritsch, der sich 1776 entschieden geweigert hatte, den bürgerlichen Goethe in das Geheime Consilium aufzunehmen.

Vierzig Jahre später nun wird Goethe für die Umgestaltung der Regierungsbehörde nicht herangezogen. Läßt das den Schluß zu, Carl August und seine Berater rechneten möglicherweise damit, der Sechsundsechzigjährige wolle die Veränderungen im Staat nutzen, um in Ehren von allen Ämtern zurückzutreten und sich ausschließlich seinem dichterischen Werk zu widmen?

Carl August kennt seinen Freund zu gut, als daß er dies annehmen könnte. Er weiß, Goethe hängt an der Macht. Das Ansehen, das er durch seine amtliche Tätigkeit innerhalb des

Hofes und weit darüber hinaus in der Gesellschaft gewinnt, spielt – bei aller Arbeitslast – für ihn eine große, nicht zu unterschätzende Rolle. Sie gewährt ihm Einfluß, ermöglicht und befördert ihm weit über das Herzogtum hinaus zahlreiche persönliche und fachliche Verbindungen. Und für den Regenten selbst ist es eine Prestigefrage, einen so berühmten Dichter in seinen Diensten zu haben, es erhöht sein Renommee, insbesondere nach außen hin.

Sind es seine Berater? Vor allem von Gersdorff, die *jüngste Excellenz* in der Weimarer Regierung? Ihm kann nicht verborgen bleiben, daß Goethe ihm mit Mißtrauen begegnet. Bereits Ende März 1815 macht dieser seinem Unmut in einem Brief an Voigt Luft: *Gersdorfs Hast, Leidenschaft pp. gefällt mir nicht, wie will man da seine Zwecke verfolgen?*

Und so bringt Goethe – zunächst übergangen – sich selbst ins Spiel, schaltet sich ein, um seine Stellung in der neuen Behördenhierarchie zu sichern. Ein Schreiben an Voigt vom 30. November 1815 belegt es. Er läßt ihn wissen: *In der reinsten Überzeugung daß bey dem neuen großen Vorhaben auch für mich vollkommen gesorgt seyn würde, habe bisher zu allem was ich vernommen beruhigt geschwiegen und nur gestern, bey zufälligem Anlas, gegen Ew. Excell. meine Ansichten und Hoffnungen ausgedrückt.* Voigt muß – davon alarmiert – noch am selben Tag das Gespräch mit dem Großherzog gesucht und eine Antwort bekommen haben, denn Goethe fährt fort: *Das gütige und beschleunigte Billet giebt mir das höchst angenehme Gefühl daß diese Angelegenheit, besser als ich sie je hätte fassen können, am heutigen Morgen, so gründlich durchdacht und, zu meinen Gunsten, so gnädig entschieden worden als ich nur hätte wünschen dürfen. Möchten Sie meinen gefühltesten, aufrichtigsten Danck Ihro Königl. Hoheit,*

mich abermals geneigtest vertretend, baldigst vorläufig dar-
bringen.

Carl August trifft seine Entscheidung großzügig im Sinne
seines alten Freundes. Die Lebensfreundschaft der beiden bewährt sich. Für Goethe, dessen Zuordnung zu einem Ministe-
rium mit Rücksicht auf seinen persönlichen Rang, seine Berühmtheit unmöglich ist, wird eine Spezialbehörde geschaffen,
in der er einzig dem Landesherrn Rechenschaft schuldig ist. Er
verliert zwar Sitz und Stimme in der obersten Behörde, der er
nur noch formell angehört, aber er bleibt im Amt und wird
zum Staatsminister ernannt.

Goethe ist zufrieden. Er sorgt dafür, daß er als dienstältester
Minister im Staatskalender an der Spitze der Staatsminister
genannt wird und sein Ressort gesondert aufgeführt wird.

Bereits am 1. Dezember werden die ehemaligen Geheimen
Räte zu Staatsministern ernannt. Goethe fehlt, ein Beleg, wie
delikat die Angelegenheit ist. Erst nachdem er sich eingeschal-
tet hat und nach Voigts Gespräch mit dem Herzog wird er, sozusagen im Nachgang, mit Reskript vom 12. Dezember 1815
zum Staatsminister ernannt.

Seinen Amtsbereich umreißt er selbst, nennt ihn »Oberaufsicht über alle unmittelbaren Anstalten für Wissenschaft und
Kunst in Weimar und Jena«.

Am 7. April 1816 – am Palmsonntag – kommt man in Weimar
zu einem feierlichen Staatsakt zusammen. Carl August, nunmehr *Königliche Hoheit,* nimmt, bedeckten Hauptes auf dem
Thron sitzend, die Erbhuldigungen der *Vasallen und Depu-*
tierten aus den neu erworbenen Landen entgegen. Sie treten
einzeln vor ihn. Im Halbkreis stehen die Staatsminister und
Militärs mit ihrem Gefolge um den Thron herum.

Zwischen Goethe und Voigt soll es nach dem Zeugnis von

Charlotte von Steins Sohn Karl zu einem kurzen Wortwechsel gekommen sein, wer von beiden *den ersten Platz am Thron des Großherzogs* einnehmen darf. *Voigt hat behauptet, er führe das Staatsruder, aber Goethe hat ihn weggerudert durch die Anciennetät.* Das heißt, letzterer beruft sich im Sinne der Diplomatie auf die Rangreihenfolge nach dem Dienstalter und ist somit im Recht. Karl von Stein macht sich darüber lustig: *Daß auch gescheite Leute in diese Miséres einigen Wert legen können* schreibt er und schließt: *Voigt führt deswegen doch nach wie vor das Staatsruder, und Goethe flankiert auf dem Pegasus drum herum.*

C arl Augusts nächster Schritt ist, seinem Land eine neue
Verfassung zu geben. Seine vom englischen Parlamentarismus beeinflußten Ideen fließen ein. Gersdorff arbeitet unaufhörlich, verfaßt eine Reihe von Denkschriften. Der Fürst
geht nicht so weit, seine Verfassung – wie vorgeschlagen – mit
dem ganzen Katalog bürgerlicher Grundrechte auszustatten;
er zieht weitere Berater heran, unter anderem Ackermann,
ehemals Amtmann in Ilmenau, auch von Ziegesar, von Fritsch
und Schweitzer.

Die Freiheitsrechte werden in einer knapp gefaßten Gene-
ralklausel verbrieft – mit einer Ausnahme: das *Recht auf Freiheit der Presse* wird extra hervorgehoben.

Der Weimarer Großherzog folgt in der Verfassung, die er
seinem Land gibt, nicht dem modernen Staatsbegriff, der Fürst
und Stände als Organ des Ganzen sieht; in ihm ist die ältere
dualistische Vorstellung noch sehr lebendig, und so wird seine
ungeteilte Landeshoheit nicht angegriffen, trotz aller reforme-
rischen Züge bleibt sein Land doch eine Monarchie im vollen
Wortsinn. Aber die Stände bekommen eine beratende Mitwirkung – so gibt es zum Beispiel erstmals zehn bäuerliche Ab-
geordnete.

Am 5. Mai 1816 erscheint das »Grundgesetz über die Land-
ständische Verfassung des Großherzogthums Sachsen-Weimar-Eisenach« im Druck. Am 6. Mai tritt die neue Verfassung
in Kraft. Ein Exemplar wird Freiherrn vom und zum Stein zu-
geschickt. Er äußert sich bereits am 19. Juli lobend, schreibt:
Carl August zähle zu den wenigen Fürsten, *die mit Vertrauen
und Geradheit ihren Ständen entgegengegangen* seien.

Nicht nur das – er ist auch der erste überhaupt, der seinem Land eine neue Verfassung gibt. Der Wiener Kongreß hat nach dem Untergang von Kaisertum und altem deutschen Reich einen neuen Bundesstaat aus der Taufe gehoben. Einundvierzig souveräne deutsche Fürstentümer und freie Städte schließen sich zum »Deutschen Bund« zusammen. Repräsentiert wird er durch den Bundestag mit Sitz in Frankfurt am Main. Für diese neue Staatengemeinschaft wird eine Bundesakte vereinbart, in der unter anderem ein Verfassungsversprechen verankert ist.

Eine große Chance. Aber die Hoffnung, daß die Freiheitskriege zu Freiheit, Demokratisierung und nationaler Einheit führen werden, erfüllt sich nicht; denn das monarchische Prinzip wird nicht angetastet, im Gegenteil, die Macht der einzelnen Fürsten wird gestärkt. Auch das Versprechen, sich eine Verfassung zu geben, wird nicht eingelöst. Preußen zum Beispiel lehnt es ab. Schon zeigen sich dort wie auch in Österreich rückläufige Tendenzen.

Einige wenige Staaten aber setzen die in Wien vereinbarten Festlegungen um. Carl August ist an erster Stelle zu nennen. Doch er braucht für seine neue Verfassung die Bestätigung durch den Bundestag. Sie läßt lange auf sich warten. Mißtrauisch prüfende Blicke gehen nach Weimar, der österreichische Kanzler versucht im Hintergrund zu bremsen, schließlich wird die Urkunde am 13. März 1817 ausgestellt. Die Garantieübernahme des Bundestages für Carl Augusts frühliberale Politik ist eine wichtige Bestätigung für ihn.

Vor allem das *Recht auf Freiheit der Presse* als Grundgesetz in dieser neuen Verfassung zu verankern erregt großes Aufsehen, ist es doch bei Wahrung des monarchischen Prinzips ein erster Schritt in frühkonstitutionelles Neuland.

Der Weimarer Herrscher bekommt daher nicht nur bei der akademischen Jugend, sondern bei den fortschrittlichen Kräften insgesamt sehr schnell den Ruf, als einer der wenigen im Hinblick auf die Beschlüsse des Wiener Kongresses Wort zu halten.

Goethe verbirgt von Anfang an seine Skepsis gegenüber den Neuerungen nicht. In den »Tag- und Jahresheften« 1816 erwähnt er die *ausgesprochene Preßfreyheit* sowie die Ankündigung der Zeitschrift »Isis«. Sein Kommentar: ... *jeder wohldenkende Weltkenner* könne *die leicht zu berechnenden unmittelbaren und die nicht zu berechnenden weiteren Folgen mit Schrecken und Bedauern* voraussehen. Stellt er damit Carl August das Zeugnis aus, kein *Weltkenner* zu sein?

Einig in seiner Skepsis weiß sich Goethe mit dem Präsidenten des Staatsministeriums, seinem alten Freund Christian Gottlob von Voigt. Dieser gesteht ihm, daß er sich mit der *monarchisch-demokratischen Konstitution* – so bezeichnet er die Neuerungen – nicht anfreunden könne. Überliefert ist, daß die beiden im persönlichen Gespräch bald das Wort *Preßfreyheit* in *Preßfrechheit* verwandeln. Sie rücken enger zusammen. Als Voigt 1816 sein Dienstjubiläum feiert, nennt Goethe ihn einen *theuren vieljährigen Mitarbeiter und Beförderer* seiner *Unternehmungen*. Erleichternd ist für letzteren, der keinen Sitz und Stimme mehr im Staatsministerium hat, daß er mit Voigt bis zu dessen Tod im März 1819 einen Vertrauens- und Verbindungsmann zu allen politischen Vorgängen im Großherzogtum hat.

Sogar von *Preß-Anarchie* ist wenig später die Rede. Und das in einem Schreiben Goethes an seinen Landesherrn. Es bezieht sich auf die Zeitschrift »Isis«. Im Sommer 1816 reichert Professor Lorenz Oken, der Herausgeber des Blattes, seine eigentlich naturwissenschaftliche Zeitschrift mit einigen politischen

Artikeln an, in denen republikanische Tendenzen offensichtlich sind. Carl August bittet seinen Dichterfreund um eine Stellungnahme. In einem über zehn Seiten umfassenden Gutachten vom 5. Oktober 1816 fährt Goethe einen harten Kurs, plädiert dafür, daß *das Blatt sogleich verboten* werde; bezeichnet Oken als *catilinarisch* und resümiert: *Mit dem Verbot der Isis wird das Blut einmal gestockt ...*

Carl August folgt dem Rat des Freundes nicht, spricht kein Verbot für die Zeitschrift aus. Auch Heinrich Ludens »Nemesis« bleibt unangetastet. Dort findet die weimarische Verfassung große Anerkennung; zugleich wird aber, wie auch in der »Isis«, kritisiert, daß größere Staaten, vor allem Preußen, die Verfassungsverheißung der Bundesakte nicht erfüllen. Beide Zeitschriften gehen dazu über, die regierungsseitige Liberalität zu offener Kritik an fremden Staaten auszunutzen.

Ist die Kritik sachlich berechtigt, so sind doch unter den sich abzeichnenden restaurativen Entwicklungstendenzen in der »Heiligen Allianz« für Carl August Mißhelligkeiten vorprogrammiert. Er muß sich auf schmalem Grat bewegen: die Pressefreiheit prinzipiell bewahren und zugleich deren Mißbrauch verhindern.

Der Landesherr droht lediglich bei *Ungebürnissen* mit polizeilichen Maßnahmen, aber in der Praxis bleibt seine Handhabung maßvoll. Noch teilt er die Besorgnisse Goethes und Voigts nicht, es bedarf erst schwerwiegender Vorkommnisse, bis seine großzügige und wagemutige Reformpolitik auch für ihn auf den Prüfstand kommt.

Das in der Weimarer Verfassung verbriefte Recht auf freie Meinungsäußerung beflügelt nicht nur die Publikationen in den Zeitschriften, sondern auch die Debatten unter den Jenaer Professoren und Studenten. Carl Augusts kleines Herzogtum

wird in den Jahren 1816 bis 1819 zum Übungsfeld des konsti-
tutionell liberalen und nationalen Journalismus in Deutschland.

I n diese ohnehin spannungsreiche Zeit zwischen Fürst und Dichter fällt ein unbegreiflich harter Schritt Carl Augusts gegen seinen alten Freund.

Ihn, der seit 1791, seit einem Vierteljahrhundert, das Weimarer Hoftheater leitet, dessen Inszenierungen – etwa von Schillers Dramen, besonders des »Wallenstein« – Aufmerksamkeit an allen wichtigen deutschen Bühnen erregen, ihn entbindet er von seinem Posten als Intendant. Besser gesagt: Er feuert ihn. Am 13. April 1817. Eine Demütigung. Eine Degradierung. Eine öffentliche Ohrfeige.

Spielt dabei vielleicht eine Rolle, daß der Herzog sich in diesen Monaten gekränkt fühlt, wie wenig Goethe seine politischen Bemühungen anerkennt, etwa im Hinblick auf die Pressefreiheit, auf seinen Ehrgeiz, Vorreiter der deutschen Freiheit und Einheit zu sein? Auch wenn es unausgesprochen bleibt, wird er doch den Widerstand seines Dichterfreundes fühlen. Es bleibt offen, ob die persönliche Verletzung dazu beiträgt, daß er rigoros die Entlassung anordnet.

Hier nun ist ein Blick auf die Machtverhältnisse im Weimarer Theaterbetrieb zu werfen. Die erste Schauspielerin und Sängerin ist Carl Augusts Mätresse. Es ist die 1777 in Weimar geborene Caroline Jagemann, die Tochter eines in Anna Amalias Diensten stehenden Hofbibliothekars und die Schwester des von Carl August geförderten Malers Ferdinand Jagemann.

Mit dreizehn schickt die Herzoginmutter sie zur Ausbildung als Schauspielerin nach Mannheim. In Heinrich Becker und

August Wilhelm Iffland findet sie vorzügliche Lehrer. Am 6. Oktober 1792 gibt sie als Fünfzehnjährige ihr Debüt in Mannheim.

Als Zwanzigjährige steht sie am 5. Februar 1797 erstmals in Weimar auf der Bühne, wird begeistert gefeiert. Ein Jahr später präsentiert sie dort ihren Lehrer Iffland, der seit 1796 Direktor des Königlichen Nationaltheaters am Gendarmenmarkt in Berlin ist.

Carl August, mehrfach in Liebeshändel mit Schauspielerinnen verstrickt, beginnt sich schon früh für die begabte Caroline Jagemann zu interessieren. Sie aber, die Engagements in Berlin und Wien haben kann und oft zu Gastspielen unterwegs ist, macht es ihm schwer. Selbst als er ihr eine Ehe »zur linken Hand« anbietet, die ein Treuegelöbnis und die Sorge für die zu erwartenden Kinder beinhaltet, zögert sie. Erst als er – nach ihrem eigenen, nicht sehr glaubwürdigen Zeugnis – droht, in russische Dienste zu treten, seiner Frau die Regentschaft zu übergeben und Weimar zu verlassen, lenkt sie ein.

Nach ihrer Rückkehr von auswärtigen Auftritten macht der Fürst die Verbindung zu ihr am Silvesterabend 1801 öffentlich. 1809 dann erhebt er sie als Frau von Heygendorff in den Adelsstand. Drei Jahre zuvor ist bereits der erste Sohn geboren, 1810 der zweite, 1812 eine Tochter. Carl August und Caroline leben – von der Großherzogin toleriert – in aller Öffentlichkeit wie Eheleute.

Alle, auch die brisanten Theaterfragen, vertraut sie wohl selbstverständlich zunächst ihrem Carl August und nicht Goethe an.

Die Rivalität zwischen ihm und der Mätresse seines Herrn, in die er dadurch gerät, macht ihm das Leben schwer. Immer wieder kommt es zu heftigen Kompetenzstreitigkeiten. So muß er zum Beispiel 1809 gegen seinen Willen die Entlassung des Schauspielerpaars Lortzing, die er *in keiner Weise billigt*, unterschreiben. Es gibt Auseinandersetzungen um den Sänger Morhard, um den Bassisten Strohmeyer. Und und ...

Carl August macht in dem Monolog über Goethe an jenem 27. Mai 1828 Christiane für den Bruch verantwortlich. Das Gegenteil ist der Fall. Goethes Frau war, wie er selbst, dem Schauspielerpaar Wolff besonders zugetan, und sie war zudem mit einigen »Actricen« eng befreundet, sie verkehrten im Haus am Frauenplan. Solange Christiane lebte, war der Theaterdirektor über die sich anspinnenden Intrigen der kapriziösen Primadonna, über Vorgänge im Theater und deren Hintergründe bestens unterrichtet. Mehrfach dankt er Christiane in seinen Briefen dafür. Nach ihrem Tod im Sommer 1816 aber verliert er diese Unterstützung.

Da scheint es kein Zufall, daß er ein halbes Jahr später an einer Theaterreform zu arbeiten beginnt. Als ersten Schritt bittet er den Herzog, ihn personell zu unterstützen. Umgehend erfüllt dieser die Bitte und beruft am 29. Januar 1817 August von Goethe an die Seite seines Vaters in die Theaterintendanz. *Wir haben zeither bey Unserm Hoftheater verschiedene Anstände, welche dem guten Fortgange desselben hinderlich sind zu bemerken gehabt, und finden daher für nöthig, Euch noch einen Gehülfen beyzugeben, welchen wir in Person des Cammerjunkers und Cammerraths von Goethe erwählen.*

Goethe arbeitet intensiv an der Reform. Von seiner *gegenwärtigen Theaterqual* ist am 12. Februar Zelter gegenüber die Rede. Immer wieder finden sich im Tagebuch Einträge: *Erlasse und Instructionen, Theatralia, Vielerley Theatralia*. Es sind vor allem Ordnungsfragen, die ihn beschäftigen: *Verordnungen die Regisseurs, den Capellmeister, den Re- und Correpetitor betreffend*. Goethe wirkt hier eher wie ein Regierungsbeamter, der über der Institution des Hoftheaters steht und Vorschriften erläßt; neunzehn sind es insgesamt.

Er glaubt an seinen Erfolg. So heißt es schon kaum vierzehn Tage später, am 23. Februar 1817, wiederum an Zelter nach Berlin: *Die Sache steht ... für mich so günstig als möglich*. Und nach kritischen Anmerkungen fährt er fort, er fühle sich *verpflichtet zur Erhaltung des morschen Gebäudes beyzutragen. Dieß wird mir möglich und leicht weil mein Sohn mit zur Intendanz gesetzt worden und ich eine unumschränkte Gewalt im Kunstfach ausübe, ohne durch Nebendinge gehudelt zu werden*. Sein Optimismus, die Weimarer Bühne zu reformieren.

Nicht einmal zwei Monate später endet seine Theaterkarriere.

Nun ist Caroline Jagemanns Hang zu Intrigen vielfach überliefert. 1817 aber kommt wohl auch – unausgesprochen – die Spannung zwischen ihm und dem Herzog hinzu. Und zur Verteidigung der Primadonna sei zudem gesagt: Sie ist eine Schülerin des Schauspielers und Theaterleiters Iffland. Und diese frühe Prägung durch den großen Iffland bringt es mit sich, daß sie wohl – zu Recht – nicht immer mit dem Theaterintendanten zufrieden ist. *Wer in solchen Institutionen führen will, muß alles was geschieht*, äußert sie, *übersehen und zu diesem Grund fast immer anwesend sein*.

Das aber ist keineswegs Goethes Intention. Bei seinen vielfachen Interessen und Verpflichtungen ist das Theater nur *eine* Sache unter vielen. So heißt es in jenem Brief an Zelter vom 23. Februar nach der Bemerkung, *In kurzer Zeit soll alles ein anderes Ansehn haben*, weiter: *und wenn ich bis Johannis fortfahre zu handeln wie diese drey Wochen, so kann ich in die weite Welt gehen und es soll dieser Anstalt besser geholfen seyn als durch Solons Gesetze ...*

Er täuscht sich ganz offensichtlich.

Ist die Entlassung des unbequemen Theaterdirektors zwischen Carl August und seiner Mätresse möglicherweise schon längst im Gespräch? Sucht man nur einen Vorwand? Ergibt sich dieser Anfang 1817?

Da bietet Karsten, der Wiener Schauspieler und erster Kapellmeister im Theater an der Wien, an, mit seinem abgerichteten Pudel Dragon in dem französischen Stück »Der Hund des Aubri de Mont-Didier« in Weimar aufzutreten. Im Vorjahr hat er in Berlin mit seinem *hündischen Schauspieler* Furore gemacht.

Goethe weiß es, im Oktober 1816 hat ihm Zelter davon berichtet. *Über den »Hund des Aubri« wird hier viel raisonirt und gespöttelt,* schrieb er. *Sie sagen, einen Hund aufs Theater bringen sey eigentlich, das Theater auf den Hund bringen und dergleichen, und doch läuft alles hinein und das Haus ist immer voll. Vorgestern bin ich auch darinne gewesen und das bis ans Ende. Das Stück hat eine allerliebste Musik, welche durchs Ganze geht ohne daß gesungen wird, und die zwey ersten Acte möcht' ich geistreich nennen, bey der Einfachheit des Motivs: daß ein Mörder durch den Hund des Ermordeten entdeckt wird. An der Aufführung des Stückes ist kaum etwas zu tadeln, es wird sehr hübsch und frisch gegeben ...*

Goethe aber ist strikt gegen Karstens Gastspiel in Weimar. Hat er keinen Humor? (Bekannt ist, daß er nicht unbedingt als Liebhaber von Hunden gilt.) Oder fühlt er sich übergangen? Karsten hat sich nicht an ihn, sondern an die Heygendorff gewandt, und diese hat – den Direktor übergehend – sein Gesuch an Carl August weitergegeben. Der aber möchte das Stück unbedingt sehen.

Am 20. März muß Goethe die Entscheidung erfahren haben. Er reagiert mit Zorn. *Wegen eines Verdrusses über den*

»*Chienel' Aubry*« *mit dem Großherzog* sei dieser *zornig ge-stern nach Jena entflohen,* notiert Kanzler von Müller, und bei Julie von Egloffstein heißt es: *des Herzogs Wunsch, den hün-dischen Schauspieler auf der Bühne zu sehen habe Goethe so sehr geärgert, daß er ans Abgehen vom weimarischen Theater gedacht – sich dann aber mit bloßer Flucht begnügt habe.*
Der Skandal ist da. Am 22. März schreibt Charlotte von Stein an Knebel: *Seit einigen Tagen herrscht ein Zwietracht-geist unter uns wegen dem* »*Hund des Aubry*«. *Die Theater-direktion will ihn nicht spielen lassen, und der Großherzog will ihn doch sehen.*
Ein Machtspiel zwischen den beiden? Wessen Wort gilt? Goethe verharrt in Jena, Carl August ist in Weimar. Bis zum Bühnenauftritt des *hündischen Schauspielers* – am 12. April 1817 – ist keine Begegnung schriftlicher oder persönlicher Art belegt. Wohl aber richtet Goethe am 26. März eine Be-schwerde an seinen alten Freund Voigt, die in dessen Funktion als Präsident des Staatsrates als offiziell zu werten ist. Unter anderem steht da: *mein Votum aber zählt nicht bey der Ent-scheidung.* Daraus ist zu schließen, daß vor allem das Über-gangenwerden seinen Zorn auslöst. Aber er fährt fort: *des-wegen enthalte mich aller Signatur und Unterschrift, und entbinde mich dadurch aller Verantwortung.* Provoziert er da-mit seine Entlassung? Für ihn bezieht sich seine Verweigerung der *Unterschrift* wohl nur auf den Auftritt des *hündischen Schauspielers.* Carl August aber geht aufs Ganze.

Am 12. April 1817 dann die Aufführung. Einen Tag danach, am 13. April 1817, zwei herzogliche Schreiben, ein privates, ein öffentliches. *Lieber Freund! Verschiedene Aeußerungen Deinerseits, welche mir zu Augen und zu Ohren gekommen sind, haben mich unterrichtet, daß Du es gerne sehen würdest,*

von den Verdrießlichkeiten der Theaterintendanz entbunden
zu werden ... Ich komme gern hierin Deinen Wünschen entge-
gen, dankend für das viele Gute, was Du bey diesen sehr ver-
worrenen und ermüdenden Geschäften geleistet hast ... und
hoffend, daß der verminderte Verdruß Deine Gesundheit und
Lebensjahre vermehren soll.

Das klingt nach Entlastung. Im offiziellen Entlassungs-
schreiben aber – Carl August geht zum förmlichen *Er* über –
wird das revidiert; die *Fortdauer der Oberaufsichtsgeschäfte*
wird ausdrücklich benannt. *Ich hoffe,* läßt der Fürst seinen
Freund mit einem ihm sonst fremden leicht zynischen Unterton wissen, *daß Er die, bey dieser Veränderung ihm zuwach-*
sende Muse, auf die sehr wichtigen Geschäfte der Anstalt
für Wissenschaft und Kunst mit demselben Eifer verwenden
werde ...

Nun stehen das Theater und Goethes Wirken dort nicht nur
im Blickpunkt der Weimarer Öffentlichkeit, sondern finden
auch bei auswärtigen Bühnen, unter anderem in Mannheim,
Leipzig und Berlin, Beachtung; es ist ein Prestigeobjekt. Das
gilt nicht gleichermaßen für die *Oberaufsichtsgeschäfte,* sie
finden eher im stillen statt.

Goethe will offenkundig die Degradierung zum reinen Bi-
bliotheks- und Museumsbeamten einerseits nicht hinnehmen;
andererseits aber lebt er wohl in der Angst, auch da in Ungnade zu fallen und von seinen Pflichten entbunden zu werden.

Was immer in ihm vorgeht, er reagiert als vollendeter Hofmann: *Ew. Königl. Hoheit kommen, wie schon so oft gnädigst*
geschehen, meinen Wünschen entgegen, ja zuvor ... Devot bittet er darum, auch in Zukunft *einigen Einfluß* auf den künstlerischen Teil des Theaters ausüben zu dürfen.

Charlotte von Stein bedauert die Entscheidung des Großherzogs, am 18. April schreibt sie: *aber man sollte doch der Welt nicht zeigen, daß man die Spuren seines (Goethes) Wirkens nicht anerkennt, wo er das Schöne wollte.* Und: *Es schmerzt mich, daß man hier gerade das ewige zerstört was an die poetische Zeit von Weimar erinnert ...*

Der Theaterkrakeel sei *Mutter sehr nahegegangen*, äußert Karl von Stein am 29. Juli 1817 gegenüber seinem Bruder Friedrich. *Goethe soll schwer darunter leiden, aber Karolinchen* (Frau von Heygendorff) *brüstet sich wie ein Pfau und würde wohl radschlagen, wenn sie es könnte. Es ist ein Skandal! Verstehe den Großherzog wer kann!*

Auffällig ist, der nach Jena Geflohene entfaltet sofort eine enorme Aktivität im Hinblick auf seine *Oberaufsichtsgeschäfte.*

Auch der Großherzog bemüht sich offenkundig um Schadensbegrenzung. Vier Tage nach der Entlassung ist er es, der den Freund in Jena aufsucht. Am 19. April dessen Eintrag: *Die Geschäfte im Ganzen überdacht. Zu Serenissimo.* Wohl der Versuch von beiden Seiten, das Verhältnis zu versachlichen. Gespräche über das in Jena zu Leistende. Weitere Begegnungen. Am 30. April: *Serenissimus kamen um 3 Uhr.* Am 1. Mai: *Früh zu Serenissimo.* Am 3.: *zu Serenissimo. Fuhr derselbe ab.* 8. Mai: *Bey Serenissimo.*

Immer sind es allem Anschein nach neue Projekte, die zur Debatte stehen. Nun hat Goethe mit ziemlicher Sicherheit keineswegs an eine Aufblähung seiner staatsmännischen Pflichten gedacht, sondern wahrscheinlich eher daran – wie Carl August es ihm im privaten Schreiben suggeriert –, mehr freie Zeit zu gewinnen. Der Herzog aber lädt ihm neue Aufgaben auf die Schultern, ausdrücklich, damit er die ihm *zuwach-*

sende Muse für die *wichtigen Geschäfte* der Jenaer Anstalten verwenden möge.

Im Sommer reist Carl August nach Oberitalien; unter anderem hält er sich in Mailand auf. Goethe dagegen bleibt in Jena. Da muß ihn wohl Zelters Äußerung befremden, der ihm am 8. April aus Berlin schreibt: *Theatergeschichten werden ... erzählt: Du seyst in Jena um zu maulen, weil sie nicht tanzen wollen wie Du pfeiffst.* Goethe antwortet verständlicherweise darauf nicht. Am 24. Mai dann konstatiert Zelter: *Ich bin still – Du bist still – Keines will sich melden.* Und ohne ein Wort des Bedauerns über die Entlassung oder eine Solidaritätsbekundung fragt er scheinbar harmlos: *Und wo wird denn Eure Exintendanz sich die bevorstehenden Sommertage bekommen lassen?*

Das kränkende Wort von der *Exintendanz* und die Anspielung auf die jährliche Bäderreise. Doch eben sie findet 1817 nicht statt. Ist das von Goethes Seite eine auffallende Demonstration gegen seine Entlassung als Theaterintendant, seine Degradierung zu den *Oberaufsichtsgeschäften*? Sagt er damit, er hat in diesem Unglücksjahr keine Zeit zu reisen?

Er arbeitet ohne Unterbrechung. Vom Tag der Flucht aus Weimar, vom 21. März an ist er den Frühling und den Sommer bis zum 7. August in Jena. Nur vom 16. bis 18. Juni hält er sich in Weimar auf, da findet die Hochzeit seines Sohnes mit Ottilie von Pogwisch statt.

Auch im Herbst nötigen ihm seine Pflichten, vor allem die der Umstrukturierungen der Bibliotheken, immer wieder Aufenthalte in Jena ab.

Seine unablässige Tätigkeit. Ein Institut für Veterinärmedizin wird gegründet und seiner *Oberaufsicht* unterstellt. Verbunden damit entsteht eine Tierarzneischule. Ein neues botanisches Museum wird eröffnet, dort werden *die mannigfaltigen Gaben, welche Serenissimus von der Mayländischen Reise mitgebracht ... in die verschiedenen Fächer eingeordnet.* Auch eine Liste der Kunstwerke, die sein Mäzen in Mailand erworben hat, fertigt er an. Mehrere Berichte über seine Arbeit sendet der Staatsminister seinem Großherzog.

Besonders aufwendig ist aber die von Serenissimus mit einem *Rescript* vom 10. Oktober befohlene *Reorganisation der Bibliothek.* Die Jenaer und Weimarer Bibliotheken sollen zusammengelegt, die Bestände katalogisiert und zudem neue Räumlichkeiten erworben werden. Der *umsichtige Fürst* habe, so Goethe, *persönlich von dem ganzen Geschäftsgange Schritt vor Schritt Kenntnis genommen.*

Diese Aufgabe, die reinen Fleiß und viel organisatorisches Talent erfordert, bis hin zu baulichen Maßnahmen, bindet seine Kräfte enorm. In Privatbriefen klagt er, so am 25. Oktober 1817 seinem Verleger Cotta gegenüber: *doch ist mir (ich darf wohl sagen leider) ein höchster Auftrag zugegangen: die jenaische Bibliothek umzubilden ...* Am 24. November heißt es an seinen Brieffreund Christoph Ludwig Friedrich Schultz nach Berlin: *Mein hiesiger Aufenthalt nöthigt mich in die bibliothekarische Gelahrtheit. Das ist ein schrecklicher Zustand, ich muß aber doch sehen wie ich mich darein finde.* Ab dem November wird die *Reorganisation der Bibliothek* in seinem Tagebuch mehrfach als sein *Hauptgeschäft* bezeichnet.

Knebel, mit dem er in dieser Zeit in Jena oft zusammen ist, spricht im Hinblick auf Carl Augusts harte Entscheidung gegen seinen alten Freund von *äußern Anfällen des Schicksals.* Drastischer drückt es Karl von Stein aus: *Es ist ein Skandal! Verstehe den Großherzog wer kann!* Knebel reflektiert darüber hinaus über die dem Dichter zur Verfügung stehenden Gegenkräfte, wenn er beobachtet: *seine fast unerschöpfliche Produktivität sichert seinen Geist vor äußern Anfällen des Schicksals.* Arbeit ist für Goethe in Konfliktsituationen immer ein Heilmittel. So auch in der Phase der Demütigung durch die Entlassung als Theaterdirektor.

Neben seiner aufwendigen Tätigkeit für die wissenschaftlichen Anstalten in Jena wendet er sich vor allem naturwissenschaftlichen Arbeiten zu; er sichtet seine *alten wissenschaftlichen Papiere*, um *ältere und neuere Arbeiten, auf Naturwissenschaft bezüglich, abdrucken zu lassen.* Er führt seine Beschäftigung mit Geognosie, Geologie und Mineralogie fort; die *Howardschen Wolkenformen* werden studiert, die *entopischen Versuche* gehen *ins Gränzenlose.* Er schafft sich *eine bedeutende Sammlung Majolika* an. Die Bände 9 bis 12 seiner Werke erscheinen.

Und langsam, sehr langsam findet er in seine literarische Arbeit zurück, schreibt an dem bereits im Druck befindlichen zweiten Teil der »Italienischen Reise« weiter. Und wie immer liest er viel. In diesem Jahr unter anderem Byron. *Er war mir ein theurer Zeitgenoß, und ich folgte ihm in Gedanken gern auf den Irrwegen seines Lebens,* bekennt er. Er studiert Kants »Kritik der Urteilskraft«, Sebastian Brants »Narrenschiff« und die Erinnerungen von Napoleon, dessen »Manuscrit de Sainte-Hélène«, das, wie er notiert, *beschäftigte alle Welt.*

Carl August, vom Sommeraufenthalt in Oberitalien zurück, steuert im Herbst 1817 mit seinem Engagement für das Wartburgfest der deutschen Burschenschaften einem Höhepunkt seiner politischen Karriere zu.

Goethe dagegen, dessen Narben über die Entlassung als Theaterdirektor gewiß noch schmerzen – selbstverständlich verliert er kein einziges Wort darüber –, gerät zunehmend in einen inneren Konflikt zwischen der Loyalität zu seinem Landesherrn, zu dessen liberaler Gesinnung und seinen eigenen Überzeugungen. Er steht den neu eingeführten Rechten der parlamentarischen Mitbestimmung, vor allem aber der Pressefreiheit und der Bewegung der Burschenschaften kritisch gegenüber.

Zu letzteren hat er sich mehrfach geäußert. Er wendet sich gegen den Widerspruch der Zerschlagung der alten Zünfte einerseits und der gleichzeitigen Bildung neuer studentischer Kooperationen andererseits; sieht darin – wie er einmal schreibt – die Spiegelung eines *verrückten Zeitgeistes*, dem man sich nicht *widersetzen* könne. Im Brief an Voigt vom 5. Juni 1817 spricht er ironisch vom *allerliebste<n> Zeitgeist*, der *hier ... präsidiert*, und fährt bissig fort, diesen *entstehen<den> Corporationen* habe *das neuste deutsche Reich nichts zu befehlen*, und fügt an: *vor denen der Bundestag sich entsetzten müßte*.

Goethe ist auch dagegen, daß sich die einzelnen studentischen Landsmannschaften zu einer einzigen Burschenschaft zusammenschließen. Die jenaischen Burschenschaften haben sich bereits am 12. Juni 1815 eine Verfassungsurkunde gegeben. An der dortigen Universität ist eine starke Opposition mit nationalliberalen Tendenzen herangewachsen. Auch Heinrich Luden ist in dieser Sache engagiert.

Carl August sieht – im Gegensatz zu seinem Freund – die Sache positiv. Die burschenschaftlich organisierten Studenten haben die Sympathie des Weimarer Regenten; er betrachtet sie mit Wohlwollen. Als sie für den 18. Oktober 1817 auf der Wartburg bei Eisenach ein Treffen planen, um den 300. Jahrestag von Martin Luthers Thesenanschlag, dem Sturmsignal der Reformation, sowie den 4. Jahrestag der Völkerschlacht bei Leipzig zu feiern, öffnet der Großherzog die Säle der Wartburg und stellt für die geplanten Freudenfeuer kostenlos Brennholz zur Verfügung. Etwa 500 bis 600 Studenten aus mehreren deutschen Universitäten sind gekommen und sie feiern; nicht zuletzt wird ein Hoch auf den Weimarer Regenten als fortschrittlichen deutschen Fürsten dargebracht.

Deutlich wird in den Reden der jungen Leute das Verlangen nach Mitwirkung im Staatsgeschehen artikuliert. So heißt es zum Beispiel bei einem der Festredner, dem Studenten Rödiger, anspielend auf die Befreiungskriege: *wer bluten darf für das Vaterland, der darf auch davon reden, wie er ihm am besten diene im Frieden.*

Bei diesem Redner handelt es sich um den neunzehnjährigen Georg Ludwig Julius Conrad Rödiger, den Goethe wenig später in seinem Haus empfängt. *Heute früh war Studiosus R. bey mir,* berichtet er seinem Sohn am 28. November, *der in der Wartburgsgeschichte eine bedeutende Rolle spielt. Es ist ein allerliebstes Wesen, wie die Jugend überhaupt mit allen ihren Fehlern von denen sie sich zeitig genug verbessert, wenn nur die Alten keine solche Esel wären, denn die verderben eigentlich das Spiel.*

Viel Sympathie mit dem jungen Burschenschaftler spricht aus diesen Worten. Aber *die Alten* ... Ihnen gilt Goethes Skepsis, ja Ablehnung. Noch während der Vorbereitungsphase auf das Wartburgfest schreibt er am 22. August 1817 an Knebel, mit dem er sich wohl einig weiß in seinem Abstand zu den politischen Handlungen seines Fürsten: *unter uns gesagt, ist an der ganzen Sache nichts interessant als Luthers Charakter ... Alles Übrige ist ein verworrener Quark, wie er uns noch täglich zur Last fällt.*

... *ein verworrener Quark*, ein hartes Urteil, aber: *unter uns gesagt*, nicht in die Öffentlichkeit gebracht, schon gar nicht zu Carl Augusts Ohren.

An anderer Stelle äußert er sich positiv, da ist vom Wartburgfest als einem *Abenteuer* die Rede, dessen *Ausgang abzuwarten sei.* Und am Tag des Festes, am 18. Oktober, notiert er in sein Tagebuch: *Abends die Feuer zu sehen die Erfurter Chaussee hingefahren.*

Das Wartburgfest erregt deutschlandweit ungeheures Aufsehen. Es wird zu einem Politikum ersten Ranges.

Carl August sieht sich massiver Kritik seiner Verbündeten in der »Heiligen Allianz« ausgesetzt. Die Kanzleien Preußens und Österreichs sind nicht untätig. Sie haben ihre Spitzel eingeschleust, und deren Berichterstattung, die in die Öffentlichkeit gelangt, läuft auf Aufruhr hinaus. So spricht der leitende Direktor des Berliner Polizeiministeriums Karl Christoph Albert Heinrich von Kamptz von einem *Haufen verwilderter Professoren und verführter Studenten.* Von *terroristischen Verfahren gegen die Denk- und Preßfreyheit in anderen Staaten* ist die Rede. Vorwürfe werden laut, daß das Freudenfeuer eigentlich ein Scheiterhaufen gewesen sei, auf dem wichtige Dokumente und Bücher verbrannt worden seien: die Wiener

Kongreß- sowie die Bundesakte und die der »Heiligen Allianz«.

Eine beispiellose Kampagne in der Presse setzt ein; ihr Grundtenor: Der Weimarer Fürst und seine Behörden würden *jakobinische Umtriebe* befördern. Es kommt zu diplomatischen Verwerfungen. Das Königreich Sachsen meldet sich zu Wort, es droht, seine Studenten von der Jenaer Universität abzuziehen.

Die Regierungen Preußens und Österreichs entschließen sich zu einem gemeinsamen Schritt. Sie schicken den preußischen Staatsminister Fürst von Hardenberg und den österreichischen Gesandten in Preußen, Stephan Graf von Zichy, persönlich nach Weimar. Hardenberg übergibt ein Handschreiben des Preußenkönigs Friedrich Wilhelm III. über den in seinen Augen allzu liberalen Weimarer Großherzog. Auch der Österreicher handelt im Auftrag seines Monarchen; vor allem aber auf ausdrücklichen Wunsch des Fürsten Clemens von Metternich. Carl August ahnt das Kommende. Er schreibt an Goethe: *Die nächsten Tage sind bestimmt um den üblen Humor des Fürsten Metternich zu genießen … Graf Zichy kommt morgen her, uns Dieses schriftlich von sich zu geben.*

Sowohl Hardenberg wie auch Zichy drängen ihn, den revolutionären Tendenzen innerhalb der Jenaer Studentenschaft Einhalt zu gebieten und schärfere Maßnahmen gegen die Burschenschaften und gegen die Pressefreiheit zu ergreifen.

Besonders der Wiener Hof ist unzufrieden. Die Berichte eines Herrn von Schmidt, Spitzel Metternichs, bewegen den österreichischen Staatsmann, Carl August fortan als *Altburschen von Weimar* zu diffamieren. Nachdem er schon Napoleons Argwohn erregt hatte, gerät er nun in Metternichs Visier.

Hat Goethe alles vorausgesehen?

Am 15. November 1817 schreibt Voigt an ihn: *Ueber die ausgesprengte Wartburger Verbrennung der Wiener Congress Acte und der heiligen Bundes Acte sind die … Gesandtschaften … sehr in Alarm.* Der Landesherr hat bereits die Vernehmung der betreffenden Professoren und Studenten veranlaßt. Das Ergebnis: Weder die Bundesakte noch die Akte der »Heiligen Allianz« ist verbrannt worden. Aber Zopf und Korporalstock und wohl auch Bücher von Kotzebue.

Der Regent verfaßt daraufhin mit seinem Minister Fritsch einen sachlichen Bericht, ein *Circulaire*, das an alle sachsenweimarischen Geschäftsträger in den Ländern des Deutschen Bundes geht. Darin werden die am Wartburgfest beteiligten Jenaer Professoren und Studenten gegen die Anklage des preußischen Polizeiministers von Kamptz in Schutz genommen.

Insgesamt – soweit die überlieferten Dokumente Rückschlüsse erlauben – geht Carl August mit bewundernswerter Gleichmütigkeit mit der Lage um. Er weist alle Einmischungen in die inneren Angelegenheiten seines Landes zurück, er habe das Wartburgfest nicht verbieten können, er beruft sich auf die Verfassung, die durch den Bundestag sanktioniert sei.

Nach den Gesprächen mit den Vertretern der preußischen und der österreichischen Regierung – sie finden zwischen dem 14. und 16. Dezember in Weimar statt – verbietet der Landesherr lediglich die angekündigte Jenaer Studentenzeitung »Des deutschen Burschen fliegende Blätter«.

Goethe dagegen sieht den für das Herzogtum immer bedrängender werdenden Zusammenhang des Wartburggeschehens mit der *Preßfreyheit*, fürchtet – an sein Gespräch mit Luden im November 1813 sei erinnert – Nachteile für Weimar, insbesondere für die Jenaer Universität. Aber er spricht es Carl August gegenüber nicht aus, unternimmt nichts, was den in seinen Augen gefährlichen Kurs des Staatsschiffs korrigieren könnte. Im Gegenteil, er verabreicht seinem Herrn Beruhigungspillen. Dieser erwartet in seiner schwierigen Lage, wenn nicht Solidarität, so doch Loyalität von seinem alten Freund. Goethe ist sich dessen bewußt und schreibt ihm am 14. Dezember 1817 – es ist der Tag, an dem Hardenberg und Zichy in Weimar eintreffen –, *Ew. Königliche Hoheit … glauben ohne Betheurung, daß ich in diesen Zeiten viel für Sie und mit Ihnen gelitten … Mein bester Trost jedoch, gnädigster Herr, nährt sich aus Ihro gutem Humor, der, auf Gleichmuth und Charackterkraft gegründet, Sie mit einem heitern Element umgiebt, und in den schlimmsten Tagen sich am glorreichsten erweist.*

Das kleine verräterische: *glauben ohne Betheurung,* ansonsten bei geschickter Umgehung der Sachlage eine Bekundung des Mitgefühls: *mit Ihnen gelitten, mein … Trost* und ein Lob für Carl Augusts *Natur,* die ihn die schwierige Situation bewältigen läßt. Eine diplomatische Note; der Diplomat Goethe.

Offen dagegen schildert er in einem Brief nach Berlin an Zelter am 16. Dezember – es ist der Tag, an dem die Verhandlungen Hardenbergs und Zichys mit Carl August enden – seine Lage. Er verteidigt sich, *dem Einzelnen, der an der allgemeinen Thorheit leidet,* müsse es *erlaubt seyn, sich mit einiger Selbstgefälligkeit zu sagen, daß er das alles, wo nicht voraus gesehn, doch voraus gefühlt, daß er in denen Puncten die ihm klar geworden nicht allein <u>wider</u>rathen sondern auch <u>ge</u>rathen …* habe. Ironisch fährt er fort, er *lasse den garstigen Wartburger Feuerstank verdunsten, den ganz Deutschland übel empfindet.* Und in Anspielung auf die Besuche der Vertreter Preußens und Österreichs: *indeß er bey uns schon verraucht wäre, wenn*

*er nicht bey Nord-Ost-Wind wieder zurück schlüge und uns
zum zweytenmal beizte.* Bezogen auf seine vielfältige Tätigkeit und die schöpferi-
sche Arbeit an seinem Werk bekennt er sich zur *Impassibilität*,
zur Teilnahmslosigkeit. *Auf diese unschuldige Weise halte* er
sich *im Stillen* ..., schreibt er dem Freund. Und im Bild blei-
bend, heißt es, er habe sich wie die *Epikurischen Götter in
eine stille Wolke gehüllt, möge ich sie immer und unzugängli-
cher um mich versammeln können.*

Auch Carl August setzt an dem Tag, da die Gespräche mit den
Vertretern Preußens und Österreichs enden, für sich einen
Schlußpunkt. An den österreichischen Kaiser Franz I. schreibt
er unter dem Datum des 16. Dezember 1817, die Ermahnung
Metternichs vor Augen und Ohren: *Ich bin an der Erhaltung
der öffentlichen Ruhe und Ordnung in Deutschland gleich jedem anderen deutschen Fürsten interessiert, und wenn ich in
den Maßregeln zur Erlangung dieses gemeinsamen Zwecks
hie und da von den gewöhnlichen Ansichten abweiche, so ist
dieses eine Folge meiner vieljährigen Erfahrung und der Prin-
zipien, die ich mir daraus für die Regierung meiner mir von
Gott anvertrauten Lande abstrahiert habe.* Das heißt, mutig
und entschlossen verteidigt er seine Politik.

Scheint sich Ende 1817 – wie auch Goethes Brief an seinen Landesherrn suggeriert – der Sturm etwas gelegt zu haben, bricht er in der zweiten Januarhälfte erneut über das Herzogtum herein.

Am 20. Januar 1818 kommt der russische Gesandte Wassili Wassiljewitsch Chanykow nach Weimar, um die Beschwerde des Zaren über das Wartburgfest zu übergeben; ein *skandalöses Fest* wird es genannt. Rußland vermißt die in der »Heiligen Allianz« beschworene *aristokratische Solidarität*. Der Vorwurf, der Fürst lasse es zu, daß andere Regierungen kritisiert würden, und die Huldigungen der Studenten seien eine Blamage für ihn. Der Zar unterstellt seinem Verwandten politische Naivität beziehungsweise Ahnungslosigkeit. Er wird wie ein Schuljunge abgekanzelt. Der Ton der zaristischen Note ist völlig unangemessen.

Noch hat sich die Erregung darüber nicht gelegt, da erschüttert die Luden-Kotzebuesche Pressefehde das kleine Land. Heinrich Luden ist durch Indiskretion in den Besitz eines sehr abfälligen Geheimberichts Kotzbues gelangt, den dieser, lange in russischen Diensten und als deren Geheimagent geltend, über die Universitätsverhältnisse in Deutschland, besonders das Treiben in Jena für den Zaren Alexander I. verfaßt hat.

August von Kotzbue, der meistgespielte Bühnenautor seiner Zeit, in Weimar geboren, aufgewachsen und längere Zeit in der Stadt lebend, greift in seinem »Literarischen Wochenblatt«, das er dank der in Weimarer Landen existierenden Pressefreiheit veröffentlichen kann, regelmäßig die deutschen

Universitäten an, verspottet vornehmlich die Burschenschaften und Turnerverbände als Brutstätten der Revolution, verhöhnt den von den Studenten verehrten Turnvater Jahn und die Ideale des Liberalismus und der deutschen Nationalbewegung.

Kotzebue, der Vielreisende, ist wieder einmal in Weimar. Goethe beobachtet, daß in Bürger- und Akademikerkreisen ein *grenzenloser Haß* gegen ihn existiert; man wüte gegen ihn *wie gegen den Erbfeind. Was will man zu allem diesem sagen,* heißt es an Voigt, *als das es vorauszusehendes Unheil sey.*

Er erkennt wiederum die Gefahr, von *Ninive-Jena* ist die Rede, wo über der Stadt *die schwarze Wolke der Politik ... zu ruhen sich Gelegenheit nimmt.*

Kotzebue verlangt von der Weimarer Regierung die Rückgabe seines Geheimberichts. Graf Edling sagt ihm das im Namen des Regenten zu. Die Weimarer Behörden ordnen die sofortige amtliche Beschlagnahmung an.

Aber die Anweisungen gehen ins Leere, denn die Aushängebogen der betreffenden Nummer der »Nemesis« zirkulieren bereits. Schon wird von verschiedener Seite nachgedruckt, nicht nur in Ludens »Nemesis«, auch in Okens »Isis« und in dem von Wielands Sohn herausgegebenen »Volksfreund« erscheinen Kotzbues Geheimbericht und Ludens Erwiderung.

Der Skandal ist da und zieht weite Kreise.

Carl August geht von Abwehr und Verteidigung zum Angriff über. Er wirft dem Deutschen Bund vor, daß dieser sich noch immer weigere, die in Artikel 18 der Bundesakte *schon verheißenen gleichförmigen Verfügungen über Preßfreyheit in Kraft treten zu lassen,* obwohl er die Garantie für die weimarische Verfassung übernommen habe und damit die *öffentliche Meinung zu günstigen Erwartungen* in diese Richtung geradezu eingeladen habe. Er fordert auf Bundesebene das Staatsbürgerrecht der freien Meinungsäußerung ein und beschließt, sein Anliegen in Frankfurt zu verfechten. Am 6. April 1818 läßt er vor dem Bundestag in Frankfurt durch seinen Bundesgesandten von Hendrich seinen liberalen Standpunkt in der Pressefrage offiziell darlegen und den förmlichen Antrag auf Erlaß eines Rahmengesetzes gemäß Artikel 18 der Bundesakte einbringen.

Da er um die restaurative Grundstimmung in Frankfurt weiß, erläßt er, um sich abzusichern, für sein Herzogtum eine Verordnung gegen den Mißbrauch der Pressefreiheit.

Er selbst gerät im Sommer 1818 erneut in die Kritik. Als am 5. Juli sein Enkel Carl Alexander getauft wird, lädt er Vertreter der Burschenschaften an die herzogliche Tafel. Das wird im Ausland bekannt und insbesondere von Metternich und der Wiener Hofburg als demonstrativer Akt übel vermerkt.

Metternich ist es dann auch, der auf dem im Herbst 1818 tagenden Kongreß in Aachen – die fünf Großmächte Rußland, Österreich, Preußen, England und Frankreich sind vertreten – das Einschreiten gegen Burschenschaften und Universitäten als Hort staatsgefährdender Verschwörung fordert. Wilhelm von Humboldt, der Begründer der Berliner Universität, ist anderer Ansicht. Noch wird er gehört!

Am 17. und 18. Oktober 1818 findet im Weimarer Großherzogtum ein von Carl August ausdrücklich genehmigtes großes Studententreffen statt; als Volksfest ist es deklariert. Es ist der Jahrestag des Wartburgfestes. Auf dieses Datum fällt die Gründung der »Allgemeinen deutschen Burschenschaften« in Jena.

Im Wintersemester 1818/19 hat der zweiundzwanzigjährige Karl Follen bis zu seiner Amtsenthebung am Ende des Semesters eine Juradozentur in Jena inne. Er kommt aus Gießen, ist ein führender Kopf in der Burschenschaftsbewegung und vertritt radikaldemokratische Positionen. Er schart einen Kreis um sich, dem auch der Jenaer Theologiestudent und Burschenschaftler Karl Ludwig Sand angehört.

Sand wird es sein, der am 23. März 1819 August von Kotzebue ermordet. In dessen Wohnung in Mannheim, wohin er von Weimar gezogen ist, greift er ihn im Beisein von Kotzebues kleiner Tochter mit einem Messer an, ersticht ihn; eine Überzeugungstat.

Einen Tag zuvor verliert Goethe seinen langjährigen Freund und Amtskollegen Voigt. *Staatsminister von Voigt verläßt uns den 22. März,* klagt er, *für mich entsteht eine große Lücke, und dem Kreise meiner Thätigkeit entgeht ein mitwirkendes Prinzip. Er fühlte sich in der letzten Zeit sehr angegriffen von den unaufhaltsam wirkenden revolutionären Potenzen, und ich pries ihn deshalb selig, daß er die Ermordung Kotzebues, die am 23. März vorfiel, nicht mehr erfuhr noch durch die heftige Bewegung, welche Deutschland hierauf ergriff, ängstlich beunruhigt wurde.*

Der Mord an August von Kotzebue ruft die längst lauernden Kräfte der Reaktion auf den Plan, insbesondere Metternich sieht sich in seinen schwärzesten Prophezeiungen bestätigt.

Alle Blicke richten sich wiederum nach Weimar. Erneut steht Carl August am Pranger. Wie ernst die Situation ist, läßt sich aus einem in Umlauf gebrachten Gerücht folgern. Auf Verlangen Rußlands werde Weimar entweder von Preußen oder von

Österreich besetzt, lautet es, und die Jenaer Universität werde auseinandergesprengt.

Selbst der dem Weimarer Regenten wohlgesinnte Freiherr vom und zum Stein verliert die Geduld. Hat Carl August die Warnungen überhört, hat er die anarchistischen Kräfte in der Studentenschaft unterschätzt? Stein fordert ihn in einem Brief vom 19. April 1819 zu entschiedenen Maßnahmen seiner Regierung auf. Die Namen Oken, Luden und Fries fallen, Stein nennt sie *Gleichheitsapostel, die nicht zu Lehrern der Nation geeignet* seien. Diese *dünkelvollen Träumer*, schreibt er, *müssen ernsthaft ins Auge gefaßt werden, denn ihr verderbliches Treiben beschränkt sich nicht allein auf die Akademie, sondern mißbraucht die Turnplätze zu politischen Schulen ...* (Goethe war es, der zwei Jahre zuvor jenem Karl Ludwig Sand erlaubt hatte, im alten Ballhaus Turnübungen abzuhalten, wohl am 4. November 1817, von diesem Tag ist ein Besuch Sands in Goethes Haus überliefert.) Von *Volksvergiftern*, spricht Stein, *die die Grundfesten des alten Staats untergraben ...* Der Mord an Kotzebue löst – wie Goethe es formuliert – *heftige Bewegung* in *Deutschland* aus.

Der Weimarer Herrscher läßt sich dennoch nicht aus der Ruhe bringen, sein Reformwille ist ungebrochen. Bereits seit dem 26. Januar 1819 liegt dem Bundestag ein von ihm eingebrachter Antrag zum Erlaß eines Gesetzes über die akademische Disziplin vor. Es wurde jedoch noch nicht darüber beraten. Carl August beharrt, entgegen dem Einspruch des österreichischen Präsidialgesandten in Frankfurt und anderer Bundestagsdelegierter, auf der Bearbeitung. Am 1. April 1819 – nur eine Woche nach Sands Mordtat – wird der Gesetzesvorschlag offiziell zu Protokoll genommen.

In diesem aufsehenerregenden Dokument weist der Großherzog die Angriffe auf die Universitäten, besonders auf die in Jena, zurück und plädiert für die Beibehaltung der akademischen Freiheiten. Es heißt: *Auch Freiheit der Meinungen und der Lehre muß den Universitäten verbleiben: denn im offenen Kampfe der Meinungen soll hier das Wahre gefunden, gegen das Einseitige, das Vertrauen auf Autoritäten, soll hier der Schüler bewahrt, zur Selbstständigkeit soll er erhoben werden.* Seien doch die deutschen Universitäten Anstalten, *auf welchen es nicht bloß um Unterricht, sondern um Ausbildung des Jünglings in seiner Gesamtheit, um Begründung der notwendigen Welt- und Menschenkenntnis, um Entwicklung des Charakters zur Freiheit und Selbständigkeit gleichsam in einem der Jugend künstlich bereiteten Leben* gehe.

Da er sich zunehmend allein weiß, wendet er sich mit Schreiben an verschiedene Regierungen, um für seine Universitätspolitik zu werben. Im Ergebnis muß er sich davon überzeugen, daß er nur Gegner hat und mit seiner Großzügigkeit in akademischen Fragen isoliert dasteht.

D as Jahr 1819. Goethe reist nach Karlsbad. Am 28. August feiert er dort seinen siebzigsten Geburtstag. *In Karlsbad sah ich Fürst Metternich und dessen diplomatische Umgebung und fand an ihm wie sonst einen gnädigen Herrn*, notiert er im Tagebuch. Am 30. dann die Notiz: *Zu Fürst Metternich.*

Unter der Ägide des österreichischen Politikers werden in diesem August 1819 die Karlsbader Beschlüsse durchgepeitscht und durch ein unkorrektes und überstürztes Verfahren zum Bundesgesetz erhoben. Ein eiskalter Wind beginnt zu wehen: Die Pressefreiheit wird aufgehoben, die Burschenschaften werden aufgelöst, die akademischen Freiheiten stark eingeschränkt, die Universitäten durch Einrichtung von Kuratorenstellen unter staatliche Kontrolle gestellt.

Auch Wilhelm von Humboldt, der Repräsentant des humanistischen Geistes, dessen Mahnungen im Herbst 1818 auf der Aachener Konferenz noch gehört wurden, verliert seine Stimme. Während des Wiener Kongresses in den Jahren 1814/15 hat er an der Neuordnung Europas mitgewirkt. Ab 1815 verteidigt er, zurück in Berlin, die Vorstellung eines föderativen deutschen Staatenbundes. Seine liberalen Gedanken stoßen, wie die Carl Augusts, zunehmend auf Widerstand sowohl bei dem preußischen Minister Hardenberg als auch bei Metternich.

Zwischenzeitlich hat Humboldt seine Ämter aufgegeben, wird aber im Januar 1819 erneut in den preußischen Staatsdienst berufen. Er mißbilligt die mit den Karlsbader Beschlüssen einsetzende restaurative Wende, die zu einer strengen

Kontrolle des geistigen Lebens führt. Er tritt für eine liberale Verfassung ein, wendet sich energisch gegen polizeiliche Maßnahmen im Zuge der Demagogenverfolgung. Am 20. September 1819 protestiert er beim preußischen König gegen die willkürliche Durchsetzung der Karlsbader Beschlüsse. Vergeblich! Wilhelm von Humboldt steht, wie Carl August in Weimar, in Berlin auf verlorenem Posten. Am 31. Dezember 1819 wird er unter Verlust seiner Pensionsansprüche aus dem Staatsdienst entlassen.

Die schwierige Lage des Weimarer Landesherrn. Er unterliegt den Karlsbader Beschlüssen, hat sie – gegen seinen erklärten Willen – in seinem Land umzusetzen.

Für die Universität Jena ist ein Kurator zu bestellen. Der Fürst denkt an seinen Freund Goethe. Dessen Berühmtheit, sein europäisches Renommee könnte das Unangenehme der Sache mildern.

Aber dieser entzieht sich dem Wunsch äußerst geschickt. Die Auseinandersetzung darüber findet nicht im offenen Gespräch statt; auch nicht im Austausch von Schreiben, sondern über Mittelsmänner. Deutet das auf Spannungen zwischen den beiden oder auf Carl Augusts Wissen um wenig Erfolgsaussichten?

Die Mittelsmänner sind auf der Seite Carl Augusts der achtunddreißigjährige Staatsrat Christian Wilhelm Schweitzer, auf der Goethes der sechsunddreißigjährige Anton Freiherr von Ziegesar, Vizepräsident des Oberappellationsgerichts in Jena. Ihm, dem Jungen, hat sich Goethe zugewandt, denn sein über Jahrzehnte aktivster und hilfreichster Freund, Christian Gottlob Voigt, lebt nicht mehr.

Am 10. Oktober 1819 dann erreicht ihn das Schreiben Schweitzers, die Kuratorenstelle betreffend. *Das Amt*, steht da unter anderem, *will einen Mann, dessen Name auch in den äußeren Verhältnissen der Universität ein Schutz und Schirm sey* ... Bereits einen Tag später trifft Goethe in Jena im Botanischen Garten mit Carl August zusammen. Wird das heikle Thema ausgeblendet? Das Tagebuch vermerkt lediglich: *Bey Serenissimi Ankunft Vorschläge wegen Glashäuser*. (*Bey der botanischen Anstalt beschäftigte uns die Anlage eines neuen Glashauses nach dem Befehl Serenissimi und unter dessen besonderer Mitwirkung*, erinnert er sich in den »Tag- und Jahresheften«.)

Das Tagebuch vom 10. Oktober hält neben dem Treffen mit Serenissimus fest: *Mit Ziegesar das Abzulehnende besprochen*. Das heißt, die Entscheidung ist bereits getroffen.

Zwei Tage darauf, am 12. Oktober, entwirft er eine Antwort an Schweitzer. *Einem solchen Fürsten, dem ich soviel verdanke, dem ich alles zu Liebe und Willen thun möchte schien ich noch mehr verpflichtet für so großes und fortgesetztes Vertrauen ... aber leider fühlte ich mich gleich nach der allgemeinsten Übersicht zu der Erwiderung gedrungen: zehn Jahre früher hätte ich nicht einen Augenblick angestanden einem so ehrenvollen Rufe zu folgen und den vorauszusehenden Unbilden und Gefahrene entgegen zu gehen*. Goethe sendet diesen Brief nicht ab, er bleibt Konzept, landet in der Schublade.

Wohl, weil der fürstliche Freund bei der Lektüre die Janusköpfigkeit des Schreibers durchschauen könnte? Am 13. Oktober teilt er Schweitzer mit: *Herr Vicepräsident von Ziegesar hat ... gefällig übernommen, als mein Vorsprecher bey Serenissimo aufzutreten und bescheidentlich darzulegen wie unmöglich es mir sey, bey meinem Alter und den wenigen mir noch übrig gebliebenen Kräften eine so wichtige und die ununterbrochenste Thätigkeit fordernde Stelle zu übernehmen.*

Anschließend bittet er auch Schweitzer um *geneigte Vermittlung bey unserm gnädigsten Herrn.*

Geschickt zieht er, der politisch umfassend informiert ist, sich aus der Affäre. Kanzler Müller hat ihm den Text der Karlsbader Beschlüsse gegeben. Goethe antwortet: *Die politische Sendung ist freylich gewichtigen Inhalts, ob einem gleich bey'm Gedanken an die Ausführung schwindelt.* Drei Tage später heißt es – wiederum in bezug auf die in Karlsbad gefaßten Beschlüsse: ... *ich preise denjenigen glücklich der mit allen diesen Paragraphen nicht in Berührung kommt.*

Und in den »Tag- und Jahresheften« von 1820 hält er fest: ... *daß ich persönlich einem Geschäft entging, dessen Uebernahme bey großer Verantwortlichkeit mich mit unübersehbarem Verdruß bedrohte.* Wie realistisch er die Lage einschätzt, wird am Beispiel Wilhelm von Humboldts deutlich.

Von *vorauszusehenden Unbilden und Gefahren* im Falle seiner Annahme der Kuratorenstelle war in jenem Briefentwurf die Rede, der zurückgehalten und nicht abgesandt wurde, auf die mündliche Vermittlung von Ziegesar und Schweitzer vertrauend. War auch das schon eine Vorsichtsmaßnahme?

Wie belastend er die restaurative Wende empfand, geht aus einem anderen Detail hervor. Zu dieser Zeit ist sein 1773 entstandenes Prometheus-Fragment zufällig im Nachlaß des Dichters Jakob Michael Reinhold Lenz wieder aufgetaucht. Goethe erfüllt die Sorge, daß er für die revolutionäre Gärung in der studentischen Jugend mitverantwortlich gemacht werden könnte. Am 30. Dezember 1819 heißt es dazu in einem Brief an Seebeck: *ich getraute mir kaum ihn drucken zu lassen, so modern-sansculottisch sind seine Gesinnungen.*

In Berlin kursiert das Manuskript offenbar. Zelter hat sich, wie er am 19. April 1820 Goethe mitteilt, eine Abschrift gemacht. *Den Prometheus habe ich abgeschrieben: Das ist ein Kerl.* Goethe wiederholt daraufhin seine Bedenken, am 11. Mai bittet er seinen Altersfreund: *Lasset ja das Manuscript nicht zu offenbar werden, damit es nicht im Druck erscheine. Es käme unserer revolutionären Jugend als Evangelium recht willkommen, und die hohen Commissionen zu Berlin und Maynz möchten zu meinen Jünglings-Grillen ein sträflich Gesicht machen.* (In Mainz befindet sich die »Zentralkommission zur Untersuchung hochverräterischer Umtriebe«.)

Einerseits ist Goethe stolz, daß er an der geistigen Wende vom 18. zum 19. Jahrhundert teilhat, andererseits fürchtet er Konsequenzen. Und so umreißt er in jenem Brief an Zelter – geschrieben im Hinblick auf eine Veröffentlichung, noch zu Lebzeiten soll der Briefwechsel erscheinen – seine gegenwärtige Position. Wiederum bekennt er sich zur *Impassibilität.* Fühlt sich wie die *Epikurischen Götter* in *eine stille Wolke gehüllt,* was seinem lyrischen Schaffen dienlich sei. Er berichtet Zelter von neuen Gedichten für den »West-östlichen Divan«, schreibt – wir haben es bereits zitiert –, *Diese mohamedanische Religion, Mythologie, Sitte geben Raum einer Poesie wie sie meinen Jahren ziemt.* Dann ist die Rede vom *heitere<n> Überblick des beweglichen, immer kreis- und spiralartig wiederkehrenden Erdetreibens,* von *Liebe* und *Neigung zwischen zwey Welten schwebend …*

Und auf sein Alter und seinen Enkel anspielend, heißt es: *Was will der Großpapa weiter?* Walther, sein erster Enkel, ist gerade zwei Jahre geworden. Ein weiteres Kind ist unterwegs, am 18. September 1820 kommt Wolfgang zur Welt. Mit Johann Friedrich Röhr tritt ein neuer Oberhofprediger seinen Dienst an; *seine erste geistliche Handlung* ist *die Tauffe meines zweyten Enkels.*

Das Jahr 1820 bringt Goethe weitere Freuden. Er beschäftigt sich mit Andrea Mantegnas »Julius Caesars Triumphzug«, von dem er einige *in Kupfer gestochene Originalblätter* besitzt, schreibt einen Aufsatz darüber. Er kritisiert den *Sektengeist* der Nazarener, deren *durch Frömmeley erschlaffte<n> Geist.* Von *Mondverdunkelung* und *Sonnenfinsternis* ist die Rede, von Besuchen der Bildhauer Tieck und Rauch in Weimar, die seine Büste modellieren. *Eine lebhafte, ja leidenschaftliche Kunstunterhaltung ergab sich dabei, und ich durfte diese Tage unter die schönsten des Jahres rechnen.*

V

Vorstellbar ist Carl Augusts Bedauern über Goethes Absage sowie seine Enttäuschung über die politische Entwicklung insgesamt. In der großen Wiener Konferenz, der sogenannten Wiener Schlußakte vom 24. Mai 1820, werden die Karlsbader Beschlüsse nochmals abgesegnet und verschärft, die Zeit der Demagogenverfolgung setzt ein und der Weimarer Regent ist gezwungen, die Bundesgesetze in seinem Land anzuwenden. Er, der dem Großherzogtum Sachsen-Weimar-Eisenach eine für damalige Verhältnisse moderne Verfassung gab, sieht sich gescheitert. In den Jahren der Reaktion kann er nicht mehr viel bewegen.

Dieser eingeschränkte Handlungsspielraum dominiert Carl Augusts letztes Lebensjahrzehnt und führt zu Resignation und – entgegen seinem Temperament – wohl auch zu Depression und Melancholie. Die Unzufriedenheit nagt an ihm.

Hat Goethe ihm nicht, als er im Sommer 1828 nach Berlin aufbricht, prophezeit, diese Reise werde die *Zufriedenheit* fördern. Aber womit? ... *die Zufriedenheit ... an demjenigen, was um Höchst Dieselben im nächsten Kreise lebt und was Sie darin gewirkt haben und wirken.* Also die Beschränkung, ja Vertröstung einzig auf sein unmittelbares Umfeld, auf den nächsten Kreis.

Da liegt das Problem. Mehrfach hat Goethe bewundernd von Carl Augusts *granitartigem Charakter*, von seinem *dämonischen Geist* gesprochen. Aber auch davon, daß er immer, um sich zu verwirklichen, einen großen Handlungsspielraum brauchte. Nun ist dieser ihm weitgehend genommen. In dem Zusammenhang heißt es bei Goethe äußerst kritisch: *denn wenn ihn der dämonische Geist verließ und nur das Menschliche zurückblieb, so wußte er mit sich nichts anzufangen und er war übel daran.*

1820 vielleicht Carl Augusts Empfindung, daß er, der Politiker und Landesvater, gezwungen ist, auf der Stelle zu treten, während sein Freund, der Dichter, unermüdlich vorwärts geht. Das Auseinandergehen ihrer Lebenslinien. Ihre *antipodischen Existenzen* – wie Goethe, nach Italien geflohen, einst schrieb, und er, Carl August, nach der Enttäuschung in der Politik seine Militärkarriere in Preußen begonnen hatte.

Nun, fast dreißig Jahre später, wieder *antipodische Existenzen*; nicht in räumlichem Abstand in verschiedenen Weltgegenden, sondern im unspektakulären Nebeneinander im Thüringer Fürstentum.

Daß die unruhigen Jahre von Carl Augusts liberaler Politik im Verhältnis der beiden Freunde nicht die besten waren, steht außer Frage. Als aber der Fürst durch die Karlsbader Beschlüsse gezwungen ist, seine lange durchgefochtene Politik aufzugeben, sozusagen seiner Handlungsfreiheit beraubt ist, da bekennt sich Goethe erneut zu ihm, tritt solidarisch an seine Seite.

Ein Brief Carl Augusts, geschrieben am Neujahrstag 1821, belegt es. *Dir, meinem lieben, alten Freund und Waffenbruder in dieser stürmischen Welt,* heißt es da, *wünsche ich ein recht leicht und angenehm zu durchlebendes neues Jahr, danke Dir für die Ausdrücke Deiner unveränderlichen Freundschaft für mich und noch besonders für die schönen erfreulichen Beilagen.*

Einen Tag zuvor, zu Silvester 1820, sind die beiden auf

Wunsch des Herzogs – *verfüge Dich um eilf Uhr zu mir* – zusammen gewesen.

Bei den *schönen erfreulichen Beilagen*, die jene einmalige Anrede des Dichters als *Waffenbruder* auslösen, wird es sich um Manuskriptteile aus der biographischen Schrift»Campagne in Frankreich« handeln. Erscheinen wird sie erst 1822, aber seit Januar 1820 ist Goethes Arbeit daran belegt. Das darin geschilderte Geschehen fällt in die Jahre 1792/93, liegt also fast dreißig Jahre zurück, läßt aber für Carl August die damals enge Bindung des Freundes an ihn, seine Begleitung sogar auf einem gefährlichen Feldzug wiederaufleben.

Und mehr noch! Der Text enthält eine große ausdrückliche Würdigung des herzoglichen Freundes, ein erneutes Bekenntnis Goethes zu ihm. Bezieht sich dessen Dank für die *Ausdrücke Deiner unveränderlichen Freundschaft* darauf?

1822 dann erscheint die »Campagne in Frankreich«; Gegner und Freunde können Goethes Bekenntnis zu Carl August lesen. Er schreibt, daß er *eines seltenen Glückes, des Vertrauens wie der Nachsicht des Herzogs von Weimar* genoß. *Dieser von der Natur höchst begünstigte, glücklich ausgebildete Fürst ließ sich meine wohlgemeinten, oft unzulänglichen Dienste gefallen und gab mir Gelegenheit, mich zu entwickeln, welches unter keiner andern vaterländischen Bedingung möglich gewesen wäre; meine Dankbarkeit war ohne Grenzen ...*

... unter keiner andern vaterländischen Bedingung ... Das erinnert stark an: *er war mir August und Mäcen ... Niemals frug ein Kaiser nach mir, es hat sich kein König / Um mich bekümmert ... Niemand brauch ich zu danken als Ihm ...*, jene Zeilen aus dem im Sommer 1790 entstandenen Lobgedicht. Damals befand sich der zweiunddreißigjährige Carl August in einem seelischen Tief, sein großer politischer Plan eines Für-

stenbundes war gescheitert, enttäuscht wandte er sich von der nationalen Bühne ab, kehrte nach Hause zurück.

Das Aufgerichtetwerden durch das Lob des Freundes. Auch jetzt, fast dreißig Jahre später, unter völlig anderen Bedingungen. Goethes Gespür, wann das Bekenntnis zu seinem Fürsten zu erneuern ist; öffentlich oder intern oder beides zugleich. Er wird dessen nicht müde. Zuviel steht auf dem Spiel. Auch für ihn. Er, der Menschenkenner, der Psychologe im Hinblick auf seinen acht Jahre jüngeren Freund und Mäzen. Dessen Scheitern sieht er als Chance, ihr Verhältnis von den Spannungen der vorausgegangenen Jahre zu befreien, der Lebensfreundschaft neue Impulse zu geben.

Von *stürmischen Zeiten* ist im Neujahrsbrief die Rede. Sind sie es, die Goethe neben seiner Arbeit an den »Wanderjahren« und dem vierten Band von »Dichtung und Wahrheit« in seinem autobiographischen Schreiben in die Jahre 1792/93 zurückführen, da er an der Seite seines Mäzens am Feldzug der Feudalmächte gegen das revolutionäre Frankreich teilnimmt?

Von hier und heute geht eine neue Epoche der Weltgeschichte aus, und ihr könnt sagen, ihr seid dabei gewesen. Dieser Satz Goethes ist berühmt geworden. Er will ihn am Abend des 20. September 1792 nach der Kanonade von Valmy einigen Offizieren gegenüber geäußert haben.

Eine Erfindung späterer Zeit, aus der Sicht des Alters geschrieben? Das Artillerieduell bei Valmy hatte keineswegs die von ihm behauptete Bedeutung für den Verlauf des Krieges und schon gar nicht für die *Weltgeschichte.* Aber er beharrt darauf. In der »Belagerung von Mainz« berichtet er, Offiziere getroffen zu haben, die an dem Abend in Valmy dabeigewesen seien und sich angeblich seiner Worte erinnert hätten. Er bringt die Kanonade von Valmy in einen Zusammenhang mit dem neuen Kalender der Franzosen – er beginnt am 22. September 1792 – und der am Tag zuvor beschlossenen Abschaffung des französischen Königtums, um so seinem Satz das Gewicht einer Prophetie zu verleihen.

Liest man den gesamten Text, so wird schnell klar, daß er seine Ablehnung der Französischen Revolution wie von Revolutionen überhaupt wiederholt und festigt. Zwar seien revolutionäre Aufstände *nie Schuld des Volkes, sondern* immer Folge der Ungerechtigkeit *der Regierung,* hält er fest. Aber das *Unheil der französischen Staatsumwälzung* bleibt ihm das grundsätzliche Übel. *Ich hasse jeden gewaltsamen Umsturz, weil dabei ebenso viel Gutes vernichtet als gewonnen wird. Ich hasse die, welche ihn ausführen, wie die, welche dazu Ursache geben.*

Noch aus dem zeitlichen Abstand spürt man, daß ihm die Revolution, die für ihn einer Naturkatastrophe gleicht, noch immer beunruhigt und verunsichert, zumal er in der Gegenwart neue, verhaßte Unordnung fürchtet. Er erinnert sich, daß damals *ein gewisser Freiheitssinn, ein Streben nach Demokratie sich in die hohen Stände verbreitet hatte; man schien nicht zu fühlen, was alles erst zu verlieren sei, um zu irgend einer Art zweideutigen Gewinnes zu gelangen.*

Versteckt sich darin rückblickend indirekt auch eine Kritik an Carl Augusts liberalen Bestrebungen in Sachen Pressefreiheit und Burschenschaften?

Auffällig ist, daß Goethe, der sich in seiner Schrift als *unpartheyischer Beobachter* ausgibt, es sich versagt, seinen eigenen Ansichten konträre, etwa die der radikalen Demokraten entgegenzustellen, zu skizzieren, zu hinterfragen, was seiner behaupteten Beobachterposition ja anstünde. So bringt er selbst mit diesem großen zeitlichen Abstand kaum Verständnis etwa für den zum Revolutionär gewordenen Intellektuellen Georg Forster auf, der sein Leben für die Sache der Mainzer Republik gibt; mit ein paar freundlich belanglosen Worten geht er über ihn hinweg. Erinnert sei auch an seine Äußerung Heinrich Luden gegenüber: *Sie werden alles gegen sich haben, was groß und vornehm in der Welt ist; denn Sie werden die Hütten vertreten gegen die Paläste und die Sache der Schwachen führen gegen die Hand der Starken.* Der Forderung nach Volkssouveränität – wie sie die radikalen Demokraten erheben – bringt Goethe kein Verständnis entgegen. Im Gegenteil: Nichts fürchtet er so wie den Ausbruch blinder Volkswut. Noch der über Achtzigjährige wird die Pariser Julirevolution von 1830, deren Ausläufer bis nach Thüringen spürbar sind, als fundamentale Bedrohung seiner Existenz erleben; von *Erdbeben, Fieberanstoß, Parorysmen, Explosionen* spricht er da, von einem *Abgrund*, der ihn zu verschlingen drohe.

Gleichzeitig verwahrt er sich aber zeitlebens dagegen, ein *Freund des Bestehenden* genannt zu werden. *Ordnung* als Zustand der Gewaltlosigkeit ist für ihn ein übergeordneter Begriff. In diesen Zusammenhang gehört seine Äußerung: *Es liegt nun einmal in meiner Natur, ich will lieber eine Ungerechtigkeit begehen, als Unordnung ertragen.* Nicht politisch-soziale Strukturen sind ihm die Ursachen von gesellschaftlichen Unzulänglichkeiten, sondern die Menschen. Mögliche Veränderungen klagt er zunächst bei den aufgeklärten Herrschern ein; fordert von ihnen die Fähigkeit zu kompetenter Führung. Vertritt er einen Konservatismus im Sinne der Erhaltung des Bestehenden?

In diesen Zusammenhang gehört auch, daß Goethe die Frage der Legitimität des Fürstentums – die längst auf der Tagesordnung steht – stets umgeht. Hängt das mit dem persönlichen Verhältnis zu seinem Mäzen zusammen? Ist dies die Grenze seiner Erkenntnis über die geschichtliche Legitimation des durch Geburtsadel zum Herrscher Bestimmten? Berechtigt das zu fragen, ob Goethe lebenslang ein Mann des Ancien régime bleibt mit seinem Festhalten an den bestehenden Verhältnissen, während Carl August die Tür zu einer anderen Ordnung zumindest kurz öffnet, einen Blick hinaus wagt? Das aber trifft keineswegs zu. Goethe formuliert seine Ansicht von Geschichte nicht als Historiker, nicht als Ganzes, sondern er beschränkt sich auf seine eigenen Lebenserfahrungen, auf das, was er sieht und erlebt. Das verarbeitet er. Und da sieht er durchaus in der fatalen Beschleunigung aller Lebensbereiche – er nennt es das *Veloziferische* –, was die Zukunft bringen wird: das Maschinen-Zeitalter, den Kapitalismus. Er, der sich dem 18. Jahrhundert zugehörig fühlt, sieht die neue Zeit kritisch; der *Tag* sei *absurd und confus*, äußert er, die *Hausnarren des Tages* hätten die Oberhand. Er, der sich aus der Gegenwart zurückzieht, entwirft im »Faust. Zweiter Teil« eine Vision der Zukunft, die alle großen Verwerfungen der Epoche einfängt. Die Gestalt des alten Faust mit seiner zeitgenössischen Arbeits- und Industriebegeisterung: *Land gewinn ich … Eigentum*, seiner übereilt herbeigerufenen Zukunft, seinem mit Erblindung erkauften unbedingten Fortschrittsglauben ist eine Warnung vor dem von der Gesellschaft eingeschlagenen Weg. Ebenso Mephisto mit seinem windigen Papiergeld, mit dem er den Kaiserhof mit Reichtum überschwemmt und für kurze Zeit die Schulden tilgt, ohne daß dafür eine Deckung in Form von Schätzen der Erde vorhanden wäre; eine Warnung, die für uns heute längst eine immer wieder bedrohliche und zerstörerische Realität geworden ist.

Aber das alles steht noch aus. Mit der Schrift »Campagne in Frankreich« setzt Goethe – wie einst in den Jahren, da sich der Herzog halb *zu Schanden* über ihn *geärgert* hat und ihm *alle*

Gedult ausgeht – wiederum ein Zeichen der Versöhnung. War es damals die Übersetzung von Voltaires »Mahomet« und – unter Mitwirkung Carl Augusts – die Aufführung des Stückes auf der Weimarer Bühne, so setzt er nun, da die Gemeinsamkeit des Theaters nicht mehr gegeben ist, auf ihre wechselseitigen Interessen in der Naturwissenschaft.

In den »Tag- und Jahresheften« ist über das Jahr 1822 zu lesen: *zwey Tage der Woche waren bestimmt, unsern gnädigsten Herrschaften bei mir einiges Bedeutende vorzulegen und darüber die nötigen Aufklärungen zu geben.* Goethe bedient Carl Augusts naturwissenschaftliche Neugier. Der Herzog nehme, schreibt er, *einen ... gründlichen Antheil an den Wissenschaften ... und er suche sie in seinem Kreise zu beleben und ihren Einfluß auf's Praktische immerfort in Thätigkeit zu erhalten.* Da geht es um *Gasbeleuchtung* für Weimar, um eine *Windfahne mit einem Electrometer.* In der Korrespondenz der beiden erörtern sie in dieser Zeit die *Einwirkung der Electricität auf die Pflanzen,* es gibt eine *Notiz über die indianischen Vogelnester;* von *Meteoren* ist die Rede, von einem im *Torfmoor bei Maßleben* gefundenen *Ochsenskelett* und immer wieder von den Versuchen des Chemikers Döbereiner. *Wenn es recht ist,* schreibt Carl August dem Freund, *so komme ich diesen Abend 6-7 nebst ein paar Gesellen zu Dir, um zu galvani=magneti-electrisiren.* An anderer Stelle heißt es: *... erbitte mir einige meteorologische, geognostische, phisiologische, botanische Collegia.*

Und in einem seiner letzten Briefe an Goethe, geschrieben am 29. März 1828, äußert Carl August: *Ach wenn ich nur alle die Weisheit, die in den Büchern steht, die Du mir geschickt hast, fressen könnte.*

D as Jahr 1823 beginnt mit einem Dankesbrief des Herzogs. Zu Neujahr schreibt er: *Ach mein lieber alter Freund! was hast Du mir für Schätze zugesendet! Das ist gar zu schön!* Und noch am selben Tag heißt es: *Komm doch morgen früh um 10 Uhr zu mir, um Dich loben zu lassen, sollten Geist- und leibliche Bescheidenheit Dich nicht davon abhalten.* Das Zugesandte ist *echter und reiner Mocca-Caffee* aus dem Orient, den Goethe sich *direct aus dem Harem des Paschas von Ägypten* beschafft haben will.

Ob er der Einladung gefolgt ist, bleibt offen; von *Deiner jetzt so heimisch häuslichen Lebensart ...* spricht Carl August im Brief vom 18. Januar.

Kündigt sich in Goethes Rückzug bereits ein Unwohlsein an? Am 12. Februar erkrankt er; ein *Brustfieber* (nach heutigen Erkenntnissen eine Brustbeutelentzündung oder ein Herzinfarkt). Sein Zustand verschlechtert sich rasch, ein *unbesiegbarer Schmerz* auf der Brust quält ihn, er fürchtet, an der *Schwelle* seines *Lebens* zu sein: Der *Tod* stehe *in allen Ecken* des Zimmers *herum.*

Am 24. Februar der Höhepunkt der *Krisis*, dann tritt langsam, sehr langsam, nach fünf Wochen, Besserung ein.

Für Carl August hält das Jahr 1823 politischen Ärger bereit. Am 7. März 1823 wird in Berlin ein Student namens Becher verhaftet. In seinem Kollegheft vom Sommer 1821 findet man die Mitschrift einer Vorlesung von Heinrich Luden. Darin sieht der preußische Polizeidirektor von Kamptz – es ist jener, der beim Wartburgfest von einem *Haufen verwilderter Profes-*

soren und verführter Studenten, von *terroristischen Verfahren*
sprach – *ein sehr wichtiges Aktenstück,* das die Entstehung
des politischen Unfugs in Jena beweise.

Kamptz übergibt den Vorgang der »Zentralkommission zur
Untersuchung hochverräterischer Umtriebe« in Mainz. Dort
wird die amtliche Vernehmung Ludens angeordnet.

Luden war im Sommersemester 1822 Rektor der Jenaer
Universität. Er ist inzwischen von der Weimarer Regierung
zum Hofrat befördert, ist seit 1820 Deputierter der Landstände und seit dem 9. März 1823 Mitglied des Landtags von
Sachsen-Weimar-Eisenach.

Es ist also nicht irgendwer, über den die preußische Polizei
verfügt. Alles geschieht über Carl Augusts Kopf hinweg. Er
legt Beschwerde bei der preußischen Regierung ein. Wendet
sich an seinen Freund General Müffling, macht seinem Ärger
in einem Brief an ihn Luft: *daß von preußischer Seite die Lu-
densche Sache ... an das Mainzer Gericht gebracht worden sei
und zwar hinter unserem Rücken,* empöre ihn.

Müffling nimmt sich der Sache an, am 29. Februar dankt
Carl August, aber der Groll gegen den preußischen Polizeidirektor ist nicht verflogen. *Mir ist bei dieser Gelegenheit der
Buchstabe K. so zuwider geworden, daß ich ihn geflissentlich
zu vermeiden suche ... Er und Minister Schuckmann haben
einen Haß auf uns geworfen, welcher unauslöschbar ist ...*
Und er fährt fort: *Beide wollen Jena sprengen und auf diese
Akademie alles Geschehen schieben, damit Berlin von dem ge-
gründeten Vorwurf frei werde, die Saugamme, die Wochen-
stube, die Erziehungsanstalt aller neuerer demagogischer Umtriebe gewesen zu sein.*

Der Weimarer Regent, der in seinem Land bei der Umset-
zung der Karlsbader Beschlüsse maßvoll und behutsam ver-
fährt, muß zusehen, daß man in Preußen anders damit umgeht.

Er beargwöhnt die dortigen restaurativen Tendenzen, glaubt in ihnen die Ursache für revolutionäre Umtriebe zu erkennen. *In den regierenden Häusern selbst liegt der Keim aller Revolutionen*, schreibt er an Müffling. Infolge der Untersuchung ist er gezwungen, Ludens Politikvorlesung zu verbieten. Dem Ansinnen aber, ihn zu entlassen, folgt er nicht. Luden bleibt weiter in seinen Ämtern, sowohl an der Universität als auch im Landtag und als Deputierter der Landstände.

Empört ist Carl August auch über die »Heilige Allianz«, die Frankreich den Auftrag erteilt, in Spanien einzumarschieren, um dort wieder ein absolutistisches Regime herzustellen und die bestehende Verfassung außer Kraft zu setzen. Daß er damit indirekt auch in eigener Sache spricht, liegt nahe. Am 1. April 1823 schreibt er: *Möchte es doch Frankreich und die Hl. Allianz nicht geraten, uns alle in den April zu schicken, da zufolge der Zeitungen heute der Marsch über die Grenze Spaniens beginnen sollte ... unbegreiflich ist's, daß durch alle Jahrhunderte durch die Menschheit sich nie durch frühere Erfahrung bilden lassen will ...*
Den Befeiungskampf der Griechen verfolgt er ebenfalls mit großer Anteilnahme. *Ach wäre ich 15 Jahre jünger*, schreibt er, *nichts hielte mich ab, die Türken schinden zu helfen.*

Als es Sommer wird, bricht der Herzog wie fast in jedem Jahr in die böhmischen Bäder auf. Auch Goethe entschließt sich zur Reise und weilt ungewöhnlich lange, vom 26. Juni bis zum 17. September, in Marienbad, Karlsbad und Eger.
In dieses Jahr 1823 fällt seine Liebe zu Ulrike von Levetzow. Den dritten Sommer begegnet er Ulrike, ihrer Mutter und ihrer Schwester dort. Aus dem väterlichen Freund der vergange-

nen zwei Jahre wird ein selbstvergessen Liebender. *Kaum von der Nachtseite zurückgekehrt*, habe er sich *auf der Tags- und Sonnenseite schon wieder vom wirbelnden Leben ergriffen* gefühlt. Die Erfahrung der Todesnähe ist wohl der Schlüssel zum Verständnis der Ereignisse 1823.

Die Liebe als Lebenselixier. Schon einmal – in seiner Leidenschaft für Marianne von Willemer – hatte er sich *verjüngt* und zu *neuem Leben ... wiedergeboren* gefunden. Von *Verjüngung*, von *neuem Leben*, spricht er auch jetzt, die *Zeit in Marienbad* habe er *wie in's Leben zurückkehrend zugebracht*.

Goethe, der berühmte Kurgast, steht unter Beobachtung. Klatschsucht und Häme. Der fast Vierundsiebzigjährige soll sich mit Heiratsabsichten tragen, soll um die Hand der Neunzehnjährigen anhalten.

Carl August soll für seinen Freund den Hochzeitsbitter, den Brautwerber gespielt haben. Darüber kursieren Gerüchte. Verläßliche Quellen und tatsächliche Belege aus der Zeit des Geschehens selbst aber existieren nicht.

Kein einziges Wort des Herzogs ist überliefert. Keines von Amalie von Levetzow, der Mutter Ulrikes, keines von Goethe.

Hat es Ulrike von Levetzow vielleicht selbst in die Welt gesetzt? Als alle Beteiligten längst tot sind – sie überlebt den Herzog um 71 Jahre, Goethe um 67 Jahre und stirbt selbst 1899 mit 95 Jahren –, wird sie im hohen Alter von der Weimarer Goethe-Gesellschaft gedrängt, ihre Erinnerungen aufzuschreiben. Und da weist sie, die lebenslang unverheiratet geblieben ist, Carl August diese Rolle zu, erzählt ausführlich, welche Versprechungen über eine glänzende Stellung am Weimarer Hof ihr der Herzog gemacht habe.

Als Goethe am 17. September 1823 Böhmen verläßt, entstehen schon auf der Heimreise Verse zur »Marienbader Elegie«. In

Weimar angekommen, schreibt er sie ins reine, arbeitet weiter daran; von *beklommener Herzensleere* sprechen sie, von: *Da bleibt kein Rath als grenzenlose Thraenen*, von: *Mir ist das All, ich bin mir selbst verloren* ...

Ein trauriger einsamer Herbst in Weimar.

Anfang November *klagt* Goethe über Schmerzen in der Herzgegend; genauso habe seine schwere Erkrankung – gemeint ist die von Februar/März desselben Jahres – begonnen, notiert Frédéric Soret am 16. November. Und bei Wilhelm von Humboldt, der am 12. November in Weimar eintrifft, heißt es: *Ich habe Goethen ... leider krank gefunden*. Von *volle<m> Puls und krampfhaften Anwandlungen, so daß ihm die Nägel blau sind*, berichtet er.

Das Zusammensein des Kranken mit Wilhelm von Humboldt. Goethe gibt ihm die »Marienbader Elegie« zu lesen. Oder trägt er das Gedicht gar selbst vor? *Ich habe nicht aufhören können, es so lange zu lesen bis ich es auswendig weiß, ... warum soll man sich solche Genüsse versagen?*, äußert er später. Humboldt ist tief berührt: *Die Elegie behandelt nichts als die alltäglichen tausendmal besungenen Gefühle der Nähe der Geliebten und des Schmerzes des Scheidens*, schreibt er am 19. November seiner Frau, *aber in einer so auf Goethe passenden Eigentümlichkeit, in einer so hohen, so zarten, so wahrhaft ästhetischen und wieder so leidenschaftlich rührender Weise, daß man schwer dafür Worte findet*.

Am 23. November verabschiedet sich Humboldt; er ist höchst besorgt: *ich zweifle, daß ich ihn je wiedersehe*. Goethe habe ihm gesagt, er *glaube nicht, daß er länger als ein Jahr leben könne*.

Am folgenden Tag, am 24. November, betritt ein anderer Besucher das Haus am Frauenplan. Mit den Worten, der Vater sei *krank, recht krank,* empfängt ihn der Sohn. Es ist Goethes Altersfreund Carl Friedrich Zelter.

Er, der Lebenskluge, stellt die richtige Diagnose. Bereits nach dem ersten Zusammensein, am nächsten Tag, heißt es: *Was finde ich? Einen, der aussieht, als hätte er die Liebe, die ganze Liebe mit aller Qual der Jugend im Leibe. Nun, wenn es die ist: er soll davonkommen! Nein! er soll sie behalten, er soll glühen wie Austernkalk; aber Schmerzen soll er haben wie mein Herkules auf dem Öta! Kein Mittel soll helfen; die Pein allein soll Stärkung und Mittel sein.*

Zelter hat für den Liebeskranken, für den in den Abgrund des Alters Gestürzten, die richtige Therapie bereit. Goethe selbst hat sie mit seinem Immer-wieder-Lesen und lautem Hersagen seiner »Marienbader Elegie« schon angewandt. Statt der von den Ärzten verordneten *Pflaster auf der Brust an Seite des Herzens,* statt *Aderlaß* und dem *Setzen von Blutegeln* liest der Altersfreund ihm seine Verse vor. *Aber es war doch eigen daß du lesen und wieder lesen mochtest, mir durch dein gefühlvolles sanftes Organ mehrmals vernehmen ließest was mir in einem Grade lieb ist den ich mir selbst nicht gestehen mag ...,* wird der dadurch Genesene ihm Wochen später danken. *Die Elegie gelesen und wiedergelesen,* notiert Goethe am Morgen des 30. November in sein Tagebuch. Am Abend: *Sodann mit Zelter die Elegie nochmals gelesen.*

Von diesem 30. November an tritt eine deutliche Besserung ein. Aufatmen. Nach vierzehn Nächten, die Goethe wegen seiner Schmerzen in der Brust und seinem starken Husten im Lehnstuhl sitzend verbringen muß, heißt es im Tagebuch: *Nachts in die hinteren Zimmer gezogen. Zum erstenmal wieder im Bette geschlafen.*

Und Carl August? Er wird, nach allem, was wir wissen, in die Intimität des Vorlesens oder Lesens der »Marienbader Elegie« nicht einbezogen. Wir erinnern uns an seine Vorbehalte gegen »Egmont«, seine Ablehnung des »Tasso«. Einen feinfühligen Begleiter von Goethes Werk kann man ihn nicht nennen.

Von seiner Hand sind vom November 1823 zwei undatierte Zettel überliefert. Auf dem einen steht: *Wie geht es Ew. Excellenz?* Auf dem zweiten kündigt er an, er wolle sich *dran machen* und Goethe *eine Menge Bücher schicken. Ich freue mich sehr Deiner Auferstehung,* heißt es weiter, und mit dem ihm eigenen Humor fährt er fort: *und hoffe auf eine baldige 80 Stufen hohe Himmelfahrt.*

Carl Augusts Sorge um den Freund zeigt sich eher im Praktischen. Am 29. Dezember 1823 ernennt er dessen Sohn zum *Geheimen Kammerrath.* Der Vater bedankt sich am Neujahrstag dafür, und sein Fürst erwidert am 2. Januar: *Viel Glück zum neuen Jahre! Mich freut's wenn ich Dir, mein lieber alter Freund, etwas Angenehmes habe erzeigen können.*

I hm etwas *Angenehmes ... erzeigen*, das gelingt Carl August in der ihm eigenen Art immer wieder. Gehen wir noch einmal zurück und werfen einen Blick auf die in all den Jahren ihrer Lebensfreundschaft gewechselten Briefe.

Leb wohl Alter und schreibe hübsch fleißig, ruft der Herzog Goethe im Sommer 1797 zu, da ist dieser noch nicht einmal fünfzig Jahre. Die Anrede *Alter* gebraucht er häufig, zuweilen heißt es *lieber Alter* oder *mein lieber Alter, lieber Getreuer*. Als *Königliche Hoheit* behält er seinen vertraulich-heiteren Ton bei. Mit Bemerkungen versehen sendet der Großherzog zuweilen Goethes Schreiben an den Frauenplan zurück. So geschieht es mit dem Brief vom 4. März 1823. Er notiert am Rand: *Ich wünsche glückliche Reise und recht sonnige Tage.* Zwei Jahre zuvor – er weilt schon in Böhmen, Goethe ist auf dem Weg dorthin – wünscht er ihm, *daß Bad, die Reise und die Umgebungen Dich recht wieder aufheitern und verschmetterlingen.* Und endet mit *Gott befohlen; es ist Essenszeit.* Meist aber steht am Schluß *Wohl zu leben wünscht* oder *lebe recht wohl*, als Unterschrift nur *C. A.*

Die herzoglichen Schreiben enthalten viele berührende Alltagsdetails und geben Einblick in die private Sphäre. Der acht Jahre Jüngere zeigt sich immer besorgt um seinen Freund: *Hoffentlich geht es Deiner Gesundheit gut und Du erscheinst wohl morgen wieder auf dem Kampfplatz.* Meist geht die Initiative zum Zusammensein von Carl August aus. *Vergebens habe ich heute Abend an Deiner Festung gerappelt: es war kein Mensch zu erpochen, noch eine Klingel zu finden*, heißt es. Ein andermal: *Erzeige mir den Gefallen und komme heute zu Tische nach Nieder-Roßla, wir essen schon um 1 Uhr.* Immer ist er an einer Balance im Verhältnis zu seinem Freund interessiert. *Wenn Du thätig froh und wohl bist, so lange ich noch mit Dir gute Tage erleben kann, so wird mir mein Daseyn schätzbar bleiben.* So sein Wort an seinem Geburtstag 1809 an Goethe.

Hieß es einmal: *Es ist von der höchsten Nothwendigkeit, daß Du morgen um eilf Uhr im Erdhause zu Belvedere Dich einfindest und sollte es Keulen schneien,* so heißt es nun: *Erzeige mir die Ehre, um 10 Uhr zu mir zu kommen.* Goethe folgt, wie seinen Tagebucheinträgen zu entnehmen ist, fast immer. Als Carl August ihm aber von einer schwarzen Blume, die in Belvedere blühe, berichtet, bittet er um *Verzeihung, ... wenn ich einer Einladung zum Anblick einer seltsamen Naturverirrung nicht Folge leiste. Abneigung gegen alles Pathologische scheint sich mit den Jahren immer mehr zu verstärken, deshalb ich wohl Nachsicht hoffen darf.* Der Fürst akzeptiert es, unterläßt aber nicht, seinem nächsten Brief als Nachsatz anzufügen: *Und doch ist es nicht zu verantworten, daß Du den Hermaphroditen nicht gesehen hast.* Das schreibt er am 27. Februar 1821. Einen Monat später, am 28. März, will er ihm ein Gemälde zeigen, er sendet es *in der Hoffnung, daß es Dich aus der Höhle locken sollte, da Lichtmeß schon lange vorbei ist, ein Tag, wo jeder Bär und Dachs das Lager verläßt.*

Goethe dagegen bleibt förmlich, stets unterzeichnet er mit *Zu Gunst und Gnade mich empfehlend unterthänigst J. W. v. Goethe.* Nie gestattet er sich das vertrauliche Du noch die Anrede *Mein Lieber.* Er läßt eine distanzierte Förmlichkeit im Schriftverkehr walten. So heißt es zum Beispiel am 9. Mai 1810: *Ew.*

Durchl. haben mich durch Ihr gnädiges Schreiben recht erquickt und ich bin auf das lebhafteste danckbar für die huldreiche Condescendenz ...

Ab 1815, seit Carl August in der Folge der Wiener Verhandlungen zum Großherzog ernannt worden ist und somit den Titel »Königliche Hoheit« trägt, hält er sich an die Formel *Ew. Königliche Hoheit.* Auch im Text selbst liebt er umständliche höfische Redefloskeln. Da heißt es am 17. Januar 1816: *Ew. Königliche Hoheit geruhen auf Nachstehendes gnädigst zu reflectiren.* Oder am 18. Juli 1818: *Ew. Königliche Hoheit geruhen auf beykommende Actenstücke einen gnädigen Blick zu werfen.* Am 14. März 1821: ... *da ich mich nun aber nicht ermächtige, ohne Höchstderoselben Erlaubniß* ... Hier wirkt der sprachliche Aufwand besonders kurios, denn es geht lediglich um das Verborgen eines Buches an einen Privatmann.

Auch die Erlaubnis zu reisen holt sich Goethe förmlich ein. *Vor Ew. Königlichen Hoheit Abreise nach Marienbad sei mir erlaubt, um die Vergünstigung zu bitten, dorthin folgen zu dürfen.*

Die merkwürdige Ungleichheit im Ton ihrer Briefe. Carl August heiter, humorvoll. Goethe dagegen zieht sich auf die steife, die höfische Etikette zurück, unterstreicht die Distanz; er ist der Diener, der Untergebene.

Haben sich die Dinge nicht längst verkehrt? Goethe, der Berühmte, von den gekrönten Häuptern Hofierte, ist nicht er der eigentlich Herrschende? Will er das vielleicht verwischen, ist es diplomatische Rücksichtnahme auf die vielen Niederlagen und Kränkungen, die der Weimarer Monarch in der großen Politik einstecken mußte? Nachsicht mit seinem Freund also?

Zu bedenken ist zudem: Dessen schriftliche Äußerungen sind oft aus dem Augenblick geboren, sind spontan und meist von eigener Hand geschrieben. Goethe dagegen diktiert die Briefe einem Schreiber, geht das Geschriebene nochmals durch, bevor die Reinschrift angefertigt wird.

Spielt das eine Rolle? Vielleicht richtet er auch beim Verfassen schon den Blick auf die Nachwelt. Mit dem Älterwerden ist bei ihm überhaupt eine wachsende Vorliebe für einen gewundenen Stil zu beobachten. Möglich zudem, daß er vor allem in Zeiten von Krisen und Spannungen ironisch oder selbstironisch die Herrschaftsverhältnisse betont, Fürst und Diener, Herr und Knecht sozusagen. Im Klammern an die Etikette mag sich zuweilen auch seine Angst verbergen, in seinen Verantwortlichkeiten an den Rand gedrängt, auf das Abstellgleis geschoben zu werden. Das trifft vor allem auf die Jahre nach 1815 zu, als Sachsen-Weimar-Eisenach Großherzogtum wird und in den politischen Strukturen vielfache Veränderungen vor sich gehen und sein Mäzen neue und jüngere Berater an seine Seite holt.

Was es immer sei, das Alter, die Ängste; auffällig ist, Goethes Ton gegenüber Carl August wird zunehmend steifer und förmlicher.

Nun ist seine mitunter fast penetrante Ehrerbietung, ja Unterwürfigkeit gegenüber Feudalherren und Leuten von Stand vielfach belegt. Ludwig van Beethoven zum Beispiel fühlte sich davon äußerst abgestoßen.

Daß diese Haltung aber auch den Umgang mit Carl August, seinem langjährigen Lebensfreund, prägt, verwundert. Daß diese – vielleicht auch zuweilen gespielte – Unterwürfigkeit mitunter komische, ja groteske Züge annimmt und wie der Fürst darauf reagiert, macht eine überlieferte Anekdote deutlich. Als König Ludwig I. von Bayern Goethe 1827 zum Geburtstag gratuliert und ihm das Großkreuz des Verdienstordens der bayerischen Krone überreicht, glaubt dieser, sich bei dem anwesenden Großherzog der Genehmigung zur Annahme versichern zu müssen. Er soll gesagt haben: *Ich darf wohl hoffen, daß Eure Königliche Hoheit mir Höchstihre landesherrliche Erlaubnis zur Annahme und Anlegung dieses unschätzbaren Beweises der Huld seiner Majestät in Gnaden erteilen werden.* Carl August habe daraufhin lachend und schulterklopfend erwidert: *Alter Kerl, schwatz doch nicht so dummes Zeug.*

Verführt dieses Belustigtsein über die Förmlichkeit des alten Freundes ihn vielleicht dazu, diesem zuweilen Aufträge zu erteilen und ihn mit Besorgungen zu beschweren, die weder seiner Berühmtheit noch seinem Amt als Staatsminister angemessen sind und die jeder andere auch hätte ausführen können? Gefällt es ihm sozusagen, das Herr-und-Knecht-Verhältnis zu betonen, die Botmäßigkeit des ihm Untergebenen zu prüfen? Ist es auch sein hintergründiger Humor, der ihn dazu drängt? Hat er Spaß daran, daß Goethe wohl nie widerspricht, sondern sofort an die Ausführung des Befehls geht, was immer es sei?

Einige Beispiele. Einmal soll er *Nelken-Saamen* besorgen, die sein Sohn nach Rußland schicken will. *Kaufe mir ein Sortiment bei Rath Wedel und schicke es mir her,* lautet die Anordnung.

Ein andermal fragt er: *Wo sind bunte Glasglocken zu haben? ich möchte einen Versuch mit Blumen machen.* Als er seinem Sohn *auf dem Schloßplatz von Belvedere ein Fontaine setzen lassen* will, fordert er Goethe auf: *Denke ein Bißchen nach.*

Er belastet ihn mit Übersetzungen. *Ew. Königl. Hoheit erhalten hiebey die befohlene Übersetzung der kleinen bota-*

nischen Schrift, schreibt Goethe am 17. Juni 1820. Carl August bedankt sich zwei Tage später: *Für die Übersetzung dess Schriftchens für die Gärtner dancke ich bestens; gieb Lenz 2 Friedrichsd'or und lege sie aus.*

Dann wiederum erteilt er die Weisung, der *Bibliotheksturm* solle *geheizt* werden. Dort befinden sich seine Militärbibliothek und die Kartensammlung. *Um keinen neuen Etat zu machen*, weist er an, Goethe solle *die Heizung vor der Hand aus dem Bibliotheks-Holzvorrath bestreiten, der Ersatz desselben soll sodann auf Deine Quittung irgend woher gleich ersetzt werden.*

Am kuriosesten aber ist Carl Augusts Auftrag an Goethe, *Birnenkerne* zu besorgen. Ein Beispiel für seine Art von Humor? Prüfen der Dienstfertigkeit seines Untergebenen?

Das Hin und Her der in dieser Sache gewechselten Schreiben zwischen *Fürst* und *Dichter*.

Goethe reagiert auf Carl Augusts wohl mündlich vorgetragenen Wunsch umgehend. Am 22. September 1820 heißt es:

1. Wegen Anschaffung einer Masse von Birnkernen ergab sich Folgendes:

a) Hoffactor Thierbach in Lobeda erklärte, daß er keinen Birnmost weiter presse und schob die Ursache auf eine erhöhte Auflage, wollte sich also zu einem Beytrag nicht erklären.

b) Heiligenstädt in Camsdorf hatte in dem hiesigen Wochenblatt eine Aufforderung ergehen lassen, sie lothweise zu honoriren.

c) Einige andere Personen, welche sich nächstens beschäftigen, Birnen zu welken, haben versprochen, die ausgeschnittenen Putzen einzuliefern.

d) Nicht weniger ist denn auch auf Holzbirnen Beschlag genommen worden. Was aus allem diesen vielfachen Bestellen

*und Versprechen sich ergeben werde, muß sich in kurzer Zeit
ausweisen; möge es nicht ganz umsonst gewesen seyn!*

Goethes Skepsis: *möge es nicht ganz umsonst gewesen seyn!*, veranlaßt Carl August, noch am selben Tag ihn
mit Nachdruck zu mahnen: *Besonders sind die Kerne von
Holzbirnen für mich wünschenswerth, da ich sie zu der Ansäung einer Hecke mir erbitte; die Saat muß im Herbste geschehn.*

Aber noch am 1. Oktober scheint der Auftrag nicht erfüllt.
Der Kampf um die *ausgeschnittenen Putzen* geht weiter. Ungeduldig schreibt Carl August: *In den Revieren die Holzbirnen lesen zu lassen würde schwer zu machen seyn, da ich der
Kerne viele bedarf und sie Niemand in der Menge bekommen
kann, als der, welcher in ganzen Gegenden große Bestellungen macht und zwar in der Hoffnung, durch gebrannten Essig
die Kosten wieder zu decken welche das Sammeln des Obstes
erheischt. Die Kerne oder Trester werden nach gemachtem
Gebrauch weggeworfen und wenn diese mir, statt der Mistgrube, zu Gute kommen, so bekomme ich sie bloß für ein
Trinkgeld und werde in den Stand gesetzt, eine nicht unbedeutende Hecke damit einzusäen.*

Acht Tage später meldet sich Goethe wieder, läßt in einem
als *Concept* überlieferten Schreiben seinen Großherzog wissen: *Auf Ew. Königlichen Hoheit gnädigste Anfrage nach
Birnkernen ist sogleich manches geschehen. Heydenreich hat
eine Aufforderung im Wochenblatt ergehen lassen, ich weiß
nicht, mit welchem Erfolg. Meiner Emissarien Bemühung jedoch, auf dem angedeuteten Wege Holzbirnkerne zu erhalten,
hat nicht glücken wollen.*

Dann nennt er den ganz einfachen Grund: *Alle Keltern sind,
bey dem großen Überflusse von Äpfeln, beschäftigt, diesen edlen Saft zu gewinnen; die Haupt-Birnernte war nicht reichlich,*

*und was die Holzbirnen betrifft, so consumiren sie die Bauers-
leute selbst auf allerley Weise.* Um den Auftrag dennoch zu erfüllen, gelingt es ihm, mehrere Säcke solcher Birnen in Jena zu beschaffen. Und er
schreibt: *Wenn Ew. Königliche Hoheit Gegenwärtiges erhalten, so findet sich ein solcher Fruchthaufen aufgeschüttet
in meinem Gartenhause an der Ackerwand, wo sie nach Ew.
Hoheit Disposition sogleich abgegeben werden können. Wie
die Kerne daraus zu gewinnen und wie ferner damit zu verfahren sey, werden die Gartenverständigen gar wohl ermes-
sen, und schon eine ziemliche Strecke Zaun damit anpflanzen
können. Mein eifrigster Wunsch ist nunmehr, daß Ew. Königliche Hoheit in vergnügten Stunden an diesem schon erwach-
senen Zaune einhergehen, die dahinter liegenden eingehegten
Räume wohlgeschützt finden und meiner dabey in Gnaden
gedenken mögen.*

Die Birnenkern-Sache fällt in ein Jahr, in dem – wie wir wissen – die Spannungen zwischen den beiden nicht unerheblich
sind. Wenn Carl August Goethe in der Tat auf die Probe stellen wollte, so hat dieser sie mit seiner rettenden und zugleich
witzigen Idee, in seinem Garten einen Berg Birnen aufschütten
zu lassen, und das übrige Carl Augusts *Gartenverständigen* zu
überlassen, glänzend bestanden.

Ein Charakteristikum vor allem der Korrespondenz in den
letzten Lebensjahren ist – auf beiden Seiten – eine starke Sach-
bezogenheit. Da Goethe als Staatsminister dem Regenten
direkt unterstellt ist, werden viele seinen Arbeitsbereich be-
treffende Fragen – mit Ausnahme etwa von dem großen Ab-
schlußbericht über die »Reorganisation der Jenaer Bibliotheken« vom 18. November 1824 – in ihren Briefen abgehandelt.
Seitenlange Schreiben, unterteilt in Punkte 1 bis 7 oder unter-

gliedert in a bis f. Da wird festgehalten, welche Bücher einander ausgeborgt werden, welche auswärtigen Schreiben man sich gegenseitig zur Kenntnis gibt, welche Untergebenen befördert werden sollen und und und ...

Da geht es um eine Galerie im Jägerhaus, die auf Initiative des Landesherrn eingerichtet werden soll. Goethe verschweigt seine Bedenken nicht. Zwei Kunstkenner und -sammler legen wechselseitig ihre Positionen dar. Carl August setzt sich durch. 1824 ernennt er für seine im Jägerhaus untergebrachte Großherzogliche Kunstsammlung die Malerin Louise Seidler zur ersten weiblichen Museumskustodin in Deutschland.

Und immer wieder ist in seinen Schreiben – zu Goethes Leidwesen – von seiner Jagdleidenschaft, von Hirschbrunft, Hühner- und Hasenjagden die Rede; stolz teilt er die Anzahl des erlegten Wildes mit; einmal sind es dreiunddreißig Hasen, ein andermal fünf Hirsche.

Carl August trifft auch *Anordnungen* zum *Jenaischen botanischen Garten*, die Goethe auszuführen hat. Es geht um den Wunsch des Fürsten, in der Bibliothek ein *Lese-Cabinet* einzurichten. Es werden Personalfragen im Hinblick auf Zeichenschule und Bibliothek erörtert. Oder die Rede ist von *zu fertigenden Schränke<n>*.

Eins seiner Schreiben beginnt mit der Anrede: *Da Du denn alles weißt* ..., ein anderes – als verkehre sich das Verhältnis von Herr und Diener – mit: *Auf Deinen gnädigsten Erlaß vom 22. dieses Jahres erwiedere ich Verschiedenes.* Es ist die Antwort auf Goethes Brief vom 22. März, der beginnt *Ew. Königliche Hoheit genehmigen einige Sendung und schuldigen Vortrag.* Auch als Entgegnung ein seitenlanges Schreiben, in dessen Nachsatz er – fast einmalig in seinem Umgang mit Goethe – in einen scharfen Ton verfällt. Es geht um ein

Buch: *wenn ich nicht irre, habe ich Dich schon vor länger wie 10 Monate ersucht, mir ein Exemplar zu verschaffen.* Im selben Brief aber, datiert auf den 25. März 1824, lädt er Goethe unter Punkt 4 ins Theater ein. *Uebermorgen erscheint wieder Herrmann und Dorothea auf hiesiger Bühne. Dir wird die Vorstellung gewiß davon sehr gefällig seyn. Komm doch hinein, Du kannst ja in unserer großen oder in meiner kleinen Loge Dich einhüllen.* Ob Goethe der Einladung folgt, bleibt offen. Das Tagebuch schweigt. Das Theater ist ein sensibles Thema zwischen den Freunden geworden. Belegt ist lediglich, am 28. August, an seinem Geburtstag, besucht er eine Aufführung von Carl Maria von Webers »Freischütz«, und nach der Vorstellung wird er von den Schauspielern gefeiert.

Am 10. Oktober 1824 schreibt Carl August seinem Freund: *Ich lese jetzt Deinen jungen Werther in einer neuen Ausgabe, die mir sehr schön gebunden durch die Freigiebigkeit Herrn Weygands zugekommen ist.* Der Verleger Weygand, der 1774 die Erstausgabe des »Werther« gedruckt hat, legt – nach fünfzig Jahren – eine Jubiläumsausgabe vor. Er bittet Goethe um eine Einleitung für die Neuausgabe. Am 25. März 1824 hat dieser sie nach Leipzig gesandt. Es ist das Gedicht »An Werthern« mit den Zeilen: *Noch einmal wagst du, vielbeweinter Schatten, / Hervor dich an das Tageslicht.*

Und in direkter Ansprache an seine literarische Gestalt, sein einstiges Ich, heißt es: *Zum Bleiben ich, zum Scheiden du erkoren, / Gingst du voran – und hast nicht viel verloren.*

Unschwer ist in diesen zwei Gedichtzeilen ein Nachklang zu den Marienbader Erschütterungen des Vorjahres zu erkennen und somit für Carl August ein intimer Einblick in den seelischen Zustand seines Freundes möglich.

Ob ihm das gelingt, ist fraglich. Er ist, etwa im Gegensatz zu Zelter, im Hinblick auf Goethes Verhältnis zu Frauen kein guter Psychologe, so daß zu vermuten ist, selbst wenn er die Verse »An Werthern« gelesen haben mag, daß ihm diese Einsicht verwehrt bleibt. Dafür spricht auch, daß er seinem nächsten Neujahrsgruß den Brief eines *alten Bekannten*, eines *pensionierten Generalleutnants*, beilegt. Über diesen heißt es: *Er ist siebzig Jahre alt, hat vor ein paar Jahren zum dritten mal geheiratet und mich seitdem schon zweimal zu Gevatter gebeten. Ich warf ihm neulich vor, daß er – in seinem gesetzten Alter sich noch mit dergleichen Kindereien abgebe und führte Dich ihm zum Beispiel an.* Verschiedene Lesarten dieser offenbar als Lob gedachten Mitteilung sind möglich, keine davon – das Wort *Kindereien* signalisiert es – ist dem Freund angemessen.

Die »Marienbader Elegie« wird Goethe erst 1827 unter dem schlichten Titel »Elegie« als Mittelstück seiner »Trilogie der Leidenschaft« veröffentlichen. Voran geht jenes Gedicht »An Werthern« und gefolgt wird sie von den früh entstandenen Versen »Aussöhnung«.

Ab 1824 wendet sich Goethe, neben der Erfüllung seiner vielen amtlichen Pflichten, verstärkt der Ordnung seines Nachlasses zu. Getrieben wohl von der Erfahrung seiner Endlichkeit durch die beiden schweren Erkrankungen im Jahr zuvor. Mit dem Verleger Cotta verhandelt er über eine *vollständige Ausgabe* seiner Werke; es wird die »Ausgabe letzter Hand« werden. Er arbeitet intensiv an den »Tag- und Jahresheften« weiter, beschäftigt sich mit der Herausgabe seines Briefwechsels mit Schiller, verfaßt verschiedene Aufsätze, die er in der Zeitschrift »Kunst und Altertum« publiziert, unter anderem über den Dichter Lord Byron, den er außerordentlich schätzt und verehrt.

In diesen Jahren sieht er sich immer wieder mit Angriffen konfrontiert. Die bisher unerschüttert hohe öffentliche Meinung gerät ins Wanken; die Goethe-Opposition der zwanziger und dreißiger Jahre beginnt sich zu formieren.

Ein Indiz ist 1821 die Veröffentlichung einer Persiflage auf seinen »Wilhelm Meister«. Drei Monate vor dem lange angekündigten Erscheinen der Fortsetzung von Goethes Werk kommt ein Buch mit ebendiesem Titel auf den Markt.

Durch die Publikation zweier Romane gleichen Titels entsteht bei den Lesern Verwirrung, aber auch kaufförderne Neugier. *Die Tageslektüre sind die falschen Meisters Wanderjahre,* schreibt Therese Huber, die Redakteurin des »Morgenblatts für gebildete Stände«. *Die Gegner Goethes jauchzen … daß ein Dritter ihrem formlosen Ärger an Goethe Worte gab …*

Der Verfasser der *falschen Meisters Wanderjahre* ist Johann Friedrich Wilhelm Pustkuchen, ein protestantischer Pfarrer aus Lieme bei Lemgo. Er greift die angebliche Sittenlosigkeit und mangelnde Religiosität von Goethes Romanfiguren an und findet damit großen Widerhall beim Publikum. Als dann Goethes Buch erscheint, ist das Leseinteresse weitgehend durch Pustkuchens Parodie absorbiert, und Goethes Widersacher trumpfen auf, die Wellen beim Publikum schlagen hoch, die Kritik nutzt die Gelegenheit und spielt beide Werke gegeneinander aus. Eine unschöne Affäre.

Zwei Jahre später wird eine niederträchtige Schmähschrift veröffentlicht; auch sie sorgt für Unruhe, kommt den Goethe-Gegnern recht und bedient zudem die Sensationslust des Publikums.

1823 erscheint unter dem Pseudonym Friedrich Glover und getarnt als Übersetzung aus dem Englischen ein Pamphlet »Goethe als Mensch und Schriftsteller«.

Der Autor ist Christian Heinrich Gottlieb Köchy, 1769 in der Nähe von Wolfenbüttel geboren, er studiert in Leipzig Rechtswissenschaften, kommt dann nach Jena. (Am 14. Juni 1796 schreibt Goethe an Voigt: *Ein Brief des Herrn Köchy und ein Empfehlungsschreiben dazu, worüber mündlich mehr.*) 1800 habilitiert sich Köchy in Jena und arbeitet dort drei Jahre als Privatdozent. Bereits 1810 wird er von der »Akademie gemeinnütziger Wissenschaften zu Erfurt« zum Mitglied ernannt. 1805 folgt er einem Ruf an die Dorpater Universität. 1817 wird er entlassen, da er einem reichen Petersburger rechtswidrig die juristische Doktorwürde verschafft hat. Daraufhin lebt er in Hamburg, London, Madrid und Paris, geht dann wieder nach Wolfenbüttel, wo er – wenig erfolgreich – als Advokat und Prokurator tätig ist, um sich schließlich im

Verlag der Vogler'schen Buchhandlung in Halberstadt zu verdingen und kurzzeitig die politische Zeitschrift »Halberstädter Courier« herauszugeben.

Dort erscheint 1824 auch die zweite Auflage des ein Jahr zuvor in Braunschweig publizierten »Goethe als Mensch und Schriftsteller«. Der Dichter wird darin vor allem der *Undeutschheit* bezichtigt, er sei ein *verabscheuungswürdiger Mensch* mit seiner *leichtsinnigen Verachtung der Religion und Moralität*. Köchy alias Glover versteigt sich zu der Aussage, daß Goethes Werk in den *Arbeitszimmern der Gelehrten* ... und in den *Lesezimmern der Damen nichts zu suchen habe*, sondern *lieber vor den Kramläden und Heringsbuden halt machen* solle. Seitenlang listet er angebliche grammatikalische Fehler auf. *So fehlerhaft schrieb vor ihm niemand*, urteilt er. Und: *Ueberhaupt gehört Goethe zu den Ignoranten, welche den grammatikalischen Unterschied zwischen dem Dativ mir und dem Accusativ mich nicht kennen*. Auch bei der Sprache massiv der Vorwurf der *Undeutschheit*. Er solle *anstatt fremde ... einheimische Worte* verwenden, auch die Erfindung *neuer Wörter unterlassen*; von *Lieblingswörtern* Goethes ist die Rede, die er *bis zum Ekel* gebrauche.

Nun würden wir diese Absurditäten hier gar nicht zitieren, hätte die Schmähschrift nicht zum einen eine üble politische Stoßrichtung. Auf Seite 17 ist zu lesen: *Goethe war von demselben fanatischen Eifer besessen, welche den seligen Sand zu dem teuflischen Entschlusse bewog, den armen Kotzebue, wohlseligen Andenkens, zu morden*. Zum andern ist die zweite Auflage dieser Schmähschrift Goethes Jugendfreund Maximilian Klinger gewidmet. Auf der ersten Seite steht in großen Buchstaben: *Dem Herrn Generallieutenant und Ritter von Klinger in St. Petersburg ergebenst zugeeignet von Friedrich Glover.*

Klinger, darauf aufmerksam geworden, wehrt sich gegen diese Widmung, läßt eine Erklärung in verschiedenen Zeitungen veröffentlichen, in der er sich davon distanziert. *Dieser Zuschreibung versage ich die Annahme: die Schrift hat mein hohes Mißfallen erregt.* In der »Jenaer Allgemeinen Literatur-Zeitung« Nr. 17 von 1824 wird Klingers Text publiziert und kommt so Goethe zur Kenntnis. Ihn *freute* nach Kanzler Müllers Zeugnis *Klingers ... Erklärung ... sehr.* Ein Beleg, daß Goethe die üblen Schmähungen zur Kenntnis genommen hat und sie nicht ganz spurlos an ihm vorübergegangen sind? Zelter gegenüber bagatellisiert er sie; das *Widerbellen* sei er *durch viele Jahre gewohnt,* heißt es, und auch in einem Schreiben an den böhmischen Freund Zauper spielt er sie herunter: *ich weiß so wenig was für und gegen mich geschieht ...* Eine Art Selbstschutz wohl.

Wie gut ihm aber die öffentliche Solidaritätsbekundung des Jugendfreundes tut, geht aus einem Brief hervor. Er bedankt sich bei Klinger persönlich, schreibt ihm am 7. Oktober 1824: daß *ich noch Dank schuldig bin für den öffentlichen edlen Ausdruck Ihres gerechten Unwillens. Es that mir freylich leid daraus zu ersehen daß die Niederträchtigkeiten bis zu Ihnen durchgedrungen sind ...*

Und Carl August? Tritt auch er dem Freund zur Seite? Schriftliche Belege sind nicht zu finden. Aber des öfteren ist in seinen Briefen zu lesen: *mündlich ein mehreres,* so daß wir davon ausgehen können, daß er in der ihm eigenen Art auf die Goethe angetanen *Niederträchtigkeiten* reagiert.

Am 1. Oktober 1824 wird am Frauenplan ein Billett abgegeben mit folgendem Wortlaut: *Ew. Excellenz / bitte ich, mir das Glück zu gewähren einige Minuten vor Ihnen zu stehen.* Der Bittende schreibt, er sei krank, habe deshalb *eine Gesundheits-*

reise nach dem Harze gemacht, *und auf dem Brocken ergriff mich das Verlangen zur Verehrung Göthes nach Weimar zu pilgern ... zu Fuße und in verwitterten Kleidern.* Jetzt sei er da. Er stellt sich vor: *Ich heiße H. Heine, bin Rheinländer, verweile seit kurzem in Göttingen, und lebte vorher einige Jahre in Berlin, wo ich mit mehreren Ihrer alten Bekannten und Verehrern (dem seel Wolf, Varnhagens &c) umging, und Sie täglich mehr lieben lernte. Ich bin auch ein Poet, und war so frey Ihnen vor 3 Jahren meine »Gedichte« und vor anderthalb Jahren meine »Tragödien nebst einem lyrischen Intermezzo« (Ratkliff u Almansor) zuzusenden.*

Nun hat Goethe die ihm zugesandten Arbeiten gewiß nicht gelesen, aber immerhin hat er sie nicht – wie die Kompositionen von Franz Schubert – zurückgeschickt. In bezug auf die Poesie gilt wohl, was er drei Jahre zuvor notiert: *Von der neuern deutschen Literatur durft ich wenig Kenntnis nehmen; meist nur, was sich unmittelbar auf mich bezog ...* Die deutsche Literatur führt ein Schattendasein bei ihm. Sein Blick geht nach Europa. Lord Byron ist für ihn das *größte Talent des Jahrhunderts.* Auch den Engländer Sir Walter Scott und den Italiener Alessandro Manzoni bewundert er.

Goethe empfängt Heine. Bereits einen Tag später, am 2. Oktober, steht er vor ihm. Der Achtundsiebzigjährige erkundigt sich nach der Krankheit des Sechsundzwanzigjährigen. Dieser schreibt: *Rührend war mir Göthes tiefmenschliche Besorgniß wegen meiner Gesundheit. Der seelige Wolf hatte ihm davon gesprochen.*

Von Goethes Seite im Tagebuch nur die lapidare Notiz: *Heine von Göttingen.*

Wenig später berichtet Heine einem Freund: *Über Goethes Aussehen erschrak ich bis in tiefster Seele, das Gesicht gelb*

und mumienhaft, der zahnlose Mund in ängstlicher Bewe-
gung, die ganze Gestalt ein Bild menschlicher Hinfälligkeit.
Vielleicht Folge seiner Letzten Krankheit. Nur sein Auge war
klar und glänzend ...

Dieses Erschrecken über Goethes Aussehen teilen viele Besucher. Aber stets wird der äußerst wache Blick hervorgehoben.
Zwei Jahre später entsteht eine Zeichnung, die Goethe als
alten Mann zeigt, mit eingefallener Mundpartie, mit Falten
um Augen und Nase, mit zerfurchter Stirn; ein menschlich an-
rührendes Porträt. Geschaffen hat es der junge Maler Ludwig
Sebbers. Ihm hat der Dargestellte *wohl zwanzigmal, zu Stun-*
den und halben Stunden gesessen. Er findet, das *Bild ist zu*
aller Menschen Zufriedenheit wohl gerathen, und bittet Heinrich Meyer um eine Expertise. *Es ist kein Bildnis von Ihnen*
bekannt, welches Ihre Züge, Ihre Gestalt und sichtliches We-
sen wahrhaftiger aufgefaßt darstellte, urteilt dieser. Wohl ein
Beleg, wie sehr jene nochmals zwei Jahre später von Stieler für
den König von Bayern entstandene Arbeit eine Idealisierung
ist; wir erinnern uns, Goethe selbst äußert spöttisch: *dieser*
Mann auf dem Bild ... sieht so schön aus, daß er wohl noch
eine Frau bekommen könnte.

Der Besuch im Haus am Frauenplan wird bei Heine lange
nachwirken. Immer wieder kommt er in Briefen darauf zurück, versucht sich Klarheit darüber zu verschaffen, warum
einerseits *die Goethischen Schriften* ihn *im Grund* seiner
Seele ... immer abstießen, er andererseits aber ihn in *poeti-*
scher Hinsicht verehrte. Von einem *Kriege* darüber in seinem
Inneren spricht er. Und versichert: *diese Kriege werden sich*
nie äußerlich zeigen, ich werde immer zum Goethischen Frei-
korps gehören. Und in der Tat reiht er sich nicht in den Chor

der immer lauter werdenden Goethe-Antipoden ein. Klug die massiven politischen und literarischen Angriffe auf ihn zusammenfassend, heißt es: *die äußerste Rechte und die äußerste Linke verbanden sich gegen ihn; und während der schwarze Pfaffe mit dem Kruzifixe gegen ihn losschlug, rannte gegen ihn zu gleicher Zeit der wüthende Sanskülote mit der Pique.*

In privaten Briefen aber ist die Rede davon, daß Goethe *alles Schwächliche lobt*, davon, daß er *die anwachsenden Titanen ... fürchtet*; er ein *schwacher abgelebter Gott*, ja, *ein Aristokratenknecht* sei.

In der »Romantischen Schule« dann versucht Heine, *das besondere Motiv zu errathen, das jeden Einzelnen bewogen haben mag, seine antigoetheanischen Überzeugungen öffentlich auszusprechen.* Und er kommt – sehr nobel – zu dem Schluß: *Nur von einer Person kenne ich dieses Motiv ganz genau, und da ich dieses selber bin, so will ich jetzt ehrlich gestehen: es war der Neid.*

Wo aber ist für einen Dichter die Grenze zwischen Öffentlichem und Privatem? Und so wird Heinrich Heines Haltung auch der Partei der Goethe-Gegner nicht ganz verborgen geblieben sein. Vor allem der Vorwurf, Goethe sei ein *Aristokratenknecht.*

In den zwanziger Jahren, in der Zeit der Restauration, wird Goethe des öfteren und von verschiedenen Seiten als *Fürstendiener* und *Fürstenknecht* angegriffen. Er äußert sich an keiner Stelle öffentlich dazu.

Aber er fühlt sich herausgefordert und erklärt sich in einem Gespräch Eckermann gegenüber: *Nun heißt es wieder, ich sei ein Fürstendiener, ich sei ein Fürstenknecht*, äußert er. *Diene ich denn etwa einem Tyrannen? einem Despoten? Diene ich*

denn etwa einem solchen, der auf Kosten des Volkes nur sei-
nen eigenen Lüsten lebt? Gelassen fährt er fort: *Ich bin dem*
Großherzog seit einem halben Jahrhundert auf das innigste
verbunden und habe ein halbes Jahrhundert mit ihm gestrebt
und gearbeitet; aber lügen müßte ich, wenn ich sagen wollte,
ich wüßte einen einzigen Tag, wo der Großherzog nicht daran
gedacht hätte etwas zu thun und auszuführen, das dem Lande
zum Wohle gereichte, und das geeignet wäre den Zustand des
einzelnen zu verbessern.

Und weiterhin heißt es: *... wenn ich es recht bedenke, dieses*
sein Herrschen was war es weiter als ein beständiges Dienen!
Was war es als ein Dienen in Erreichung großer Zwecke, ein
Dienen zum Wohl seines Volkes! Soll ich denn also mit Gewalt
ein Fürstenknecht sein, so ist es wenigstens mein Trost, daß ich
doch nur der Knecht eines solchen bin, der selber ein Knecht
des allgemeinen Besten ist.

Diese Äußerungen fallen in das Jahr 1825; in eine Zeit also,
da die Spannungen zwischen Goethe und seinem Mäzen wegen dessen liberaler Politik bereits Vergangenheit sind und
die Bedrängung der Restauration das Verhältnis zwischen
ihm und Carl August schon in ein ruhigeres Fahrwasser, ein
freundschaftliches gegenseitiges Sich-Anerkennen und friedliches Miteinander übergegangen ist.

Goethe verteidigt seinen Mäzen ausschließlich mit Argumenten, die sich auf die menschliche Seite beziehen, er klammert die Frage nach der Legitimität des Fürstentums *an sich*
aus. Das Argument, daß er kein *Tyrann*, kein *Despot* sei,
und *seinem Volke dient*, genügt ihm, sich vom Vorwurf des
Aristokratenknecht<s>, des *Fürstendiener<s>* freizusprechen.

Viel Glück zum neuen Jahre! begrüßt ihn sein großherzoglicher Freund am 2. Januar 1825.

Goethe seinerseits macht in seinem Neujahrsgruß, den er an beide, an Louise und Carl August, richtet, auf deren fünfzig Jahre zurückliegende Hochzeit aufmerksam und spielt auf den Regierungsantritt 1775 an, der am 3. September ebenfalls genau ein halbes Jahrhundert zurückliegen wird. Grund zum Feiern!

Er, dessen Gesundheit im Vorjahr stabil geblieben ist, nimmt am 20. Februar die Arbeit an »Dichtung und Wahrheit« wieder auf, Ende des Monats und im März die an »Faust II«, hauptsächlich schreibt er am Helena-Akt.

Am 21. März brennt das Weimarer Theater ab. Goethe befaßt sich zusammen mit dem Architekten und Weimarer Oberbaudirektor Clemens Wenzeslaus Coudray mit Plänen zum Wiederaufbau. Carl August stimmt zunächst zu, die Arbeit beginnt und wird überraschend wieder eingestellt, andere Kräfte haben ihren Einfluß geltend gemacht. Coudray tritt zurück. Am 5. Juli die Mitteilung an Zelter: ... *daß ich und Coudray in der Sache nicht weiter wirken ... Specialia lassen sich dem Papiere nicht anvertrauen.*

Am 11. April äußert Carl August: *Die betrübte Thätigkeit, welches unser verunglücktes Theater uns aufdringt, ist leider nicht von der erfreulichen Gattung ...*

In einem Brief vom 15. April wünscht der Fürst seinem Freund *Baldige Besserung!* Eine Frühjahrserkältung oder ein Vorwand, sich zurückzuziehen? Steht sein *ganzes Dasein*, wie er einmal Zelter gegenüber formuliert, in diesen Monaten *auf dem Papier?*

Carl August lädt Goethe mehrfach ein, aber dieser folgt den Einladungen nicht. Am 5. Mai heißt es: *Schade, daß von Dir ungesehn die Aurikeln und Primeln in Belvedere verblühn.* Am 12. Juni dann: *Schade, daß Du Dich nicht entschließen kannst, die Welt, die Du betrittst, in freier Luft zu besehn; es blüht Alles überüppig in dem Park, unter anderem die berühmte Paconia. In Belvedere ist auch Vieles zu bewundern.*

Dann naht der 3. September, an dem der achtzehnjährige Carl August vor fünfzig Jahren sein Amt antrat. Die Bürger haben ihre Häuser mit Girlanden und Fahnen versehen. Am *sinnreichsten* – so ist überliefert – soll das Haus am Frauenplan geschmückt sein.

Goethe hat sich etwas Besonderes ausgedacht. Bereits eine Woche vor dem Termin gibt er den *Auftrag Kränze für das Jubiläum zu binden.* Tagtäglich ist fortan im Tagebuch von Vorbereitungen die Rede. *John beschäftigte sich mit den Decorationen zum Jubiläum* (29. August), *Einiges in Bezug auf die bevorstehenden Festlichkeiten* (30. August), *Fortgesetzte Bearbeitung der Decorationen* (31. August), *Überhaupt Beschäftigung mit Verzierung des Hauses. … Mittag Oberbaudirector Coudray, Hofrath Meyer. Unterhaltung über das bevorstehende Fest. Hofgärtner Baumann war von Jena hüben und half die Decoration besorgen.* (1. September), *Fortgesetzte Vorbereitungen zum Fest in und außer dem Hause.* (2. September).

Im Innern des Hauses herrscht ebenfalls Geschäftigkeit. Die vordere Zimmerflucht im ersten Stock wird renoviert, am Jubiläumstag soll sie Schauplatz einer *Soirée* sein, die Goethe zu Ehren seines Mäzens veranstalten wird.

Und *die Decorationen außer dem Hause?* Es sind an der Hausfassade weithin sichtbar angebrachte Bilder. Acht an der Zahl. Entstanden sind sie 1814 anläßlich Carl Augusts Rückkehr aus dem Krieg. Gemalt hat sie der begabte junge Alfred Heideloff. Da war er wohl erst elf oder zwölf Jahre. Mit dreizehn hat er seinen Vater verloren, einen bekannten Weimarer Maler, der ihn ausgebildet hat. Die nach Goethes Entwürfen entstandenen Bilder waren damals in der Zeichenschule ausgestellt. Der Fürst fördert den Begabten, finanziert ihm einen Studienaufenthalt in Paris. Dort stirbt Alfred Heideloff am 18. September 1826, fünf Tage nach seinem 24. Geburtstag an einer Hirnhautentzündung. Goethe urteilt Carl August gegenüber: *man dürfte ihn einen gebornen Maler nennen; alles was er hinterläßt beweist, wie glücklich er auffaßte, wie sorgfältig er zeichnete und wie zierlich befriedigend er ausführte.*

Die acht Bilder. Auf dem ersten ist ein Genius zwischen Himmel und Erde fliegend zu sehen; auf dem zweiten ein kniender Knabe, der das Brustbild der symbolisch vorgestellten Natur hält; auf dem dritten sind Pinsel und Griffel im Lorbeerkranz; auf einem vierten Zirkel und Wasserwaage; auf dem nächsten ein Adler, der sich mit einer Lyra aufwärts schwingt. Dann folgt auf dem sechsten Bild eine Urne; auf dem siebten ist ein schildführender Arm dargestellt, der ein aufgeschlagenes Buch und beigefügte Kunstwerkzeuge schützt; und auf dem letzten Bild ein Regenbogen über grünenden Bergen in grauen Wolken.

Da die Zeichnungen nach Goethes Entwürfen entstanden sind, darf man wohl darin auch eine Ikonographie der Freundschaft zwischen Mäzen und Dichter sehen. Es sind symbolische, geheimnisvolle Arbeiten, deren *Deutung*, wie Zeitzeugen überliefern, *den Beschauern viel zu schaffen machte.*

Dann kommt der Tag. Bereits um fünf Uhr am Morgen strömen Bürger und Gäste auf den Marktplatz, alle Glocken läuten, Kanonendonner ist zu hören, von allen Türmen der Stadt wehen Fahnen. *Mit dem Schlag ½ 6* wird das Lied *Sey Lob und Ehr' dem höchsten Gut* angestimmt. Darauf hält Dr. Johann Heinrich Röhr, der erste Kirchenmann des Herzogtums, eine Ansprache auf dem Marktplatz.

Die fast nachtschlafende Uhrzeit ist der Tatsache geschuldet, daß Carl August vor achtundsechzig Jahren am Morgen halb sechs das Licht der Welt erblickte.

Der zu Feiernde ist nicht zugegen. In dem im Ilmpark gelegenen Römischen Haus hat er die Nacht verbracht. *Früh 6 Uhr zu Serenissimo in's römische Haus*, lautet Goethes Tagebucheintrag. *Aufwartung der ersten und nächsten Personen.* Als ältester Freund und dienstältester Minister hat Goethe den Vorrang, gratuliert als erster. Müller überliefert, die beiden seien sehr bewegt gewesen, und er will die Worte *O, achtzehn Jahr und Ilmenau!* gehört haben.

Der Dichter überreicht seinem Fürsten anläßlich des Jubiläums eine *Denkmünze*. Das im antiken Stil geschaffene umkränzte Porträt des Herzogs ist darauf zu sehen, auf der Rückseite sind die Tierkreiszeichen angeordnet, ganz oben die Waage, Carl Augusts Sternzeichen. In der Mitte eine Quadriga und die Unterschrift: *der 50. Wiederkehr MDCCCXXV.*

Gegen 9 Uhr fährt Carl August in seiner alten Kalesche durch den Park stadtwärts, am Reithaus erwartet ihn eine Menschenmenge. Im Schloß findet die offizielle Gratulationskur statt. Anschließend begrüßt er, nur im Schrittempo durch die Stadt vorwärts kommend, seine *Untertanen*, die seit 1815 *Bürger* heißen, und bewundert die geschmückten Häuser.

Am Abend wird im Theater zu Ehren des Jubilars Rossinis

Oper »Semiramis« gegeben. Das noch vom Brand gezeichnete Gebäude ist notdürftig in Stand gesetzt worden. Der Bühnenraum ist vergrößert, aber noch ist nicht alles fertig, einiges wirkt improvisiert. Am frühen Abend strömen die Besucher in das Haus. Der alte Freund ist nicht darunter. Die Vorstellung beginnt gegen 18 Uhr und endet gegen 21 Uhr. Danach ist Carl August erschöpft und zieht sich zurück.

Da kommt Goethes Stunde. Der Erbgroßherzog, der Hofstaat, die Gesandten und Minister, Einheimische und Fremde finden sich bei ihm ein. Ein rauschendes Fest beginnt. Nicht der Fürstenhof ist sein Schauplatz, sondern das Bürgerhaus am Frauenplan. *Erfrischungen ... für 150-200 Personen* sind vorbereitet. Goethe habe gesagt, *der älteste Diener des Fürsten ... müsse das Recht haben, an diesem Tage der froheste und ausgelassenste zu sein.* Angetan mit dem großen Ordensstern empfängt der Sechsundsiebzigjährige seine Gäste, das Gedränge in den Zimmerfluchten ist groß, die ganze obere Etage steht zur Verfügung. Bis nach Mitternacht wird gefeiert, erst da beginnen die Besucher das Haus am Frauenplan zu verlassen.

Noch vereinzelt sieht man Fackelträger durch die Gassen Weimars eilen, mit einem großen Fackelzug haben die Bürger der Stadt ihren Regenten gegrüßt.

Anderntags, am 4. September – es ist ein Sonntag –, findet am Morgen in der Stadtkirche in Anwesenheit Carl Augusts ein Festgottesdienst statt. Dr. Röhr predigt. Auch in der Hof- und Garnisonskirche wird der Jubilar geehrt, hier von Oberkonsistorialrat Günther, es ist jener, der Goethe und Christiane 1806 getraut hat.

Am Nachmittag ertönt Musik auf allen öffentlichen Plätzen. Und im Stadt- und Schießhaus gibt es wieder eine Mittagstafel.

Auch an die Armen ist erneut gedacht: *Fürsorge für die Armen.*
Wieder laden zwei Säle der Stadt bei freiem Eintritt zu festlichen Bällen ein. Und das Theater öffnet seine Pforten.
Am dritten Tag, am Montag, dem 5. September, wird um
10 Uhr eine neue Bürgerschule eingeweiht. Für tausend Knaben und Mädchen ist sie gedacht. Am Nachmittag, um 14 Uhr,
gibt es auf dem Platz vor dem Schießhaus ein Fest der Stadtjugend aus allen Klassen und Ständen. Kleine Geschenke werden verteilt, und um 18 Uhr erscheint Carl August persönlich.
Am Abend erhellt ein prächtiges Feuerwerk die Stadt.

Goethe hat mit den *Folgen der Jubelfeyerlichkeiten* zu kämpfen. An zwei Tagen die Notiz: *Hielt mich im Bette, Blieb im Bette.* Sind die Beschwerden körperlich oder psychisch?

Am 7. September, vier Tage nach der *Soirée* in seinem Haus,
bekennt er Carl August fast entschuldigend: *daß an jenem großen Tage, bey äußerer gelassen scheinender Haltung, in meinem Innersten die Empfindungen so mächtig gewirkt, daß ich
sie nur in der größten Gesellschaft beschwichtigen zu können
glaubte* ... Er rechtfertigt sich für sein Fest, sucht nachträglich
die Zustimmung seines Fürsten zu erhalten, denn er fährt fort:
*daher es mir denn zu voller Beruhigung gereicht wenn Höchst
Dieselben eine nächtliche Versammlung billigten,* um abschließend nochmals den Erfolg *dieser nächtliche<n> Versammlung*
zu betonen: *welche sich auf's heiterste und treulichste behagte,*
und auf das Gedränge anspielend, *wenn schon in gewissen
Momenten der Raum zur Gäste-Zahl höchst disproportionirt
erscheinen mochte.*

Carl August versteht Sorge und Verunsicherung des Schreibenden sofort, noch am selben Tag, am 7. September, sendet er
beruhigende Zeilen: *Schönsten Dank für das, was am 3. Sep-*

tember Nachts bey dir, mein lieber alter Freund, mir zu Ehren,
geschehen ist.

An jenem 3. September wohl legt er fest, daß auch Goethes
fünfzigjähriger Aufenthalt in Weimar festlich begangen werden soll. Und zwar nicht am 26. Juni 1826, dem eigentlichen
Jubiläum des Tages, an dem er als Geheimer Legationsrat ins
Geheime Consilium berufen wurde, sondern am 7. November,
dem Tag seiner Ankunft in Weimar vor fünfzig Jahren.

I n den Wochen bis zu diesem Fest kann Goethe einen großen Erfolg verbuchen, der alles andere in den Schatten stellt. Für ihn löst sich nach über fünfzig Jahren als Autor das bedrängende Problem der Raub- und Nachdrucke.

Mit der Entscheidung für eine »Ausgabe letzter Hand« ist ihm bewußt, daß er jetzt forciert seinen lebenslangen Kampf um ein *Privileg* für seine Werke führen und zu einem Ende bringen muß.

Zunächst wendet er sich an seinen Fürsten. Dieser ist bereit, zweifelt aber an seinen Einflußmöglichkeiten. *Sehr gern will ich es übernehmen*, schreibt er am Aschermittwoch 1824, *den Bundestag zu veranlassen, daß er einmal etwas Erkleckliches unternehme und zumal für Dich, mein alter Freund; aber für die guten Folgen meiner Bemühungen und deren des Gesandten will ich nicht einstehen.*

Er sieht die Lage wohl realistisch. Und so wendet sich Goethe an den einflußreichen Metternich. Am 7. Januar 1825 schreibt er an Gentz, dessen Vertrauten, und bekundet seine Absicht, bei der Bundesversammlung *um ein Privilegium für die neue Ausgabe* seiner *Werke geziemend* anzusuchen, und bittet um *einflußreiche Mitwirkung.*

Das Echo aus Wien ist positiv, die Sache kommt in Bewegung. Fürst Metternich handelt. Am 13. September 1825 trifft in Weimar sein Schreiben ein. *Seine Majestät der Kaiser … haben Eurer Excellenz ein Privilegium gegen den Nachdruck der von Ihnen veranstalteten Neuen Ausgabe Ihrer sämtlichen Werke taxfrey, und zwar nicht nur für die zum deutschen Bund gehörigen Provinzen der österreichischen Monarchie zu*

ertheilen, sondern dasselbe aus besonderer Rücksicht auf den
ganzen Umfang derselben auszudehnen geruht.

Schon am 17. Oktober erhält Goethe die *Protocoll-Extracte*
der in der Bundesversammlung in Frankfurt erfolgten Abstimmung. Vier Tage später kommt aus Wien das Original des *Kaiserlichen Privilegiums*, datiert auf den 23. August 1825. Es ist,
wie Goethe stolz schreibt, *von Ihro Majestät selbst unterzeichnet, auf Pergament mit dem großen Siegel ausgehändiget ...
durch äußere Form schon seinen inneren Werth ankündigend.*

Von höchster Stelle erhält der Dichter also ein sogenanntes
Privilegium für seine Werke; ... *eine bedeutende verwickelte
Angelegenheit sei auf einmal entwirrt und das Schicksal der
Seinigen dadurch für die Zukunft gesichert ...*, schreibt er.
Nicht nur für ihn und seine Erben, sondern für die nachfolgenden Schriftstellergenerationen ist dieses *Privilegium* von gro
ßer Bedeutung, und zu Recht nennt Goethe es *das vielleicht
wunderbarste Document, das die Literargeschichte aufzuweisen hat.* Erleichtert heißt es an Sulpiz Boisserée, sein Verleger
Cotta und er seien nun *vollkommen gesichert* und könnten ihr
Werk – die 40 Bände – *mit Lust und Muth antreten.*

Wien läßt er wissen, *er sei mit großer Freude beglückt.* Und
bittet, an *erhabener Stelle seine innigste Dankbarkeit abzustatten.*

Inzwischen rückt der 7. November näher. Goethe hat man zunächst verschwiegen, daß der Herzog den Tag zum Festtag für
ihn erklärt hat. Sohn und Schwiegertochter aber wissen Bescheid. Und der zu Feiernde dann wohl auch.

Carl August hebt für diesen Tag die Staatstrauer für den König von Bayern auf. Am frühen Morgen ertönt in Goethes Garten ein Ständchen für den Jubilar. Als er um 9 Uhr die vorderen

Zimmer betritt, ist das Gedränge schon groß. Empfangen wird er mit einem vierstimmigen Chor, einer Kantate, komponiert von Eberwein, mit einem Text von Riemer. Minister von Fritsch überreicht eine ihm zu Ehren geprägte goldene Gedenkmünze mit der Inschrift: *Carl August und Luise Goethen.* Ebenso ein Handschreiben des Großherzogs. Darin heißt es: *Die fünfzigste Wiederkehr dieses Tages erkenne ich sonach mit dem lebhaftesten Vergnügen als das Dienstjubelfest Meines ersten Staatsdieners, des Jugendfreundes, der mit unveränderter Treue, Neigung und Beständigkeit Mich bisher in allen Wechselfällen des Lebens begleitet hat, dessen umsichtigem Rath, dessen lebendiger Theilnahme und stets wohlgefälligen Dienstleistungen Ich den glücklichen Erfolg der wichtigsten Unternehmungen verdanke und den für immer gewonnen zu haben, Ich als eine der höchsten Zierden Meiner Regierung achte.*

Dann gratulieren die offiziellen Vertreter von Stadt und Land. Unter anderem überreicht die philosophische Fakultät der Jenaer Universität zwei Doktorhüte für Riemer und Eckermann als den *nächsten Gehülfen* bei der Herausgabe von Goethes Werken. Der Weimarer Bürgermeister, Hofrat Schwabe, übergibt eine Urkunde, durch die Goethes einziger Sohn und seine beiden Enkel Walter und Wolf sowie deren männliche Nachkommen auf ewige Zeiten das Bürgerrecht der Residenzstadt Weimar erhalten.

Um 11 Uhr erscheint Carl August persönlich, an seiner Seite Louise. Goethe zieht sich mit ihnen für eine Stunde zurück. Ein intimes Beisammensein. Dann kommen der Thronfolger, Erbherzog Carl Friedrich, mit seiner Frau Maria Pawlowna und den beiden Prinzessinnen Marie und Augusta hinzu.

In der Bibliothek findet etwa zeitgleich – ohne den Jubilar – eine große Feier statt, und am Mittag gibt es im *Stadthaus eine Tafel von 200 Kuverts.* August vertritt seinen Vater. Am Abend wird im Theater »Iphigenie« gegeben. Goethe hat es noch nicht besucht, mit seinem Werk soll es gleichsam – nun nicht mehr im unfertigen Zustand – zum zweiten Mal eingeweiht werden. Ob der Sechsundsiebzigjährige die Anstrengung auf sich nimmt, ist offen. Man ist gespannt. Der Beifall ist groß, als er erscheint und auch die großherzogliche Familie Platz nimmt. Goethe bleibt bis zum Ende des dritten Aktes, dann verläßt er auf Anraten seines Arztes das Theater. Vor seinem Haus überrascht ihn die großherzogliche Hofkapelle mit einer festlichen Nachtmusik.

Feyerlichster Tag, notiert Goethe zusammenfassend am 7. November in sein Tagebuch. Jener 7. November 1825 ist ein Montag; ein grauer Novembertag mit bedecktem Himmel, Regenwolken ziehen über ihn, es wird früh dunkel. Der Frauenplan aber liegt in hellstem Licht, die Anwohner haben aus freien Stücken ihre Häuser illuminiert. Goethe rührt das. Und so läßt er einen Tag später seine beiden Enkel – sieben und fünf Jahre alt – von Haus zu Haus gehen, um, wie Kanzler Müller überliefert, *die treuen Mitbürger mit kindlichen Dankesworten in seinem Namen zu begrüßen.* Der Eintrag in Goethes Tagebuch an diesem 8. November: *Nachklang und Erhohlung.*

D as Alter macht sich bemerkbar, noch am 26. November heißt es über die Feierlichkeiten: *Solchen Tagen sucht man sich im Augenblick möglichst gleichzustellen, fühlt aber erst hinterher, daß eine dergleichen Anstrengung nothwendig einen abgespannten Zustand zur Folge hat.*

Am 30. Dezember 1825 stirbt Doktor Rehbein, Goethes langjähriger Arzt. Ein großer Verlust. Er beklagt ihn seinem Fürsten gegenüber. Am 4. Januar heißt es, er *vermisse* die *Unterhaltung* mit Rehbein *über die wichtigsten Angelegenheiten der Menschheit*, bekennt, daß er *in täglichem Gespräche, physische, physiologische und pathologische Probleme mit ihm durchzudenken und durchzuarbeiten Gelegenheit fand.*

Dem Hofe, der Stadt und mir besonders ist leider ein Arzt weggestorben, dessen Verlust kaum zu ersetzen scheint, kann Zelter lesen. Die Suche nach einem neuen Leibarzt beginnt.

Sie gestaltet sich schwierig. *Der Hofrath Stark weiß Niemanden vorzuschlagen; der ältere macht lauter schiefe Empfehlungen,* schreibt Carl August ungeduldig am 14. Februar seinem Freund. Und fügt hinzu: *Überlege, ob nicht Jemand Deiner Bekanntschaften Dir einfällt, um befragt zu werden.*

Goethe wendet sich an Zelter nach Berlin. Dorthin hat auch der Großherzog geschrieben, General von Müffling befragt und eine Besoldung von 800 Talern in Aussicht gestellt. *Mache einen Aktenfascikel aus allen denen Papieren,* weist der Großherzog seinen Staatsminister an.

Und dann findet sich eine Lösung. Carl August entscheidet sich für den jungen, achtundzwanzigjährigen Carl Vogel aus Liegnitz. *Euer neuer Leibvogel hat gestern auf seinem Durch-*

fluge bei uns eingesprochen, schreibt Zelter am 11. Juni nach Weimar, *und ihr werdet ihn daher in kurzem bei euch haben, da ich denn wünsche, daß er dem guten Eindrucke entspreche, den er uns gemacht hat.*

Vogel wird zum großherzoglichen Leibarzt und Hofmedikus in Weimar berufen. Goethe urteilt: *Er ist klar, offen, heiter ... Sein Handwerk versteht er, und so wird alles gut gehn. Er hat keinen Schein von Affectirtem, Anmaßlichem ...* Carl August schreibt ihm, *Vogel werde ein wichtiger Mann für uns Beide werden, weil unser Mechanismus sehr wacklig sich befindet.* Und drei Wochen später, am 30. Juli, bittet er ihn: *Ich wünsche sehnlich, daß er Deines Zutrauens sich immer würdiger mache und Du, mein lieber Freund, geduldig und gehorsam Dich zu dieses Meisters Füßen setzest.*

Er täuscht sich nicht, Doktor Vogel gewinnt Goethes Vertrauen und bleibt bis zu dessen Lebensende sein Arzt.

Am 7. November 1826 – dem 51. Jahrestag von Goethes Ankunft in Weimar – versichert Carl August ihm: *Unter uns bleibe alles beim Alten.*

Viel ist in diesem Jahr von Wetter, Kälte und Barometerstand die Rede. Am 27. November notiert Carl August: *Der Zustand der Meteorologie giebt uns Ursache zum Verzweifeln ... Es scheint wirklich, daß die Natur des Erdballes demjenigen widerstrebte, was wir in unserem europäisch-mittelländischen Sinne Cultur heißen. Reichards, des Gärtners, Spruch fällt mir immer dabei ein, »daß die Natur sich forcieren wohl, aber nicht zwingen ließe«.*

Im Hinblick auf Goethes Schaffen ist das Jahr 1826 sehr arbeitsintensiv. Am 3. März ist ihm der endgültige Vertragsabschluß mit Cotta über seine »Ausgabe letzter Hand« zu ausgezeichneten Bedingungen gelungen. Mitte März dann nimmt er die Arbeit an »Faust II« wieder auf, ist mit dem Helena-Akt beschäftigt, bereits im Juni ist im Tagebuch von *völlige<m> Abschluß* die Rede, im Dezember aber diktiert er die letzte, ausführliche Fassung von *Helena – Zwischenspiel zu Faust*. Er schreibt am »Wilhelm Meister« weiter, nachdem durch Pustkuchens Angriff die Arbeit daran für lange Zeit zum Erliegen kam. Er verfaßt mehrere Aufsätze für die Zeitschrift »Kunst und Altertum«. Empfängt Besucher, so am 29. September den österreichischen Schriftsteller Franz Grillparzer; auch an drei Oktobertagen ist er mit ihm zusammen. Ende Dezember kommt Wilhelm von Humboldt.

VI

Carl August wird in seinem letzten Lebensjahrfünft überraschend nochmals politisch aktiv. Er zeigt großes Interesse an der europäischen Politik. Besonders fasziniert den einstigen Englandreisenden der Parlamentarismus, er verfolgt die Debatten im Londoner Parlament, steht den Ansätzen liberaler Entwicklung in Großbritannien aufgeschlossen gegenüber. In seinem landesväterlichen Pflichtverständnis wendet er sich erneut seiner – durch die Angriffe Preußens, besonders des Polizeiministers Kamptz schwer gebeutelten – Jenaer Universität zu. Nicht zu übersehen sind dabei Züge von Resignation und ein zunehmendes Ruhebedürfnis. Das gilt auch für sein Engagement in der Zoll- und Handelspolitik, dem – wiederum durch den übermächtigen Nachbarn Preußen – enge Grenzen gesetzt sind.

Den überraschend größten Erfolg aber hat der Großherzog in seiner Hausmachtpolitik: in der Verbindung seines kleinen Fürstentums – ausgerechnet – mit dem preußischen Königshaus. Carl Augusts Enkelin Marie ist mit dem preußischen Prinzen Karl verheiratet; ihrem ersten Kind, seinem ersten Urenkel, gilt sein Besuch im Sommer 1828 in Berlin.

Karl ist einer der vier Söhne des preußischen Königs Friedrich Wilhelm III. und der Königin Luise, die bereits 1810 im Alter von vierunddreißig Jahren verstorben ist. Der älteste der vier, Thronfolger Prinz Wilhelm, ist in seine Cousine Prinzessin Elisa Radziwill verliebt und will sich mit ihr vermählen. Friedrich Wilhelm III. scheint dem Wunsch des Sohnes nach einer Liebesheirat nicht abgeneigt.

Carl August empört sich darüber. Er, den liberalen Ideen so zugeneigt, kehrt im Alter überraschend zu streng monarchistischen Grundsätzen zurück, verficht das monarchische Legalitäts- und Ebenbürtigkeitsprinzip.

Und da etwa zeitgleich der Preußenkönig – vermittelt durch Carl Augusts Freund General von Müffling – in Weimar für seinen drittgeborenen Sohn Karl um die Hand Maries anhält, lehnt der Großherzog zunächst den Antrag ab. Hinter den offiziell vorgetragenen Gründen, unter anderem die *große Jugend* beider Partner, steht in Wirklichkeit die Empörung über diese eventuelle Liebesheirat des preußischen Thronfolgers. Am 24. Dezember schreibt er darüber an Müffling: *Wie ist's möglich, den Prinzen Wilhelm nicht von der Verbindung mit der Prinzessin Radziwill loszureißen und ihn auf den Weg zu führen, den ein preußischer Prinz, wenn die Sukzession der Familie geschafft werden muß, zu wandeln hat; dessen Pflicht und Ehre es erfordert, dem Staate und der regierenden Familie alles aufzuopfern ... Seine Majestät müssen platterdings Ihre königlichen Söhne anhalten, dem Staate im Frieden wie im Kriege zu dienen ...* Ein erregter Brief. Carl August verbirgt auch seine Sorge vor den russischen Hegemoniebestrebungen nicht. Er schreibt: *Sehen Sie denn nicht sonnenklar, daß der rußische Hof dies krankhafte Verhältnis des Prinzen Wilhelm unterstützt, um in Berlin ganz zu herrschen, und daß er insgeheim sich ins Fäustchen lachen würde, wenn der Sohn des preußischen Königs, der vielleicht einmal die Regentenlinie fortsetzen soll, eine russische Vasallin, eine Verwandte mehrer Hunderte rußischer Untertanen heiratete?*

Einige Zeit noch schwelt der Konflikt, dann aber lehnt Friedrich Wilhelm III. den Eheplan seines Thronfolgers ab, der Sohn hat sich dem Vater und der Staatsräson zu beugen. Von da an beginnt der Weimarer Regent wohl, die Verbindung zwischen Marie und Karl positiv zu sehen. Am 30. Juli 1826 schreibt er aus Wilhelmsthal an Goethe: *Heute Mittag erwarten wir die preußischen Kronprinzen zu Tisch.* Alles gestaltet sich günstig. Bereits am 13. September findet die Verlobung statt.

Am 2. Januar 1827 begrüßt Carl August Goethe mit: *Alles mögliche Gute wünsche ich Dir, mein lieber alter Freund, und häufig solche aufheiternde Besuche, wie uns zu Ende des verflossenen Jahres wurden.* Eine Anspielung auf die Anwesenheit der preußischen Prinzen. Der Bräutigam kommt offensichtlich in Begleitung eines oder mehrerer seiner Brüder. Der Neujahrswunsch erfüllt sich. Bereits am 3. Februar schreibt Zelter an Goethe: *Von Rechts wegen mußt Du eben jetzt ein lustiges Leben führen, da unsere Prinzen diese Woche zu euch abgegangen sind.* Von *Zufriedenheit* in Berlin *über die Wahl unseres Prinzen Karl ist die Rede*, das heißt, die Weimarer Prinzessin gefällt.

In diesem Februar kommt erstmals Wilhelm, der Thronfolger, nach Weimar. Auffällig ist Carl Augusts Bemühen um den jungen Mann. *Wenn es Dir nicht beschwerlich seyn sollte, so bringe ich heute Vormittag um elf Uhr den Preußischen Thronfolger zu Dir; er freut sich sehr deine Bekanntschaft zu machen,* heißt es an Goethe. Dieser notiert am 1. Februar: *Der Großherzog und die Prinzen.* Und weiter: *Die beiden jüngeren blieben kürzere Zeit. Der Großherzog und der Kronprinz, Königliche Hoheit bis gegen 2 Uhr.*

Am 4. Februar erneut die Bitte: *Abermals denken die Königskinder bei Dir einzutreten und zwar, wenn es Dir recht ist, um 12 Uhr Mittags. Vorher werde ich mit General Müffling aufwarten und einige Gegenstände abhandeln.*

Goethes Reaktion auf Wilhelm ist äußerst positiv. An Zelter schreibt er wenige Tage nach dem Besuch: *Von Ihro Königlichen Hoheit dem Kronprinzen sage mit wenigem, daß er auf mich einen vollkommen angenehm-günstigen Eindruck gemacht und mir den Wunsch hinterlassen hat ihn früher gekannt zu haben und länger zu kennen. Die drey Herren Gebrüder, von meinem Fürsten mir zugeführt, sah ich mit Freude und Bewunderung; man kann einem Könige Glück wünschen drey so verschiedenartig wohlgebildete Söhne (mit einem vierten, den ich noch nicht kenne) vor sich heranwachsen zu sehen. Sie haben ein ganz frisches Leben in unsern Zirkel gebracht, und das Behagen unseres Großherzogs an ihnen und an dem neu eingeleiteten Verhältniß war nur mit Rührung anzusehen.*

Die Worte *Behagen* und *Rührung* lassen auf ein äußerst emotionales Verhältnis Carl Augusts zu den Vorgängen schließen.

Mit dem *neu eingeleiteten Verhältniß* kann nicht die Beziehung zwischen Marie und dem preußischen Prinzen Karl gemeint sein, denn sie sind bereits verlobt, und der Termin der Hochzeit, der 26. Mai 1827, steht schon fest.

Ist es möglicherweise eine Anspielung auf Prinz Wilhelm und Prinzessin Augusta, auf eine sich anbahnende Beziehung zwischen den beiden, die gemeint sein kann? Am 8. Februar sind Augustas Eltern, Maria Pawlowna und Carl Friedrich im Haus am Frauenplan zu Besuch. Auch da notiert Goethe in sein Tagebuch: *war von den neusten Familienvorkommenheiten die Rede.*

Tatsache ist, der preußische Thronfolger begegnet bei seinem ersten Weimar-Besuch Maries Schwester, der sechzehnjährigen Augusta. Entsteht da in Carl August der Wunsch, daß eine Verbindung zwischen ihnen zustande komme?

Befördert er sie vielleicht nach Kräften? Eine zweite Liaison mit den mächtigen Hohenzollern; eine vorteilhafte Verbindung, Augusta und der zukünftige preußische König? Das könnte er als einen großen Erfolg seiner Hausmachtpolitik verbuchen.

Vorerst aber steht die Hochzeit zwischen Prinzessin Marie und Prinz Karl an. Bereits am 22. April schreibt Goethe an Zelter nach Berlin: *Prinz Carl ist wieder angekommen, und unsre liebe Jugend erfreut sich wieder einander anfassender Hoffeste.* Am 26. Mai ist dann die Hochzeit. Goethe nimmt an der Festlichkeit nicht teil. Sein Tagebuch vermerkt jedoch an diesem 26.: *Gedichte auf den Abschied und die Vermählung der Prinzeß Marie erhalten.* Am Sonntag, den 27.: *Kam mein Sohn. Wurde einiges von dem gestrigen Feste besprochen.* Am 28.: *Erfuhr die Reise der Prinzeß Marie bis Potsdam und deren freundlichen und glücklichen Empfang.* Und noch am 29. Mai – er macht mit Riemer eine Ausfahrt ums Webicht – die Notiz: *Besprachen die Feierlichkeiten vom Sonnabend und wie sie gelungen. Fortwährende gute Nachrichten von dem Empfang und der glücklichen Wirkung unserer Prinzeß Marie.* Er habe von *unserer lieben jungen Fürstin einen extemporirten Abschied genommen,* wird er Zelter nach Berlin schreiben.

Dieser wiederum berichtet ihm von einem Besuch des preußischen Königs in der neuerbauten Singakademie hinter dem Zeughaus. In seinem Gefolge hätten sich *etwa 12 Personen* befunden. Als die Besichtigung zu Ende ist, *blieb Prinzessin Marie in Gesellschaft ihres Gemahls Prinz Carl zurück. Ihre erste Frage war nach Dir. Ich konnte sagen, daß Du aus dem Untergarten ins Haus zurückgezogen wärest, Dich munter und geschäftig befändest, und dergleichen.*

Während Carl August auch in diesem Sommer nach Teplitz reist, meidet Goethe seit dem Abschied von Ulrike von Levetzow im September 1823 die böhmischen Bäder. 1827 macht er, wie er sich ausdrückt, einen *Versuch* mit seinem Garten. Am 12. Mai, als die *Frühlingsumgebung ... unvergleichlich* ist, geht er hinaus, und ein vierwöchiger Aufenthalt in seinem Häuschen im Ilmpark folgt. Der *größte Gewinn* sei, *daß mir jener Garten, der mir fast gänzlich entfremdet war, wieder lieb ja nothwendig geworden ist.* Er verbringt eine produktive Zeit dort. Der Altersfreund in Berlin kann lesen: *Nun aber soll das Bekenntniß im Stillen zu dir gelangen, daß ich ... mich wieder an Faust begeben habe ... Sage das niemanden; dieß aber vertrau ich dir ...*

Des öfteren finden sich in seinen Briefen an Zelter, den fast zehn Jahre Jüngeren, Klagen über nachlassende Kräfte im Alter. So heißt es einmal: *Stünden mir jetzt, in ruhiger Zeit, jugendlichere Kräfte zu Gebot ...* Und: *An Erfahrung fehlt es uns nicht, aber an der Gemüthsruhe, wodurch das Erfahrne ganz allein klar, wahr, dauerhaft und nützlich wird.*

Besonders fühlt er sich überfordert von dem, was am 28. August, seinem Geburtstag geschieht. *... als daß uns in unsern alten Tagen des Guten beynahe zu viel zugemuthet wird,* heißt es am 1. September. *Es gehörten wirklich jüngere Sinne und Schultern dazu, dergleichen alles aufzufassen und zu tragen.* Und noch am 6. September schreibt er, es *sollte mir eine Überraschung werden, die mich beynahe aus der Fassung gebracht hätte und doch immer eine Empfindung zurückließ, als wäre man einem solchen Ereigniß nicht gewachsen.* Das bezieht sich auf die Auszeichnung mit dem »Großkreuz des Verdienstordens der Bayerischen Krone« durch den König von Bayern in Gegenwart seines *gnädigsten Herrn des Großherzogs.* Könnte Goethes Steifheit, sein Beharren auf der Etikette, wie sie – wir erinnern uns – in der überlieferten Anekdote zum Ausdruck kommt, nicht auch mit zunehmendem Alter ein Verdecken seiner Verunsicherung sein, die Angst, seine Kräfte könnten nicht ausreichen? Seine Zeilen an Zelter von den *jüngere<n> Sinne<n> und Schultern* legen das nahe.

Ende Oktober 1827 gesellt sich zu Goethes Enkelkindern ein drittes; ein kleines Mädchen kommt auf die Welt. Carl August gratuliert: *Meine besten Glückwünsche zum angenehmen Ereignisse in Deiner Familie, mein lieber alter Freund! Mögest Du Dein Erdenwallen noch bis zur Epoche fortsetzen, wo Du als Großvater und erfahrener Kenner wirst zu Hülfe gerufen werden ...* An Zelter heißt es am 6. November lapidar: *Das schöne Kind gedeiht. Ich fahre fort, an Faust zu schreiben.*

Der Großherzog dagegen ist äußerst unruhig. Im Vorjahr hat der preußische Thronfolger Weimar verlassen, ohne sich im Hinblick auf Prinzessin Augusta erklärt zu haben. Im Laufe des verbleibenden Jahres macht dieser – wie bekannt wird – weitere Reisen zu Fürstenhöfen, um noch andere Heiratskandidatinnen in Augenschein zu nehmen. Das ärgert Carl August, er *sauge wohl* an den *Reliquien seiner unglücklichen Liebe,* wolle *gar nicht heiraten,* schreibt er in seinem Neujahrsbrief an den über alle Vorgänge am preußischen Hof genauestens unterrichteten General von Müffling.

Am 15. Mai dann teilt er Goethe seinen Entschluß mit, nach Berlin zu reisen, um den Urenkel zu besichtigen und *Abschied* zu nehmen. Vom Reisetermin 23./24. Mai ist die Rede.

Kurz vorher erreicht ihn die Freudenbotschaft: Der Kronprinz habe sich für die Weimarer Prinzessin Augusta entschieden, teilt ihm von Müffling mit. Auf den 19. Mai ist dessen Schreiben datiert, Tage später ist es in Weimar. Umgehend antwortet Carl August: *Ei, meine Exzellenz, welche vorzügliche Nachricht hat mir heute mittag die Post von Ihnen eingebracht. Das habe ich nicht erwartet, ich hatte alle Hoffnung aufgegeben und glaubte, Prinz Wilhelm würde im Zölibat seine Tage vertrauern! Nun möge der Himmel segnen, was er gewollt und zugelassen hat.*

Große Freude. Und: Ein Grund mehr, nach Berlin zu reisen.

Dann die Verschiebung des Termins der Abreise. Er *leide sehr an den Eingeweiden und verliere den Odem*, heißt es an Augusta. An den Dichterfreund dagegen klingt es weniger dramatisch. Von *Unwohlsein* ist da die Rede und von ungünstigem Wetter.

Beschäftigt bis zum Irrewerden, klagt Goethe in Mai 1828. Bereits im Vorjahr hieß es, es ginge um ihn *sehr wild* zu. Und: *es hört nicht auf um mich zu sausen, und ich muß sehen wie ich mit meinen Kräften durchkomme.* Nun dieses: *Beschäftigt bis zum Irrewerden.* Die Arbeit an der »Ausgabe letzter Hand«, am »Faust II«, an verschiedenen Aufsätzen. Besuche über Besuche.

Am 25. des Monats trifft der Hofmaler Stieler ein, um für den König von Bayern *den König der teutschen Dichter* zu porträtieren. Am 27. der Beginn der Sitzungen. Am Vortag ein Besuch von Carl August. An jenem 27. dann – Serenissimus

244

hat sich angekündigt – wartet Goethe vergeblich auf ihn. Am
28. die allerletzte Begegnung der beiden Freunde im Beisein
des Hofmalers.

Auch nach Berlin ist die Kunde gedrungen, der Weimarer
Regent sei *krank und könne nicht reisen*. So notiert es Zelter am 31. Mai in einem Brief an Goethe. Und auf die Entscheidung des Kronprinzen für Prinzessin Augusta anspielend,
schreibt er in bezug auf das Großherzogtum Weimar: *Wir erwarten ihn also um so lieber, da sich die Sage bestätigt, daß
mein Herrscherhaus mit dem Deinigen noch fester werde.*

Damit sind wir wieder bei den Junitagen 1828, die Carl August in Berlin verbringt. Am späten Abend des 31. Mai seine Ankunft zunächst in Potsdam, der Empfang durch Alexander von Humboldt und General von Müffling. Dann das Glück, im nahe gelegenen Schloß Glienicke seinen ersten Urenkel, den drei Monate alten Friedrich Karl, zu erleben. Das Zusammensein mit seiner Enkelin Prinzessin Marie und ihrem Gatten Prinz Karl.

Schließlich Berlin. Der Weimarer Regent ist Gast des preußischen Königs, ist im Berliner Stadtschloß bestens untergebracht, in einer Suite *au rez de-chaussée,* wie wir wissen. Friedrich Wilhelm III. gibt für seinen Gast aus Weimar Festessen und lädt ihn zu künstlerischen und militärischen Darbietungen ein.

Begegnet Carl August vielleicht dem Thronfolger Prinz Wilhelm, spricht er mit ihm über Augusta, die sich mit ihren Eltern auf der Reise ins ferne Rußland befindet? Folgt er Goethes Empfehlung, die Granitarbeiten des Bauinspektors Cantian zu besehen, Beuths Gewerbeschule kennenzulernen?

Nach den Aufzeichnungen von Major von Germar besucht er *die Ateliers von Rauch, Tieck, Wach, Begas,* weiterhin *die Sollysche Bildergalerie, die ägyptische Sammlung von Passalacqua, die Eisengießerei, das Polytechnische Institut, die Steinschleiferei des Maurers Kantian und allerlei Kunsthandlungen.* Er besichtigt den Marstall, die Husarenställe, die Pferde des Regiments Gardes du Corps, wohnt Militärparaden bei.

Er weilt auf der Pfaueninsel, er durchstreift den Park von Sanssouci, ist im Stadtschloß in Potsdam und im Neuen Palais zu Gast, wird zu Tafeln, Soupers, Dejeuners eingeladen, erlebt Oper, Theateraufführungen und Konzerte.

Und das alles in wenigen Tagen; ein umfangreiches dichtgefülltes Programm.

Ausführlich berichtet Zelter über Carl Augusts Aktivitäten nach Weimar, so daß Goethe ihn in der *Getümmelwoge der Königstadt*, in ihrer *Prachtherrlichkeit*, ihrem *Trommelrausch* sehen kann und Zelter wissen läßt: *Ich begleite meinen Großherzog in Gedanken durch Berlin auf und ab* ...

In unmittelbarer Nähe zum Berliner Stadtschloß hinter der Neuen Wache hat Zelter sein Haus erbaut, das Konzertsaal für die Singakademie und großzügige Wohnräume vereint. ... *meine Wohnung*, schreibt er Goethe, *ist nach Aussage aller Zeugen die schönste in Berlin* ... *Von drey Seiten seh' ich ganz Berlin an mir vorübergehn, ohne daß mich jemand sieht* ... *Die schönste Hauptwache der Stadt liegt zwischen mir und dem Könige. Aus meinem Hause seh' ich den König an seinem Fenster, Er mich nicht. Mittags wenn die Wache aufzieht, die allerbeste Militairmusik, ja die schönsten Stücke von Beethoven, Mozart, Cherubini, Spontini, Rossini, ohne einen Schritt aus dem Haus zu thun* ... *Kämest Du aber: von Engeln auf Erden sollst Du bedient werden* ... Nichts kann Goethe nach Berlin locken, sein Aufenthalt 1776 in der preußischen Stadt wird lebenslang der einzige bleiben.

Zelter, der Verläßliche, erzählt von seiner ersten Begegnung: *Eben komme davon her dem Großherzog von Weimar aufgewartet zu haben* ... *Ich habe ihn weit munterer gefunden als man mir gesagt hatte, und bin wohl eine Stunde ganz allein bei ihm gewesen* ..., schreibt er am 7. Juni. Es ist ein Samstag, und Carl August vertraut Zelter seine weiteren Pläne an; *diesen Vormittag wolle er noch in den botanischen Garten bey*

Schöneberg und hatte sich zu dem Ende mit einer tüchtigen Lupe versehen. Darauf wird er wieder nach Potsdam gefahren, von wo er erst Dienstag über Spandau zurückzukehren gedenkt, woselbst wie ich hörte Versuche mit Raketen gemacht werden sollen. Gegen 6 Uhr will er dann in die Singakademie kommen ... Sind die *Versuche mit Raketen* vielleicht die vom preußischen König zu Ehren Carl Augusts abgehaltenen militärischen Vorführungen? Major von Germar berichtet von *Versuchen* mit *Perkussionsgewehren auf der Hasenheide* und *mit Congreveschen Raketen ... bei Charlottenburg*

Am Tag der Rückkehr von Potsdam nach Berlin dann – es ist der 10. Juni –, wie versprochen, der Besuch in der Singakademie. Am 11. Juni Zelters Bericht darüber an den Freund: *Gestern ist unser Großherzog in Begleitung des Major von Germar und des Major von Staff in der Singakademie gewesen; Prinz Karl kam auch nach. Einige kurze Stücke von mir, von Fasch und von Stölzel hat der alte Herr sehr freundlich ausgehalten. Er kam kurz nach 6 Uhr und um 7 Uhr waren wir fertig ... Nachher hat der Großherzog meine Wohnung unter dem Musiksaal von einem Ende bis zum andern in Augenschein genommen, wo denn die Zimmer Deines Quartiers Ihm angelegenst bemerklich gemacht worden.*

Zelter führt den Weimarer Großherzog durch die *5 Piecen, die schönsten und ruhigsten* seiner *Wohnung*, er wünscht sich, *er hätte bei mir einkehren wollen ...*

Vier Tage nach jenem Besuch bei Zelter, am Abend des 14. Juni, verlischt Carl Augusts Leben, ereilt ihn der Tod.

An jenem 10. Juni aber legt er noch die wenigen Schritte von Zelters Singakademie zum Berliner Stadtschloß zurück. Seine Suite *au rez-de-chaussée*. Am Abend des 12. Juni wird ihm zu

Ehren die Oper »Aleidor« gegeben. Während im Königstäd-
ter Theater Goethes frühes Stück »Die Geschwister« gespielt
wird, berichtet Zelter nach Weimar, *mußte der Großherzog*
sich dagegen die große Oper vorpauken lassen ...
Anschließend gibt Carl August ein *Abschiedsdejeuner,* er
bittet Prinz Karl, daß es – wie Germar überliefert – *in des-*
sen von Höchst ihm bewohnten Zimmer gegeben wird, *um*
dadurch Treppensteigen zu vermeiden. An zwei Tischen wird
gespeist, anwesend sind unter anderem Alexander von Humboldt, Graf Brühl und General von Müffling.

Am 13. Juni gegen Mittag verläßt der Großherzog Berlin in
Richtung Wittenberg.
Die Übernachtung dort im Gasthof zur Traube; *ein Zim-*
mer par terre, um das Steigen der Treppen zu vermeiden. Am
Morgen des 14. Juni – Carl August ist *um 5 Uhr schon ganz*
reisefertig – wir erinnern uns – hatte er sich *die Begrüßung mit*
grobem Geschütz ... verbeten. Statt dessen ließ er den Kutscher um das auf dem Wittenberger Marktplatz stehende Lu-
therstandbild herumfahren.
Der Weg ging – so Germar – *in tiefem Sande bei starker Hitze,*
über Pretsch und Torgau nach Gradit.z Carl Augusts Wunsch,
sich die Rassepferde des Königlich-Preußischen Hauptgestüts
zu Gradit in der Nähe von Torgau vorführen zu lassen.
Am Abend dort auf Schloß Gradit sein Tod.

Von einem Schnitt ins fließende Leben, spricht Zelter. Und:
Gewiß sei, daß der Gast aus Weimar, der nun hochselige Herr
sich sichtbar hier zusammengenommen hat, um an so viel ver-
schiedenen Dingen lebhaften Antheil zu nehmen. Er schließt:
er hat sich jedoch dabey geistig wohlgefühlt und übers Jahr
wieder kommen wollen.

Vorstellbar wird, welch große Kraft Carl August aufbringen mußte, um in Gesellschaft bestehen und seinen körperlichen Zustand zu verbergen beziehungsweise überspielen zu können. Er setzt seine *Willenskraft* seiner *körperlichen Schwäche* entgegen. Hatte er nicht wegen gesundheitlicher Bedrängnis zunächst seine Reise verschoben? Er fühle sich *nicht wohl*, klagte in seinem letzten Brief an Augusta über seine Atemnot: *ich verliere den Odem*. Meint sein Goethe gegenüber geäußerter Vorsatz, in Berlin *Abschied von der Außenwelt* zu nehmen, unausgesprochen, daß es ein Abschied vom Leben überhaupt sein könnte? Trat er die Reise bereits mit Todesahnung an, verstärkte sie sich während der Tage in Berlin?

Ein wichtiges Zeugnis spricht dafür. Es ist von Alexander von Humboldt, einem Mann, der den Fürsten seit dreißig Jahren kennt, der ihn außerordentlich schätzt. In diesen Junitagen ist er mehrfach mit ihm zusammen, und – was entscheidend ist – die beiden sind allein, es sind Begegnungen unter vier Augen. Alexander von Humboldt beobachtet einerseits eine große Lebhaftigkeit, Anteilnahme Carl Augusts an allem. *Nie habe ich den großen, menschlichen Fürsten lebendiger, geistreicher, milder gesehen, als in den letzten Tagen, die wir ihn hier besaßen*, schreibt er. Andererseits beunruhigt ihn der zu beobachtende Verfall. *Ich sagte*, erinnert er sich später, *mehrmals zu meinen Freunden ahnungsvoll und beängstigt, daß diese geheimnisvolle Klarheit des Geistes, bei so viel körperlicher Schwäche, mir ein schreckhaftes Phänomen sei.*
Alexander von Humboldt spricht aus, daß sich Carl August im Wortsinn der Gefahr für sein Leben bewußt war. *Er selbst*, heißt es, *oszillierte sichtbar zwischen Hoffnung der Genesung und Erwartung der großen Katastrophe.*

Das von Zelter wie auch von anderen beobachtete Überspielen seines schlechten körperlichen Zustands beschreibt ein weiteres Zeugnis von Alexander von Humboldt. Es bezieht sich wohl auf jenes Wochenende in Potsdam, als die beiden längere Zeit zusammen sind. *In Potsdam saß ich mehrere Stunden mit ihm auf dem Kanapee,* überliefert er. Carl August ist wißbegierig; *er bedrängte mich mit den schwierigsten Fragen: über Physik, Astronomie, Meteorologie und Geognosie, über Durchsichtigkeit eines Kometenkerns, über Mondatmosphäre, über die farbigen Doppelsterne, über Einfluß der Sonnenflekken auf Temperatur, Erscheinen der organischen Formen in der Urwelt, innere Erdwärme.*

Über die Fragen an den berühmten Naturwissenschaftler hinaus bringt der Gast seinerseits Themen zur Sprache, die ihm offensichtlich am Herzen liegen. So verteidigt er die *freien Geistesregungen.* Er, der ins Visier der Reaktion, vor allem Metternichs geraten ist wegen seines Engagements für die studentische Jugend, für Burschenschaften und Pressefreiheit, *klagte,* so Humboldt, *über den einreißenden Pietismus und den Zusammenhang dieser Schwärmerei mit politischen Tendenzen nach Absolutismus und Niederschlagen aller freien Geistesregungen.* Auch auf seine lebenslangen Vorbehalte gegen die Kirche als Institution kommt er zu sprechen. Die *christliche Religion* sei *eine menschenfreundliche Lehre,* sagte er, *aber von Anfang an* habe *man sie verunstaltet. Die ersten Christen waren die Freigesinnten unter den Ultras; aber als sie selbst mächtig wurden, da dichteten sie der Sache Wunder an.*

Das Bedürfnis nach Äußerung ihm wichtiger Gedanken hat die Anmutung eines Vermächtnisses. So sieht es wohl auch Alexander von Humboldt. Hätte er sonst diese Begegnung so akribisch festgehalten?

Sehr berührend beschreibt er die tiefe Kluft zwischen geistiger Mobilität und körperlichem Verfall. Über die äußeren Bedingungen dieses stundenlangen Gesprächs heißt es, der Herzog sei *heiter gewesen, aber sehr erschöpft*. Zwischen seinen Fragen und Humboldts Entgegnungen sei er immer wieder *mitten in seiner und meiner Rede* eingeschlafen; *er trank und schlief abwechselnd, trank wieder, stand auf* ... Seine kurzen Schlafphasen selbst bemerkend und sie als *scheinbare Unaufmerksamkeit* seinem Gastgeber gegenüber wertend, bat er *freundlich um Verzeihung*, sagte: *Sie sehen, Humboldt, es ist aus mit mir!*

Für Carl Augusts Schwanken zwischen Erwartung *der großen Katastrophe* und der *Hoffnung der Genesung* spricht noch ein weiteres Zeugnis. *Als ich* – so Alexander von Humboldt – *ihn zuletzt sah, drückte er mir zum Abschied die Hand mit den heiteren Worten: Sie glauben, Humboldt, Töplitz und alle warmen Quellen seien wie Wasser, die man künstlich erwärmt? Das ist nicht Küchenfeuer! Darüber streiten wir in Töplitz, wenn sie mit dem Könige kommen. Sie sollen sehen, Ihr altes Küchenfeuer wird mich doch noch einmal wieder zusammenhalten.* Spielt der Fürst heiter und witzig auf den Streit der Vulkanisten und Neptunisten über die Entstehung der Erde an? Seinen Plan, im Sommer in die böhmischen Bäder zu reisen – auch Goethe spricht davon –, kann er nicht mehr verwirklichen.

Alexander von Humboldts Aufzeichnungen sind im Wissen um den Tod des Weimarer Großherzogs verfaßt. Von dessen *Luzidität*, seiner Klarheit, Helle, seinem Leuchten spricht Humboldt und sieht darin ein Naturereignis. Es sei *eine solche Luzidität* in ihm *wie* es *bei den erhabenen, schneebedeckten Alpen der Vorbote des scheidenden Lichts* ist. Die letzten Tage und Stunden als einen Übergang vom Licht zur Dunkelheit, vom Tag zur Nacht. Ein Nachruf, wie man sich keinen schöneren denken kann.

Der Tod des Großherzogs von Weimar berührt mich sehr, schreibt Karl Freiherr vom und zum Stein, *seit 1775, also 43 Jahr stand ich in freundschaftlichem Verhältnis mit ihm. Seine Liebe zu Wissenschaften, seine unermüdliche Tätigkeit, sein tüchtiges Benehmen in den unglücklichen Zeiten der Fremdherrschaft weisen ihm eine ausgezeichnete Stelle unter den bedeutenden Männern unseres Volkes und seines Zeitalters an.* Auch ein weiterer Nachruf, geschrieben vier Tage nach Carl Augusts Tod, ist berührend. *Der verstorbene Großherzog war vielleicht einer der unterrichtetsten, verständigsten und gescheutesten Männer seiner Zeit. Man kann sich keinen Begriff machen, welche Masse von Kenntnissen er in allen Fächern bis in die größten Details hatte. Alles, was zu seine Zeit ausgezeichnet in Deutschland lebte, war um ihn versammelt; mit jugendlicher Begeisterung sprach er oft von der schönen Zeit, wo er diese ausgezeichneten Männer bei sich in Weimar etabliert hatte.* Der Verfasser ist der Kronprinz Wilhelm von Preußen. Einunddreißig Jahre ist er beim Tod des von ihm Bewunderten. *Edel und fest,* nennt er dessen Charakter und bemerkt – wenig schmeichelhaft für Carl Friedrich –: *Das Land ist zu bedauern, das einen solchen Wechsel im Souverän erfährt.*

Den Vollzug der Verbindung zwischen Augusta und Prinz Wilhelm erlebt Carl August nicht mehr. Am 25. Oktober 1828 findet – nicht einmal ein halbes Jahr nach seinem Tod – die Verlobung statt. Am 11. Juni 1829 dann die Hochzeit. Prinz Friedrich Wilhelm Ludwig wird 1861 als Wilhelm I. preußischer König werden und nach der Reichsgründung 1871 deutscher Kaiser. Augusta wird an seiner Seite Königin, schließlich die erste deutsche Kaiserin.

Die doppelte Eheverbindung Sachsen-Weimars mit dem preußischen Königshaus ist ein Politikum ersten Ranges. Carl August wäre gewiß stolz gewesen; vor allem der Aufstieg seines Lieblings Augusta hätte ihn beglückt.

Zurück nach Weimar ins Haus am Frauenplan. Der 15. Juni 1828. Die heitere Gesellschaft, der Gesang der *Tyroler*. Goethes Sohn August, der herausgerufen wird. Ein verstörter Kanzler von Müller, der die schockierende Nachricht überbringt. Ein Bote sei die ganze Nacht über geritten ... August geht zur Gesellschaft zurück, entläßt die *Tyroler*, komplimentiert die Gäste hinaus.

Dann, allein mit dem Vater, sagt er es ihm.

Am Abend dessen seltsamer, befremdlicher Eintrag in sein Tagebuch: *Die Nachricht vom Tode des Herzogs störte das Fest.* Das unwiderrufliche Ende eines Lebens – aufgewogen gegen eine Mittagsgesellschaft? Die unwirsche Formulierung einer Störung, als könne man es dem Verblichenen nicht verzeihen, daß eine solche Nachricht überhaupt überbracht werden mußte.

Die Vorgänge am Nachmittag des 15. Juni. Nur kurze Zeit nach der Auflösung der Mittagsgesellschaft und dem Gespräch von Vater und Sohn unter vier Augen erscheinen zwei hohe Regierungsbeamte im Haus am Frauenplan. Es sind Minister von Gersdorff und der Geheime Legationsrat Conta. Letzterer überliefert: *Ich selbst überbrachte gemeinschaftlich mit dem Herrn Minister von Gersdorff die Nachricht vom Tode des Hochseligen Herzogs.*

Goethe weiß es schon.

Er reagiert, wie wir es von seinem Verhalten beim Tod ihm naher Menschen, bei Schiller oder seiner Frau, kennen: Mit Abwehr im Sinne *dem Tod statuir' ich nicht.*

Conta beobachtet: *Es veränderte sich kein Zug in seinem Gesichte, und gleich gab er dem Gespräch eine heitere Wendung, indem er von dem vielen Herrlichen sprach, das der Hochselige gestiftet und gegründet hatte.*
... *eine heitere Wendung.* Ein Ausblenden der Härte des Geschehens, der Unfaßbarkeit und Endgültigkeit des Todes, ein Nichtwahrhabenwollen.

Kein Wort der Trauer. Nur der Blick nach vorn. Und wie zur eigenen Beruhigung die Versicherung, daß nach dem Tod des Landesvaters die zuständigen Beamten alles Notwendige in Angriff nehmen werden. *Minister von Gersdorff und Geheimer Legationsrat Conta, die neuen Verpflichtungen aufnehmend,* trägt er in sein Tagebuch ein.

Dieser ausschließliche Blick nach vorn, ins Künftige, korrespondiert auffällig mit einer Aussage von 1830: ... *und so, über Gräber vorwärts,* heißt es da. Es ist der Tod seines Sohnes in Rom, der ihn zu diesen brutal anmutenden Worten bringt. Er äußert sie seinem Altersfreund Zelter gegenüber, der gleichfalls einen Sohn verloren hat. Goethe verbietet, vom *Tod* seines eigenen Sohnes zu sprechen, von *seinem Ausbleiben* redet er. Die Verdrängung, der Verzicht auf Trauerarbeit rächt sich, der Körper reagiert, er erleidet 1830, wenige Tage nach dem Erhalt der Nachricht von Augusts Tod, einen schweren Blutsturz.

Auch jetzt ist Goethe gefährdet. Am 20./21. Juni heißt es an Frédéric Soret: Die Öde sei *schrecklich in die man nach einem solchen Verluste gesetzt ist.* Er klagt über *schwere Müdigkeit in den Gliedern,* schreibt von *sehr böslichen Umständen.*
Seine Arbeitskraft zu erhalten, seine Produktivität nicht zu gefährden, sich im physischen Gleichgewicht zu halten, das

war und ist stets sein Anliegen beim Tod ihm naher Menschen. So auch im Juni 1828.

Caroline von Heygendorff schreibt in einem Brief an den Großherzog von Mecklenburg-Strelitz, Goethe habe sich *von Anfang eingeschlossen,* sei *dann wieder erschienen* und habe *verboten, die Sache zu erwähnen.* Ähnliches berichtet auch der Hofmaler Stieler. Als am 19. Juni – vier Tage nach der Todesnachricht – die Porträtsitzungen im Haus am Frauenplan fortsetzt werden, sind Goethes erste Worte: *Vom Vorgefallenen wollen wir nicht sprechen, lassen Sie uns von andern Dingen reden.*

Ist diese Kälte, diese Abwehr nicht zuletzt Angst vor dem eigenen Tod? Goethe ist nicht mehr der Jüngste. Er geht auf sein achtzigstes Jahr zu. In den vergangenen Jahren haben ihn mehrfach lebensgefährliche Krankheiten heimgesucht. Der Herzog war acht Jahre jünger, vor einem Jahr noch hat er seinen siebzigsten Geburtstag gefeiert, und er war, wenngleich er seinem Körper eine ungesunde Lebensweise zumutete, doch von vergleichsweise robusterer Natur.

Der plötzliche Tod des Jüngeren ein Schock. Diese nach außen zur Schau gestellte Gelassenheit schwindet schnell im intimen Gespräch. Da artikulieren sich Ängste. Von Goethes jungem Adlatus Johann Peter Eckermann haben wir ein Zeugnis darüber. Am Abend des 15. Juni – die beiden sind allein – zeichnet er Goethes Worte auf: *Ich hatte gedacht, ich wollte* vor *ihm hingehen.* Und er fügt an: *uns armen Sterblichen bleibt weiter nichts, als zu tragen und uns emporzuhalten so gut und so lange es gehen will.*

Auch der Münchner Hofmaler Stieler überliefert dessen existentielle Ängste. Zu Beginn der Sitzung am 21. Juni drängt er auf die Fertigstellung des Porträts mit den Worten: *Wir müs-*

*sen uns eilen, das Gesicht zu bekommen. Der Großherzog ist
weggegangen … und nicht wiedergekommen. Wer verbürgt
einem, ob man morgen erwacht.*

In Weimar ist die Lage schwierig. Carl Augusts Sohn, der die
Regierungsgeschäfte übernehmen müßte, ist nicht im Lande.
Mit seiner Frau Maria Pawlowna und der Tochter Augusta hält sich Carl Friedrich im fernen Rußland, in Petersburg am Hof des Zaren auf. Großherzogin Louise, Carl Augusts Witwe, weilt auf Schloß Wilhelmsthal bei Eisenach und
läßt wissen, daß sie nicht gewillt sei, nach Weimar zu kommen.

Die Beamten in der obersten Regierungsbehörde sind zu-
meist jüngere, gehören schon einer zweiten oder dritten Generation an.

Goethe ist der älteste Freund des Toten. Zudem ist er der
dienstälteste Minister.

Wer sonst als er sollte das Totengedenken übernehmen, den
Nachruf verfassen, wie er es einst für Christoph Martin Wieland und für die Herzogin Anna Amalia getan hat.

Zudem tritt Kanzler von Müller an Goethe mit einem
Wunsch heran, der als Vermächtnis zu sehen ist. Als Friedrich Schillers sterbliche Überreste aus dem Kassegewölbe auf
dem Jakobsfriedhof in die neuerbaute Fürstengruft überführt
wurden – das liegt nicht lange zurück, im Dezember 1827 war
es –, habe der Fürst ihm, Kanzler von Müller, gegenüber folgendes geäußert: *Der Großherzog hat mich, als er Schillers
Beisetzung anordnete, ausdrücklich ermächtigt, casu eveniete,
zu referieren: Wenn Goethe mich überlebt, so wird er sorgen
helfen, wie in meinem Sinne verfahren werde.*

Goethe reagiert ungewöhnlich schroff. Umgehend antwortet er mit einem unmißverständlichen Nein: ... *ich kann mich nicht zu der mindesten Einwirkung in dieser Angelegenheit erbieten.* Menschlich ist das kaum nachvollziehbar. Seine abrupte Weigerung. Als habe Kanzler von Müller eine solche Haltung geahnt, bietet er ihm sogar ausdrücklich seine Hilfe beim Verfassen des Nachrufs an. *Wenn Eure Excellenz es gut heißen, so will ich unter Ihrer Anleitung versuchen, den Aufsatz zu entwerfen.* Auch das überhört Goethe. Und fügt seinem apodiktischen Nein eine Begründung an; vorsichtig, tastend. *Sein ohnehin sehr leidender Gemüthszustand würde, bey specieller Vergegenwärtigung der Verdienste unseres hohen Abgeschiedenen, bis zur Verzweiflung gesteigert.*

Die *specielle Vergegenwärtigung der Verdienste* ... Müller wird die Anspielung verstehen. Es geht um die Bereiche, bei denen vor allem in den letzten Jahrzehnten der Landesherr und sein Dichterfreund zunehmend divergierende Positionen vertraten. So vor allem in Hinblick auf Napoleon und die Befreiungskriege, aber auch auf Carl Augusts Haltung zur *Preßfreiheit* und zu seinem Engagement für die deutschen Burschenschaften und ihrem Fest auf der Wartburg. Goethe müßte gegen seine Überzeugung loben, das widerstrebt ihm, ist seine Sache nicht.

Und noch etwas. Was immer er schriebe, würde es die Zustimmung des abwesenden Thronfolgers finden? Goethes Verhältnis zu Carl Augusts ältestem Sohn ist – im Gegensatz zu dem sehr freundschaftlichen zu Maria Pawlowna – eher kühl und gespannt. Carl Friedrich aber ist der künftige Regent, und er wird über Goethes Stellung im Großherzogtum und über die Fortdauer von dessen Privilegien entscheiden. Das heißt, es ist auch die Ungewißheit über die eigene Zukunft, die ihn vom Verfassen des Nachrufs für den Herrscherfreund abhält; und er sagt sich wohl, daß er gut beraten ist, sich zurückzuhalten. Es ist offenkundig, er denkt als Hofmann und Taktiker.

Den praktischen Vorbereitungen zu den Trauerfeierlichkeiten für den Großherzog entzieht er sich dagegen nicht ganz. Er engagiert sich, aber wohl nur, wo es unumgänglich ist. Im Tagebuch vom 19. Juni die Notiz: *Coudray, den intentionirten Katafalk vorzeigend.* Auch hat Goethe Vorschläge für die *Trauerdekoration für Schule und Kirche,* kümmert sich um den Trauerrand der *Briefe* und *Druckblätter: Vorschlag wegen der schwarzen Einfassung.* Am 26. kommt der Hofsekretär Zwierlein ins Haus am Frauenplan: *eine Rangfrage anbringend.* Am selben Tag erscheint der Oberbaudirektor Coudray, das Tagebuch vermerkt: *Frage wegen der Wirklichkeits-Forderung der Majestäts-Insignien.*

Unsicherheiten offenbar. Am 24. Juni schreibt Goethe seiner nach Karlsbad gereisten Schwiegertochter Ottilie: *Da sich niemand hier befand, um in zweifelhaften Fällen zu entscheiden, so ergaben sich große Schwankungen wegen dem Benehmen mit der hohen Leiche ...*
Drei Tage zuvor, am 21. Juni, ist der Tote, von preußischer Seite begleitet, unter großer Anteilnahme der Bevölkerung in Weimar angekommen. *Abends der Trauerzug bis ins Römische Haus,* notiert Goethe. Und: *Mein Sohn hatte die erste Nachtwache.*
Die Unsicherheiten scheinen weiterzugehen. *Die oberen Behörden im verödeten Weimar* seien, heißt es in einem Brief Goethes vom 5. Juli, *mit einer würdigen Bestattung beschäftigt, die durch manche zweifelhafte Umstände verzögert*

werde. So soll, wie Kanzler Müller überliefert, Herzog Bernhard, der zweite Sohn des Verstorbenen, *mit fast allen Anordnungen des Ministeriums unzufrieden sein, er fühle sich qua Sohn vernachlässigt und drohe, am Begräbnis nicht teilnehmen zu wollen.*

Die Totenwachen an der aufgebahrten Leiche des Großfürsten im Römischen Haus gehen weiter. August von Goethe erfüllt diese Pflicht wiederum. *August, von Tag- und Nachtwachen bey der hohen Leiche ermüdet und zerstreut ...,* schreibt der Vater seiner Schwiegertochter.

Er dagegen findet den Weg ins Römische Haus selbst für einen kurzen Moment nicht. Wie den Leichnam von Schiller und den seiner Frau, wird er auch den Carl Augusts nicht sehen wollen.

Der Tod sei ein *mittelmäßiger Portraitmaler,* der nur *Masken* zurücklasse. Das *Licht sei ein schönes Symbol der Seele, welche mit der Materie den Körper bildend belebt.* Das *Sterben des Menschen* dagegen sei *ein Entweichen, ein Erblassen des Seelenlichts, das aus dem Stoffe weicht.* Nur das *Grau des Stoffes* bleibe zurück. *Daher sehe ich keinen Toten,* hat er schon 1808 Riemer gegenüber geäußert.

Auch jetzt seine Zurückhaltung dem toten Herrscher und Freund gegenüber; in Weimar kommt das schlecht an, hinter vorgehaltener Hand spricht man darüber.

Goethe aber geht es nicht gut, er hat Mühe, sich *physisch im Gleichgewicht* zu halten. Wie bereits erwähnt ist in seinen Briefen von *unermeßlicher Öde,* von *sehr böslichen Umständen* die Rede. Er gesteht, daß er *nicht vermag die Öde auszufüllen.*

Fügt dann entschlossen an: *aber ich will und muß es.*

Wie aber? Der einzige Ausweg, diesen *düstren Functionen* – so nennt er die anstehenden Trauerfeierlichkeiten – zu entfliehen, ist: Weimar zu verlassen. Dieser Gedanke muß ihn schon bald beherrscht haben.

Noch aber ist das Bildnis für den bayerischen König nicht fertig. Die Porträtsitzungen strengen ihn über die Maßen an: *Läugnen will ich nicht, daß mir die letzten Tage sehr schwer ward, dem vortrefflichen Stieler zu sitzen.*

Und: *Oberbaudirektor Coudrey ist nun bis zum Ermüden mit Prachtgerüsten, Prachtwagen, Teppichen und Gehängen beschäftigt.*

Am 25. Juni heißt es in Goethes Aufzeichnungen: *Hofmarschall v. Spiegel, die Acten auf die vorseyende Trauerhandlung einhändigend.* Diesen *Acten* kann er entnehmen, daß am 7. Juli die Leiche des Herzogs öffentlich zur Schau gestellt, auf dem Paradebett in der Hofkirche aufgebahrt werden wird. Und danach die zweitägigen Feierlichkeiten beginnen, mit Reden und Würdigungen. Anschließend soll der Leichnam unter der Anteilnahme hoher Gäste und der Weimarer Bevölkerung am 9. Juli in der Fürstengruft am Poseckschen Garten zur letzten Ruhe gebracht werden.

Goethes lapidarer Kommentar zu den *Acten auf die vorseyende Trauerhandlung: Ich las solche zur Hälfte durch.*

Bereits am Morgen des 27. schickt er die ihm anvertrauten Schriftstücke – offenbar teilweise ungelesen – zurück, versichert, daß es ihm zum *Trost gereiche, die Bestattung unseres verewigten Fürsten durch Ihre ganz besondere Sorgfalt so würdig und folgerecht angeordnet zu sehen.* Auch Ottilie gegenüber heißt es, daß *Herr v. Spiegel auf's löblichste bemüht* sei, *die Heimführung seines Fürsten würdig und schaulich zu machen.*

Goethes innere Unruhe, die *Ödnis*. Zugleich seine Entschlossenheit: *aber ich will und muß* …

Am 3. Juli endlich die Zäsur. Im Tagebuch der Eintrag: *Vergünstigung eines Aufenthaltes in Dornburg.* Hofmarschall von Spiegel habe sie ausgesprochen, diese *Vergünstigung.* Goethe kann all das ihn Bedrängende hinter sich lassen, kann Weimar entfliehen.

Karl Emil von Spiegel ist Jahrgang 1783, also vierunddreißig Jahre jünger als Goethe. Mit dreiundzwanzig kam er als Kammerjunker nach Weimar, 1808 ist er bereits Kammerherr und 1812 dann Hofmarschall. Beurlaubt er von sich aus den ältesten Minister und längsten Freund des Herzogs? Oder stehen andere dahinter, die ihm den Wink geben, Kanzler von Müller vielleicht, der bei seinem Aufenthalt in Wilhelmsthal mit Großherzogin Louise spricht? Sie sei es gewesen, die ihm das *Anerbieten* eines *zeitweiligen Aufenthaltes in Dornburg* gemacht habe, wird Goethe dem Dornburger Hofgärtner Sckell gegenüber äußern. Nachträglich dann wird er dem Thronfolger Carl Friedrich sogar die Gewährung der Dornburger *Zuflucht* zuschreiben, wird es sein *Monserat*, seine *Eremitage* nennen, wird von einem *gleichsam dämonisch angewiesenen Aufenthalt* sprechen, wird sich sogar im Konzept eines Briefes als *Staatsgefangene<n>* bezeichnen; so als habe man ihn im Wissen um sein Alter und seine gefährdete Gesundheit angesichts des Schmerzes über den Tod Carl Augusts gewaltsam aus Weimar entfernt. In der Reinschrift ist die Formulierung *Staatsgefangener* dann gestrichen.

Ist von Spiegel nur der Überbringer der guten Nachricht? Was wirklich vorging, ist nicht belegt. Urheber des Plans, für die Zeit der *düstren Functionen* nach Dornburg auszuweichen, ist mit Sicherheit Goethe selbst, durch welche Kanäle er es fließen läßt, daß es sich in eine offizielle Regierungsbeurlaubung wandelt, wissen wir nicht.

G oethe aber atmet auf, er scheint wie verwandelt. Alles gelingt ihm nun. Stielers Porträt des *Königs der Teutschen Dichter* wird fertig. Am 3. Juli die letzte Sitzung. Am 6. Juli läßt das Tagebuch wissen: *Abends Stielers, Abschied zu nehmen*. Goethes Humor ist zurückgekehrt. Dem Auftraggeber der Arbeit, König Ludwig I. von Bayern, übermittelt Stieler dessen Worte angesichts des fertigen, sehr geschönten Porträts eines verjüngten Dichters. *Mit diesem Manne auf dem Bilde ließe sich wohl gerne ein Wörtchen sprechen. Er sieht so schön aus, daß er wohl noch eine Frau bekommen könnte.* Damit aber endet sein Humor, seine heitere Distanzierung. Und er fährt fort, sich in dem Bildnis seines Bleibens, seines Lebens und Überlebens versichernd: *Vortrefflich, dies ist nicht gemalt, es ist ein Körper, es ist das Leben.*

... *physisch* fühlt er sich wieder *im Gleichgewicht*. Dazu trägt auch die Lektüre des von Müller nun allein verfaßten Nekrologs auf Carl August bei. Müller hat ihn in Wilhelmsthal der Großherzogin vorgelegt, und auf ihren Wunsch ist eine Passage über die Majestät von Bayern eingefügt worden. Es handelt sich um den Besuch Ludwigs I. von Bayern, es war im August 1827, der König kam einzig und allein, um ihm persönlich das »Großkreuz des Zivilordens der Bayerischen Krone« zu überreichen. Goethe reagiert auf die Zusätze im Nekrolog; an Kanzler Müller schreibt er, da sie sich *zugleich auf mich beziehen so habe* er *gewissermaßen kein ganz reines Urtheil. Da indessen die gemeldeten Ereignisse und persönlichen Bezüge von großer Bedeutung im Leben unseres Fürsten sind, so dürfte man sie freilich nicht übergehen.*

Alles läuft nach Goethes Sinn. Er legt den Termin seiner Abreise auf den 7. Juli fest, den Tag, da die Staatsfeierlichkeiten beginnen.

Zwei Tage zuvor steht für ihn fest, über Jena wird er nach Dornburg reisen. An Carl Ludwig von Knebel schreibt er am 5. Juli: *Da nichts natürlicher ist, als in einem traurig bedrängten Zustande nach alten geprüften Freunden sich umzusehen, so wirst du es freundlich aufnehmen, wenn ich mich für Montag Mittag bey dir einlade, das Andenken unseres Verehrten im stillsten Familienkreise zu feyern.*

Die Anspielung auf den Familienkreis hat einen Hintersinn. Einem illegitimen Sohn Carl Augusts kann Goethe dort begegnen. Denn Knebel, lange Zeit ein Hagestolz, hat im Alter von dreiundfünfzig Jahren eine junge Schauspielerin geheiratet, die der Landesherr geschwängert hatte. Knebel hat das Kind großzügig als das seine angenommen, ihm seinen Namen gegeben und die Verantwortung für die Erziehung übernommen.

Dieser Carl Ludwig von Knebel war es auch, der im Dezember 1774 – vor genau vierundfünfzig Jahren – die erste Begegnung zwischen Carl August und Goethe herbeigeführt hat.

Steht Goethe diese erste Begegnung mit dem siebzehnjährigen Carl August vor Augen? Möglich ist es. Es liegt sogar nahe, denn genau an diesem 5. Juli 1828, da er Knebel sein Kommen ankündigt, ist Professor Abeken aus Osnabrück zu Besuch bei Goethe und bringt das Gespräch auf Justus Möser und seine »Patriotische Phantasien«. Des *vortrefflichen Mösers* wurde gedacht, überliefert Abeken.

In der Nacht vom 6. zum 7. Juli wird die *fürstliche Leiche* in der Hofkirche auf dem Paradebett aufgebahrt.

Goethe verläßt Weimar. Wie immer sehr zeitig. *Nach 6 Uhr auf Jena*, verzeichnet das Tagebuch. Ihn begleiten zwei junge

Männer, der Schreiber Johann August Friedrich John, der bereits vierzehn Jahre für Goethe arbeitet, und der dreiundzwanzigjährige Gottlieb Friedrich Krause, seit vier Jahren sein Diener. *Abgestiegen im botanischen Garten*, ist die erste Notiz in Jena. Der Anblick der Natur als Ruhepol. *Heracleum speciosum betrachtet und bewundert*, hat John in Goethes Tagebuch einzutragen. Diese Pflanze, ein Bärenklau, ist eine übermannsgroße Staude aus der Familie der Doldenblütler. Jahre später kann Goethe sie auch auf seinem eigenen Grund und Boden im Park an der Ilm genießen: *Im Garten, das unglaubliche Wachsthum des Heracleum speciosum angesehen,* notiert er am 30. Mai 1831.

Nach dem Botanischen Garten ist die nächste Station die ihm unterstehende Bibliothek: *alles in Ordnung gefunden,* wird notiert. Weiter: *Zu Major v. Knebel, mit demselbigen gespeist.* Bis *um 4 Uhr* sitzen sie zusammen.

Ein langes Mittagsmahl der beiden Freunde. Ist Carl August in Gestalt seines Sohnes anwesend? Und er selbst in den Gesprächen der Freunde?

Oder sind die Dornburger Schlösser, Goethes Reiseziel, ihr Thema? Hoch über der Saale, inmitten eines der landschaftlich schönsten Abschnitte des Tals liegen die drei zu unterschiedlichen Zeiten entstandenen Schlösser, umgeben von Weinbergen, auf einem schroffen Felsabbruch aus Muschelkalk, sie flankieren – weithin sichtbar – die Kante des Felsplateaus mit dem Städtchen Dornburg dahinter.

Goethe hat sie ein Jahr nach der Ankunft in Weimar im Oktober 1776 bei einem Ritt durch das Tal entdeckt und sie von unten, vom Ufer der Saale aus, gezeichnet. Im Sommer des folgenden Jahres lockt er den Herzog und eine kleine Hofgesellschaft nach Dornburg. Carl Ludwig von Knebel ist mit von der Partie.

Vielleicht die Erinnerung der beiden alten Männer an ihren ersten Aufenthalt mit Carl August hier – alle drei sind jung – auf den Dornburger Schlössern? Ein improvisierter Ausflug, das mittlere, von Carl Augusts Großvater Ernst August I. erbaute Rokokoschlößchen steht leer, erst 1815 schenkt sein Enkel dem Dornburger Besitz seine Aufmerksamkeit, umfangreiche Reparaturarbeiten finden statt, das Schloß wird zum Sommersitz ausgebaut. Die Nacht 1777 aber verbringen die jungen Männer in der leerstehenden Residenz, auf Stroh statt in Betten schlafend. *Früh nach Dornburg ... Dort ward mir's wohl*, meldet Goethes Tagebuch am 4. Juli und am 5.: *Frühstück auf dem Fünf Eck ...*

Dieses Fünfeck ist jene vorgelagerte, wehrhafte, fünfspitzige Bastion am Berghang unterhalb des Rokokoschlosses, die Carl Augusts Großvater als Feldherrensitz hatte bauen lassen; von hier oben wollte er seinen unten im Tal vorbeiziehenden Truppen die Heerschau abnehmen.

Die Nacht auf dem Stroh im Juli 1777, das improvisierte Frühstück auf dem Fünfeck, ... *überherrlicher Morgen*, notiert Goethe. In den folgenden Jahren bis 1782 werden ihm inmitten seiner Amtsgeschäfte die Dornburger Schlösser ein Ort der Einsamkeit und Produktivität, den er immer wieder aufsucht.

Auch jetzt der Rückzug dorthin. Goethe muß es nicht aussprechen, Knebel versteht ihn. Vielleicht denkt Knebel an die wilden ersten Jahre mit Carl August. *Siesythisches Übernehmen*, wird der alte Goethe sie nennen. Damals aber scheint alles möglich. Überschwang. Der Glaube an die Erziehung des Fürsten. Es sei *ein wunderbaar Ding ... so einen politisch mora-*

lischen Grindkopf nur halbeweegen zu säubern und in Ordnung zu halten.

Erinnerung vielleicht an die Noblesse des Herzogs, seine Großzügigkeit Goethe gegenüber. Aber auch ihm, Knebel, gegenüber. Auch er ist mit seiner Lage unzufrieden, will Weimar verlassen. Carl August schreibt ihm: *Ist's deiner Natur gut sich zu verändern, so Reise! ... kehre dann rekonvaleszierend wieder zu uns ... warum sich immer ersäufen wollen, wenn es mit einem schönen Bad getan ist.*

Der achtundsiebzigjährige Goethe, der zweiundachtzigjährige Knebel am 7. Juli 1828 in Knebels Jenaer Wohnung. Goethe muß dem Freund nicht mit den Worten, die er dem Hofmaler Stieler gegenüber gebrauchte, entgegentreten: *Vom Vorgefallenen wollen wir nicht sprechen, lassen sie uns von anderen Dingen reden.* Die Nähe der beiden; der *Urfreund* weiß, wie es um Goethe steht. Alles ist möglich, Erinnern und Ausblenden der Erinnerung, Reden und Schweigen.

Ein langes, ausgedehntes Mittagsmahl, wie Goethe es liebt. Dann der Aufbruch, der Abschied von Knebel. *Um 4 Uhr weggefahren*, berichtet das Tagebuch an diesem 7. Juli 1828.

VII

U m 6 Uhr in Dornburg angekommen. Vollkommen heite-
rer Himmel, und große Wärme.

Empfangen wird Goethe vom siebenundzwanzigjährigen Schloßvogt und Garteninspektor Carl August Christian
Sckell. Dieser hat auf Weisung des Weimarer Hofmarschall-
amtes die Bergstube im Renaissanceschloß für ihn vorbereitet.
Dieses Schloß hat der Großherzog 1824 zusammen mit dem
Stohmannschen Freigut erworben. In den folgenden Jahren ist
nach Sckells Plänen ein neuer Landschaftsgarten entstanden,
und Carl August hat den erworbenen Besitz zu einem Wohn-
schloß umbauen lassen. Auch einen *wohlgedienten Weinberg* hat er *noch vor drei Jahren* angelegt, *an dessen Ergrü-
nen er sich die letzten Pfingsttage noch zu erfreuen Lust hatte,*
schreibt Goethe an Zelter nach Berlin.

Carl August ist für ihn in Dornburg gegenwärtig, nicht als
Verblichener, sondern als Aktiver, Tätiger, als Natur und seinen Besitz Genießender. *Seit funfzig Jahren hab ich an dieser
Stätte mich mehrmals mit ihm des Lebens gefreut und könnte
dießmal an keinem Orte verweilen, wo seine Thätigkeit auf-
fallender anmuthig vor die Sinne tritt.*

*... ein angenehmes Gefühl sei es, daß ein Scheidender den
Hinterbliebenen ... einen Faden in die Hand giebt woran ferner fortzuschreiten wär.* Er nennt das ein *Symbol,* an das er
sich *halten* und *verweilen* wolle.

Schon nach der ersten Nacht verspürt er Linderung. Man
könnte vom Beginn seiner Selbstheilung sprechen. Aus der
Bergstube, deren Fenster sowohl nach der Südseite als auch
nach der Westseite gehen, hat er einen phantastischen Blick in

die Landschaft. *Früh in der Morgendämmerung das Thal und dessen aufsteigende Nebel gesehen. Bey Sonnenaufgang aufgestanden. Ganz reiner Himmel, schon zeitig steigende Wärme,* notiert er an dem Tag, da die *pompösen Trauerhandlungen* in Weimar ihrem Höhepunkt zusteuern. Der einbalsamierte Leichnam des Herzogs auf dem Paradebett, in Generalsuniform gekleidet, bedeckt mit seinem hermelinverbrämten Fürstenmantel. Zwölf Kandelaber ihm zur Seite und sechzehn Postamente mit Ordensinsignien, darunter Zepter und Reichsapfel, Degen, Generalshut und Kommandostab. Auf einer Tafel die Großtaten des Verblichenen. Und sein Herz in einer Kapsel aus Silber mit dem Gewicht von 56 Lothi ausgestellt, allen sichtbar.

Es sind jene *düstern Functionen*, denen Goethe entflohen ist. *Bey dem schmerzlichen Zustand des Innern mußte ich wenigstens meine äußern Sinne schonen ...*, heißt es an Zelter, und dann schildert er, was in Dornburg auf seine äußeren Sinne einwirkt. *Die Aussicht ist herrlich und fröhlich, die Blumen blühen in den wohlunterhaltenen Gärten, die Traubengeländer sind reichlich behangen ...* Von den Farben Grün und Rot ist die Rede, von *Rosenlauben bis zum Feenhaften geschmückt,* von *Malven, ... alles blühend und bunt,* und er endet: *mir erscheint das alles in erhöhteren Farben wie der Regenbogen auf schwarzgrauem Grunde.*

An dem Tag, als er das schreibt, meldet das Tagebuch *reinen Himmel.* Es ist sein inneres Auge, mit dem er den Regenbogen sieht. In seiner »Farbenlehre« heißt es: *Das Auge bildet sich am Licht fürs Licht, damit das innere Licht dem äußeren entgegentrete.* Und an anderer Stelle spricht er von der *sinnlichsittlichen Wirkung der Farbe auf die innere Verfassung des Betrachters.*

Die Anwendung der Farbenlehre auf sich selbst ist es, die Heilung bringt. Gegen den Tod des Großherzogs und gegen die eigene Todesangst – *wer verbürgt einem, ob man morgen erwacht* – setzt er die komplementäre Farbe des unaufhörlich tätigen Lebens: einen *Regenbogen auf schwarzgrauem Grunde.*

Was in Dornburg auf ihn einwirkt, läßt ihn die *Öde*, die *schwere Müdigkeit in den Gliedern* vergessen, physisch kommt er ins Gleichgewicht. Bereits in den ersten Tagen heißt es, Dornburg, der Ort seiner *Zuflucht*, habe die *Anmut eines wahrhaften Lustortes.* Und er gebe das *Gefühl, daß eigentlich keine Trauer in der Welt seyn sollte.*

Umgehend beginnt er mit der Arbeit. *Einiges diktirt zum Vorwort der Pflanzen-Metamorphose,* notiert er bereits am 8. Juli. *Sodann den Tag über fortgefahren in De Candolles Organographie zu lesen und anzunotiren.* Am 9.: *Mit Sonnenaufgang aufgestanden, die botanischen Betrachtungen vorgenommen.*

Am 10. Juli dann schreibt er jenen Schlüsselbrief an Zelter, mit dem vor seinem inneren Auge gesehenen *Regenbogen auf schwarzgrauem Grunde.* Noch am selben Tag übergibt er den Brief, da es in Dornburg keine Poststation gibt und er auf Boten angewiesen ist, einem Besucher mit der Bitte, ihn in Weimar auf die Post zu geben.

Ein anderes Schreiben aber, verfaßt *in den ersten Tagen seines Hierseyns* ..., hält Goethe zurück. Er nennt es den
Monolog eines *wunderlich nachsinnenden Einsiedlers*.
Gerichtet ist es – hochoffiziell – an den künftigen Regenten,
an Carl Friedrich. Wie er einst nicht an die österreichische Kaiserin direkt, sondern über ihre Hofdame schrieb, so wendet er
diese strenge Etikette nun auch hier an, richtet sein Schreiben
an dessen Untergebenen, an den Kammerherrn Friedrich August von Beulwitz.

Dieser *Monolog* eines *wunderlich nachsinnenden Einsiedlers* ist eine ausführliche Schilderung der Dornburger Schlösser, ihrer Geschichte und der sie umgebenden Landschaft, eingebettet darin eine Würdigung Carl Augusts.

Einleitend zitiert Goethe die lateinische Inschrift, die über
der Tür des Schlosses steht, das er bewohnt. Am 11. Juli wird
er sie in sein Tagebuch eintragen: *Gaudeat ingrediens laetetur
et aede recedens. His qui praetereunt det bona cuncta Deus.
1608.* (Freudig trete herein und froh entferne dich wieder!
Ziehst du als Wandrer vorbei, segne die Pfade dir Gott.) Das
sei *der Wahlspruch* seines *verewigten Herrn gewesen, welcher, auf ein großbedeutendes Daseyn gegründet, nach seiner erhabenen Sinnesart jederzeit mehr für die Kommenden,
Scheidenden und Vorüberwandelnden besorgt war als für sich
selbst* ...

Ein berührender Nekrolog auf Carl August. Was er in Weimar Kanzler Müller gegenüber so rigoros abgelehnt hatte,
scheint ihm nun, eingebettet in die Schilderung von Dorn-
burgs Landschaft und Geschichte, zu gelingen.

Goethe schlägt einen hohen Ton an. Den er auch insgesamt beibehält. Er geht in die Geschichte zurück, schildert die auf *schroffer Felskante* in verschiedenen Jahrhunderten errichteten Schlösser. Am *nördlichen Ende* das alte Schloß, zu den Saalebefestigungen aus dem 10. Jahrhundert gehörend, zu *kaiserlichen Pfalztagen* errichtet, *auf starken Mauern zu Schutz und Trutz*. Dann das *heitere Lustschloß neuerer Zeit,* das Rokokoschloß, vom Großvater Carl Augusts erbaut, schließlich am südlichen Ende des steilen Abhangs, das vom Herzog vor wenigen Jahren erworbene Schloß, in dem er, Goethe, nun – sozusagen bei dem *Verblichenen* – zu Gast ist.

Bei der Schilderung der Landschaft sind es wieder die Farben, die er hervorhebt. Das Rot der *blühende<n> Rosen höchlich reizend, tiefgrünende Weinhügel* und eine *hochfarbige ... ausländische Pflanzenart.* Mit letzterem ist die Bignonia radicans, die rote Klettertrompete, gemeint, diese Blume bewunderte er auf seiner Italienreise erstmals im Botanischen Garten von Padua. Carl August hatte sie daraufhin von auswärts kommen und in den Dornburger Gärten heimisch werden lassen.

Auch die Sicht von den *landesherrlichen Höhen* ins Tal hinab und auf die gegenüberliegenden Höhen beschert Goethe den *heitersten Anblick.* Er sieht *so vieles, was, dem Bedürfniß des Menschen entsprechend, weit und breit in allen Landen sich wiederholt. Ich sehe zu Dörfern versammelte ländische Wohnsitze, durch Gartenbeete und Baumgruppen gesondert, einen Fluß, der sich vielfach durch Wiesen zieht, wo eben eine reichliche Heuernte die Emsigen beschäftigt; Wehr, Mühle, Brücke folgen auf einander, die Wege verbinden sich auf- und absteigend. Gegenüber erstrecken sich Felder an wohlbebauten Hügeln bis an die steilen Waldungen hinan, bunt anzuschauen nach Verschiedenheit der Aussaat und des Reifegrades.*

Wiederholt sei die Gegend von *Unheil ... heimgesucht wor-*
den, schreibt Goethe; *... auch die Weltgeschichte sei hart auf-*
tretend gewaltsam über die Thäler geschritten, aber keine Spur
von Verderben sei zu sehen. Im Gegenteil. *Das alles zeigt sich*
mir wie vor funfzig Jahren und zwar in gesteigertem Wohl-
seyn ... Von *einer klüglich vermehrten Cultur eines sanft und*
gelassen regierten ... Volkes ist die Rede, von einem *sinnigen*
Regiment, das von Fürsten zu Fürsten waltet.

Ist das nicht ein Zuviel an Harmonie, beschreibt fast eine
Idylle? Schon wenig später, ebenfalls in Dornburg, scheint
Goethe das in einem Brief an Zelter zu widerrufen. *Das Men-*
schen- und Weltwesen dreht sich um einen herum daß man
schwindlig werden möchte.

Im poetischen Nekrolog auf Carl August aber hat das keinen Platz. Indem er das Wirken des Freundes in eine lange
Folge dynastischer Herrscher stellt, gelingt ihm ein Denkbild
überindividueller Fortdauer. Das untermauert er auch philo-
sophisch. Er bringt das *hohe Wort eines Weisen* ins Spiel: *Die*
vernünftige Welt ist als ein großes unsterbliches Individuum
zu betrachten, welches unaufhaltsam das Nothwendige be-
wirkt und dadurch sich sogar über das Zufällige zum Herrn
erhebt.

Der Gedanke der *vernünftige<n> Welt ... als ein großes un-*
sterbliches Individuum findet sich in den »Betrachtungen im
Sinne der Wanderungen« im 2. Buch der »Wanderjahre« wieder, ebenfalls in den »Maximen und Reflexionen«. Der *Weise,*
den er zitiert, ist also er selbst.

Das *sinnige Regiment,* das von *Fürsten zu Fürsten waltet,* ist
zugleich eine Aufforderung, gerichtet an den Sohn Carl Augusts, das Erbe seines Vaters und seiner Vorväter anzunehmen
und fortzusetzen.

Und dann bringt Goethe sich selbst ins Spiel, schreibt: *Nun aber sey vergönnt, mich von jenen äußern und allgemeinern Dingen zu meinem Eigensten und Innersten zu wenden.* Der Achtundsiebzigjährige, den der tiefe Einschnitt zur Aufgabe seiner Ämter zum Rückzug hätte bewegen können, denkt nicht daran: Er bietet dem neuen Regenten seine Dienste an. Er *wüßte* seine *unwandelbare Anhänglichkeit an den hohen Abgeschiedenen nicht besser zu bethätigen ...*, schreibt er, *als wenn ich ... alles was noch an mir ist diesem wie seinem hohen Hause und seinen Landen von frischem anzuzeigen mich ausdrücklich verpflichte.*

Das neue Herrscherpaar hatte am 28. Juni von Rußland aus, über den Kammerherrn von Beulwitz einige Zeilen an Goethe gerichtet, um bei der *Theilnahme an dem, was bey der allgemeinen Trauer Sie ... noch persönlich betrifft, auszudrücken.*

Goethe fühlt sich zu Dank verpflichtet. Am 14. Juli dann ist in einem Brief an Frédéric Soret davon die Rede, *daß Herr v. Beulwitz im Namen Ihro Hoheiten mir einen höchst verehrlichen Brief geschrieben, wodurch ich für ein gnädigstes Andenken höchlich verpflichtet werde. Ich will suchen es möglich zu machen, daß eine schuldige Erwiderung unserm vortrefflichen Fürsten auf der Herreise begegne.*

Aber er zögert, den Brief, obgleich er ja bereits *in den ersten Tagen* seines *Hierseyns* geschrieben ist, abzusenden.

Drei Tage nach diesen Zeilen an Soret berichtet Goethe seinem sich auf Schloß Belvedere aufhaltenden Freund Johann Heinrich Meyer beglückt von seinem Wohlsein, seiner *absoluten Einsamkeit* in Dornburg. *Ich hoffe*, schreibt er, *sie noch eine Zeitlang fortzusetzen*, und fügt an: *Vor allem ist die Rückkunft unserer Herrschaften abzuwarten.*

Erstmals spricht er über den Zusammenhang zwischen der Dauer seines Aufenthalts in Dornburg und der Ankunft des neuen Regenten in Weimar. Kann und will der Hofmann Goethe diesen Tag auf keinen Fall versäumen, will er seinem neuen Dienstherrn *huldigen*? Wann aber wird der Tag sein? Und so heißt es im Brief an Meyer: *doch möchte ich vorläufig wissen: ob Sie Anstalten zu einem nahen Aufenthalt in Belvedere bemerken.*

Ob und von wem Goethe an diesem oder am folgenden Tag die Nachricht erhält, daß das Herrscherpaar erst am 7. Juli in Sankt Petersburg abgereist ist und die Rückkunft nicht unmittelbar bevorsteht, bleibt offen.

Aber an einem der beiden Tage fällt er die Entscheidung, diesen so lange zurückgehaltenen *Monolog* eines *wunderlich nachsinnenden Einsiedlers* von sich zu lösen.

Er verfaßt einen Nachsatz, in dem er die inhaltliche Begründung für sein langes Zögern, den Brief abzusenden, gibt. Er sei sich nicht sicher, *ob es denn auch schicklich sei,* diesen zu *einer Epoche darzubringen, wo Hof und Land sich in lebendigster Theilnahme bewegen.* Sein Nichtanwesendsein bei der Totenfeier, seine Verweigerung, einen Nekrolog zu verfassen, sind es, die ihm Sorge bereiten und ihn mit Skrupeln belasten. Wird der neue Regent die Abwesenheit und Inaktivität des ältesten Freundes seines Vaters tolerieren? Oder hat er sich damit dessen Unmut zugezogen?

Wie dem auch sei, am 18. Juli übergibt Goethe sein Schreiben für die hohen Herrschaften an Kanzler von Müller nach Weimar mit der Bitte, es *in dem schicklichsten Augenblick* Herrn von Beulwitz zukommen zu lassen.

Am 26. Juli meldet Goethe Zelter: *Allen Ankündigungen gemäß sollte der neuantretende Fürst heut in Wilhelmsthal ein-*

treffen; nächstens seine Gemahlin. Zelter geht mit Selbstverständlichkeit davon aus, daß der Freund seine *Einsiedelei* verläßt und zum Empfang des neuen Regenten nach Weimar fährt. Verwundert heißt es am 31. Juli: *Daß Du noch in Dornburg bist, hatte ich kaum vermuthet, da ich Euren neuen Großherzog schon in Weimar glaubte.* Und Mitte August schreibt er ebenso erstaunt: *Wie ich vom Grafen v. Egolffstein hörte, hat am 12. d. die feyerliche Huldigung Eurer neuen Herrschaft statt gefunden. Ob nun auch Du dabey fungirt hast, darf ich aus Deinem Schreiben bezweifeln ...*

Am 12. dieses Monats legt der neue Regent den Erbhuldigungseid ab; die Feierlichkeiten finden ohne den dienstältesten Minister seines Vaters statt. Einen Tag danach kommt Kanzler von Müller in Goethes *Einsiedelei,* im Tagebuch hält dieser fest: *... besprach ich mich mit jenem allein über die gegenwärtigen Zustande und Vorfallenheiten, auch die Feyerlichkeiten dieser Tage.* Und Soret bittet er am selben Tag: *Unsern gnädigsten Herrschaften empfehlen Sie mich auf das allerbeste und versichern dankbar, daß ich in Dornburg eines lange nicht gekannten körperlichen Wohlseyns genieße und daß der Geist auch wieder auf eine freyere Thätigkeit hoffen darf.*

Gelöst teilt er Zelter am 26. August mit: *Ich bin noch auf dem alten Dornburg ...* Und er findet in Hinsicht auf die neue Regentschaft beruhigende Worte; *vorerst ... bleibe ... alles von oben nach unten im herkömmlichen Gang* und so könne *also ein jeder Getreuer den von dem würdigen Abgeschiedenen vorgezeichneten Pfad verfolgen ...*

Zurück zu jenem *Monolog eines wunderlich nachsinnenden Einsiedlers.* Offensichtlich ist es von Beulwitz gelungen, ihn dem neuen Regenten im *schicklichsten Augenblick* vorzulegen; Carl Friedrich kann das devote Angebot des ältesten Freundes seines Vaters lesen: *alles was noch an mir ist, ihm wie seinem hohen Hause und seinen Landen von frischem anzuzeigen.* Für Goethe ist offenkundig damit alles gesagt, und es entbindet ihn von der Pflicht, am Tag der Erbhuldigung in Weimar sein zu müssen.

Wie wichtig ihm dieses Schriftstück war, geht aus einem Zeugnis Johann Peter Eckermanns hervor. Goethe hat – vom Konzept, vom Brief? – eine Abschrift anfertigen lassen, bewahrt sie in einer separaten Mappe auf. Jahre später, am 9. März 1831, kommt er im Gespräch mit Eckermann darauf zurück: *er zeigte mir,* berichtet dieser, *eine von Coudray gezeichnete höchst geschmackvolle Thür des Dornburger Schlosses, mit einer lateinischen Inschrift ... die er in ein deutsches Distichon verwandelt und als Motto über einen Brief gesetzt, den er im Sommer 1828 nach dem Tode des Großherzogs bei seinem Aufenthalte in Dornburg an den Obersten v. Beulwitz geschrieben.*

Eckermann bekennt, daß er *viel* über diesen Brief *im Publicum* hat *reden hören,* aber seinen Wortlaut nicht kennt. Goethe reicht ihm daraufhin das Schreiben, und Eckermann urteilt: *Ich las den Brief mit großem Interesse und hatte daran zu bewundern, wie er die Localität des Dornburger Schlosses sowohl als das untere Terrain im Thale benutzt, um daran die größten Ansichten zu knüpfen, und zwar Ansichten solcher Art, um den Menschen nach einem erlittenen großen Verlust durchaus wieder aufzurichten und auf die frischesten Füße zu stellen.*

Zehn Wochen, bis zum 11. September, wird Goethe in Dornburg bleiben. Er bewältigt in dieser Zeit ein unvorstellbar riesiges Pensum an Lektüren, Ausarbeitungen, er schreibt Briefe, macht Ausfahrten in die Umgebung, führt Gespräche, hat fast täglich Besucher.

Aber alle diese Aktivitäten geschehen nicht aus reiner Arbeitsfreude, sie haben einen mitunter hektischen, fast zwanghaften Charakter. Er selbst reflektiert das. Am 26. Juli gesteht er Zelter, er *habe* seit seiner Ankunft ... *in diesen zwanzig Tagen aus Unruhe, Neigung, Trieb und Langerweile gar manches geleistet* ... Und am 18. August spricht er in einem Brief an den vertrauten Freund Knebel sogar von seiner *fast lächerliche<n> Thätigkeit* in Dornburg. *Also sitz ich hier auf dieser Felsenburg, von der aufgehenden Sonne geweckt, mit der scheidenden gleichfalls Ruhe suchend, den Tag über in gränzenloser, fast lächerlicher Thätigkeit. Es sähe prahlerisch aus herzurechnen, wieviel Alphabete ich gelesen und wieviel Buch Papier ich verdictirt habe.*

Das Eingeständnis, daß ihn noch etwas anderes zu dieser atemlosen Tätigkeit antreibt als reine Arbeitsfreude. Es ist die Angst.

Durch Carl Augusts Tod ist er aus seiner schöpferischen Arbeit herausgerissen, vor allem aus seinem *Hauptgeschäft*, der Arbeit am zweiten Teil des »Faust«.

An Zelter heißt es am 26./27. Juli aus Dornburg: *Meine nahe Hoffnung, euch zu Michael die Fortsetzung von Faust zu geben, wird mir denn auch durch diese Ereignisse vereitelt. Der* erste Akt sei *bis auf's letzte Detail erfunden* und *stünde* ohne den Tod des Freundes – *dieses Unheil* nennt er ihn – *schon in behaglichen Reimen ausgeführt.*

Die Beschwörung der *Fortdauer* des acht Jahre Jüngeren in dem *Monolog* eines *wunderlich nachsinnenden Einsiedlers*, gerichtet an dessen Nachfolger, ist auch eine Beschwörung seiner selbst. Goethe muß sich seines eigenen Lebens vergewissern. Der Gedanke: Die *vernünftige Welt* als *unsterbliches Individuum.* Die christliche Auferstehungsverheißung hat für ihn lediglich Symbolwert. Seine eigene Vorstellung gründet sich auf ein unaufhörlich tätiges Leben: *einen Regenbogen auf schwarzgrauem Grunde.*

Die Überzeugung unserer Fortdauer entspringt mir – das ist sein Kernsatz – *aus dem Begriff der Thätigkeit; denn wenn ich bis an mein Ende rastlos wirke, so ist die Natur verpflichtet, mir eine andere Form des Daseins anzuweisen, wenn die jetzige meinem Geist nicht ferner auszuhalten vermag.* Das heißt nichts anderes als: Die Todeserfahrung muß in Handlungsenergie umgesetzt werden.

In Dornburg will er in die Produktivität zurückfinden, verordnet sich Arbeit als Therapie. Aber die Erschütterungen sind zu tief, als daß er zu seinem *Hauptgeschäft*, dem »Faust«, zurückkehren könnte.

Sein unablässiges Tätigsein. Bereits am Morgen nach seiner Ankunft vermerkt das Tagebuch: *Einiges diktiert zum Vorwort der Pflanzen-Metamorphose.* Frédéric Soret bereitet eine deutsch-französische Ausgabe vor, Goethe schreibt dazu die Einleitung. Am 12. Juli die Notiz: *Ich diktierte fortlaufend an dem Aufsatze zur Morphologie.* Auch mit Augustin Pyramus de Candolles 1827 in Paris erschienener »Organographie végétale« beschäftigt er sich, übersetzt daraus einige Kapitel ins Deutsche. Im Vorwort hatte de Candolle auf Goethe und Joachim Jungius als *Entdecker der symmetrischen Pflanzenbildung* hingewiesen. Dieses Lob aus dem Ausland erfüllt ihn mit Stolz, denn von den deutschen Naturforschern fühlt er sich übergangen. Mitte August beendet er die Arbeit. Am 15. die Notiz: ... *Übersetzung von De Candolles Kapitel nochmals durchgesehen.*

Goethe arbeitet an seiner »Ausgabe letzter Hand«, aber vor allem beschäftigt er sich mit botanischen Studien.

Auch liest er viel, Walter Scott und Lord Byron, vornehmlich aber Werke zur Botanik, Geschichte und Mineralogie. Darunter sind Barthold Georg Niebuhrs »Römische Geschichte«, Moritz von Engelhardts Abhandlung »Über die Lagerstätten des Goldes und Platins am Ural« sowie zwei Bände »Geschichte des thüringischen Volkes«.

Er, der von seiner *absoluten Einsamkeit* in Dornburg spricht, hat Kontakt zu den Menschen, die um ihn sind. So – verständlich – zum Schloßvogt Sckell und seiner Frau, aber auch zu den im ältesten der Schlösser wohnenden Eheleuten Stichling, die gerade Eltern geworden sind. *Sprach mit Frau Dr. Stichling und ihrer Gesellschaft, die das neu geborne Kind trugen*, notiert Goethe in sein Tagebuch.

Und er macht Ausflüge in die nähere Umgebung, meist begleitet von Dr. Stichling. So fahren sie nach Großheringen, besichtigen die Bohrarbeiten an der dortigen Saline, stehen dann am Zusammenfluß von Ilm und Saale. Ein andermal die Notiz: *Fuhr mit Dr. Stichling den Weg nach Camburg.* Und: *Um 4 Uhr fuhr ich mit Dr. Stichling ins Thal hinab, über Dorndorf erst den Weg nach Golmsdorf; gingen dann auf die Höhe durch Äcker und Weinberge bis an das Thal, wo man Jena sieht.*

Der *Eremit*, der *Einsiedler* empfängt immer wieder Besucher. 140 Gäste sollen es in den zehn Dornburger Wochen gewesen sein, darunter welche aus Berlin und Paris, aus England, Finnland, selbst aus Rußland und Amerika. Im Tagebuch finden sich ein Dr. Lindfors, Mediziner aus Finnland, ein Herr Clare, Militärarzt auf Jamaika, ein Amerikaner namens Robinson, ein Komponist aus Paris namens Chélard. Die Liste ließe sich fortsetzen.

Eine besondere Freude macht ihm der Besuch von sechs jungen Engländern, die er *den Fußpfad unter* seinem *Fenster heraufsteigen* sieht, ihre Pferde haben sie im Tal gelassen. Angeregt zu diesem Ritt von Weimar aus hat sie wohl Schwiegertochter Ottilie mit ihrer Schwärmerei für Engländer. Die sechs *melden* sich *durch Karten* bei Goethe an, darunter sind zwei Söhne Wellingtons. Goethe empfängt sie, spricht, nach seinem eigenen Zeugnis *wohl eine Viertelstunde* mit ihnen. *Als ich sie wieder den Bergpfad herunterkommen sah,* berichtet er Sohn und Schwiegertochter, *winkt ich ihnen aus dem letzten Fenster mit dem Schnupftuche; sie mochten's aber nicht sehen, da sie die Hüte in die Augen gegen den Sonnenschein gedruckt hatten. Dies' könnt ihr ihnen zum freundlichen Abschied gelegentlich eröffnen.*

Da kommen Bittsteller, ein junger Poet, *dessen Geisteszustand ich bedauern mußte,* so Goethe, eine *landstreichende Künstlerin, ungeschickter Weise an mich adressiert ... wurde mit einem Viaticum kurz abgefertigt.* Besucher aus Gotha, Naumburg und Leipzig stellen sich ein. Der russische Geschäftsträger in Weimar, Wassili Graf Santi, macht seine Aufwartung.

Und natürlich besuchen ihn seine engsten Vertrauten, Enkel, Sohn und Schwiegertochter, ebenso Eckermann, Kanzler Müller und die Jenaer Professoren und Freunde. Jena liegt nur

eine gute Fahrstunde entfernt, von Weimar braucht man vier
Stunden. Viele kommen mehrmals, darunter Ottilie mit den
Enkeln, ebenso die Jenaer Freunde.

Je nach Bekanntheitsgrad und Stellung der Besucher wird
eine Audienz in Form eines Gesprächs gewährt, viele aber
werden zur Mittagstafel geladen.

Wie bewältigt der Achtundsiebzigjährige das alles? Er bleibt
auch in den Dornburger Wochen seinem Motto treu: *Das Leben gestalten heißt den Tag gestalten.*
Wie nun verläuft sein Tag in Dornburg? Mit Sonnenaufgang
steht er auf, gegen sechs Uhr. Krause, der Diener, bringt ihm
das *Kaffeebrett*, hilft beim Anziehen. Bereits gegen sieben Uhr
ruft er seinen Schreiber, diktiert ihm bis etwa halb neun Briefe
oder anderes. Geht bis zehn Uhr auf der Terrasse spazieren,
nimmt dann ein leichtes Frühstück ein, diktiert erneut. Begibt
sich danach wieder, wenn das Wetter es erlaubt, nach draußen.
Keiner, der ihn beobachtet, sieht ihn jemals sitzen, immer ist
er in Bewegung; überliefert ist, daß er oft die Lippen bewegt,
vor sich hin spricht. Sucht er nach den nächsten Formulierungen? Unter dem Datum des 11. August heißt es im Tagebuch: *Ein wenig auf der Terrasse. War ein Gewitter vorüber
gezogen. Einige fruchtbare Gedanken gefaßt.* Am 14. August
dann: *Lange auf der Terrasse hin- und hergegangen und alles
nochmals durchgedacht. Nach Tische einiges hierauf Bezügli-
che diktirt.*
Gegen elf Uhr stellen sich meist Besucher ein. Gespräche.
Spaziergänge. Dann die Mittagstafel. Sechs bis zehn Leute –
so überliefert Sckell – sitzen dort täglich. Das Essen beginnt in
der Regel halb zwei Uhr und dauert bis vier Uhr.
Danach reisen die Gäste ab. Goethe begibt sich wieder in
den Garten, verweilt dort bis halb sechs. Dann nimmt er sein

Abendbrot ein, es besteht aus einer *Franzsemmel* und einem *Viertel Moselwein*. Wenn ein Besuch länger bleibt, was nur in Ausnahmen der Fall ist – so kommen sein Sohn und Landes-direktionsrat Töpfer zuweilen erst gegen fünf Uhr und bleiben bis neun, wohl auch bis zehn Uhr –, dann muß der Besuch allein zu Abend speisen. Goethe verzehrt nach Semmel und Wein nichts mehr. Am Abend sieht man ihn erneut auf der Terrasse wandeln oder er zieht sich lesend in seine Bergstube im Schloß zurück. Um neun oder halb zehn Uhr geht er zu Bett. Krause hilft ihm beim Ausziehen und zündet das Nachtlicht an, welches die ganze Nacht über brennt.

Die Morgen- und Abendstunden sind die der Einsamkeit, da ist Goethe allein, da ist er der *Einsiedler*, der *Eremit von Dornburg*. Er beobachtet aus seiner Bergstube die *atmosphärischen Phänomene*, sie seien, schreibt er, *freylich hier eigner herrlicher Art.*

Im Gegensatz zu Weimar, wo sein Hausgarten von einer Mauer begrenzt wird und vom Gartenhaus die Sicht auf die Ilmwiesen geht, hat er in Dornburg einen weiten Himmel vor sich, den Blick tief ins Tal hinab und auf die gegenüberliegenden Berghänge. *Also sitz' ich hier auf dieser Felsenburg, von der aufgehenden Sonne geweckt, mit der scheidenden gleichfalls Ruhe suchend ...*

Reflexionen darüber im Tagebuch: 8. Juli: *Früh in der Morgendämmerung das Tal und dessen aufsteigende Nebel gesehen. Bey Sonnenaufgang aufgestanden. Ganz reiner Himmel ...* 27. Juli: *Bey Sonnenuntergang nach unten zu sich abrundender Regenbogen. Nach Mitternacht voller Mondschein, ganz klares Tal.* 18. August: *Vor Sonnenaufgang aufgestanden. Vollkommene Klarheit des Tals.* 29. August: *... der wundersamste niegesehene Wolken- und Wetterzug.* 9. September: *Bey früher Morgendämmerung stand die Venus im größten Glanze hoch am Himmel.*

Die Verführung des Ortes. Diesem auf dem Bergvorsprung gelegenen, Goethe für zehn Wochen Heimstatt bietenden Dornburger Schloß mit seinem unvergleichlichen Blick in die Landschaft verdanken wir zwei seiner schönsten Altersgedichte.

Das erste trägt den Titel: »Dem aufgehenden Vollmonde«.

Willst du mich sogleich verlassen!
Warst im Augenblick so nah!
Dich umfinstern Wolkenmassen
Und nun bist du gar nicht da.

Doch du fühlst wie ich betrübt bin,
Blickt dein Rand herauf als Stern!
Zeugest mir daß ich geliebt bin,
Sei das Liebchen noch so fern.

So hinan denn! hell und heller,
Reiner Bahn, in voller Pracht!
Schlägt mein Herz auch schmerzlich schneller,
Überselig ist die Nacht.

Mit dem *Liebchen* ist die Suleika seines »West-östlichen Divans«, ist Marianne von Willemer gemeint. Bei ihrer letzten Begegnung in Heidelberg versprachen sich die Liebenden, bei vollem Monde stets einander zu gedenken (im Divan-Gedicht »Vollmondnacht« ist es festgehalten: *Euch im Vollmond zu begrüßen. / Habt ihr heilig angelobet,…*).

Am 25. August 1828 trägt Goethe in sein Dornburger Tagebuch ein: *Schöner Aufgang und Fortschritt des Vollmondes.* Laut seinen Aufzeichnungen vollendet er das Gedicht in dieser Nacht.

Am folgenden Tag sendet er es an Zelter, der schon einige Gedichte des Freundes vertont hat. Dieser antwortet schon nach wenigen Tagen, *ich habe Lust, Deine Verse auf Noten zu bringen, wiewohl ich ganz außer Routine bin.*

Marianne von Willemer erhält es erst viel später, am 23. Oktober schickt Goethe es ihr. *Mit dem freundlichsten Willkomm,* heißt es im Begleitbrief, *die heitere Anfrage, wo die lieben Reisenden am 25. August sich befunden? Und ob sie vielleicht, den klaren Vollmond beachtend, des Entfernten gedacht haben? – Beikommenndes gibt, von meiner Seite, das unwidersprechliche Zeugnis.*

Das Altersgedicht ruft unwillkürlich das Mondgedicht des jungen Goethe: *Füllest wieder Busch und Tal ...* und die Weimarer Landschaft der Ilmwiesen mit dem Gartenhaus in uns auf. Der Mond als Schmerzlinderer: *Breitest über mein Gefild / Lindernd deinen Blick ...* Der elegische Grundton: *Fließe, fließe lieber Fluß! Nimmer wird ich froh, / So verrauschte Scherz und Kuß / Und die Treue so ...* Der Melancholie der frühen Verse steht in den späten ein tiefes, den Augenblick ergreifendes und ihn genießendes Glücksempfinden gegenüber. Die Steigerung der Bewegung in der dritten Strophe:
So hinan denn! hell und heller,
Reiner Bahn, in voller Pracht!
Schließlich die wunderbare Zeile:
Schlägt mein Herz auch schmerzlich schneller

Man kann das *schmerzlich schneller* als Trauer, Schmerz über die unerfüllte Liebe – Goethes Beziehung zu Marianne von Willemer ist die Geschichte einer Entsagung – deuten, man kann es auch ganz körperlich als Herzinsuffizienz des alten Mannes sehen. Es ist beides. Das Gedicht endet mit dem anrührenden und seltsamen:
Überselig ist die Nacht.

Dieses *Überselig* erinnert an jenen ersten Aufenthalt des jungen Goethe zusammen mit Carl August und Knebel auf den Dorn-

burger Schlössern. In einem Brief vom 4./5. Juli 1777 hieß es:
Frühstück auf dem Fünfeck ... Und: *überherrlicher Morgen.*

Nun, drei Tage vor seinem neunundsiebzigsten Geburtstag, ist es nicht mehr der Morgen, jetzt ist es die Nacht, auf die Goethe zugeht, die er annimmt:
Überselig ist die Nacht.

Das zweite Gedicht trägt Ort und Zeit der Entstehung im Titel: »Dornburg September 1828«

Früh wenn Tal, Gebirg und Garten
Nebelschleiern sich enthüllen,
Und dem sehnlichsten Erwarten
Blumenkelche bunt sich füllen;

Wenn der Äther, Wolken tragend,
Mit dem klaren Tage streitet,
Und ein Ostwind, sie verjagend,
Blaue Sonnenbahn bereitet;

Dankst du dann, am Blick dich weidend,
Reiner Brust der Großen, Holden,
Wird die Sonne, rötlich scheidend,
Rings den Horizont vergolden.

Die einsamen Morgen- und Abendstunden. Tags aber die Besucher. Die Familie und die Freunde bleiben selbstverständlich zu Mittag. Aber auch andere Gäste werden nicht selten zur Tafel geladen.

Die Bewirtung ist eine Herausforderung für den jungen Schloßvogt. Bereits die *Beköstigung* Goethes, vom vorausfahrenden Diener Krause wenige Stunden vor dessen Ankunft darauf angesprochen, bereitet ihm Kopfzerbrechen. *Ich konnte mich,* bekennt er, *dazu vor der Hand nicht verstehen, da meine Frau bereits voll beschäftigt war und ich nicht wußte, wie ich Goethe, einen einzelnen Herrn, anständig speisen sollte, ohne ihm möglicherweise zu teuer zu sein oder mir zu schaden.* Aber Goethe besteht darauf; er soll sogar mit seiner *Abreise* gedroht haben. Und so bietet Sckell, unterstützt von Krause und zuweilen auch vom Schreiber John, alles auf, um ihn zufriedenzustellen.

Heißt es bei Goethe am 9. Juli noch einem Gast gegenüber, *Schmalhans* sei *Küchenmeister,* es müsse ihm *eine Semmel und ein Glas Wein genügen,* so ändert sich das bald. Sckell sendet Boten in die umliegenden Dörfer, zu Bauern, Fischern und Jägern. Vom Tautenburger Leibjäger Cilias erhält er *Wildpret*; bald ist von einem *Rehrücken* die Rede, *ferner liegt ein Reh im Sauren.* Von der Müllerin in Dorndorf kommt ein *dreipfündiger Aal.*

Goethe selbst wird aktiv. Da in Dornburg ein *wohlversorgter Keller fehlt,* ordert er bei seinem ehemaligen Diener, dem Jenaer Wegebauinspektor Goetze, *sechs Flaschen … leichten reinen Würzburger* und *eine Flasche echten Steinwein.* Eine

jenaische Cervelatwurst solle er ebenfalls dem Boten mitge-
ben. Von Weimar aus hat Sohn August für *Champagner* und
anderes zu sorgen. Einmal heißt es: *Ich habe auf einen schönen Rehrücken einzuladen; bringt ihr sonst etwas Genieß-
bares mit, so wird es auch nicht verschmäht.* Ein andermal die
Aufforderung, ein *vorzügliches Stück Rindfleisch* mitzubringen, *so kann die Suppe um desto kräftiger werden.* Von Frankfurt kommen wie immer *Artischocken* und feines *Provenceöl.*
Überliefert ist aus der Dornburger Zeit, daß er vor den Augen
seiner Gäste *Salate aus Artischocken zubereitete* und daß er
*vorzugsweise ... unter den Speisen Kompotts aus Birnen, Kir-
schen und Himbeeren liebte.*

Die ausgedehnte Mittagstafel. Nie mehr als *zwei Flaschen
Champagner,* überliefert Sckell, seien getrunken worden, dazu
der *rote Dornburger.* Auch Goethe trinkt den Wein acht Tage,
da es aber ein *junger Wein* ist, bekommt er ihm nicht, er kehrt
zu seinem *alten Moselwein* zurück.

In der ersten Zeit lädt er seine Gäste in die Räume des Re-
naissanceschlosses, später erhält er mit Zustimmung des Weimarer Hofamtes die Schlüssel zum mittleren, dem Rokokoschlößchen. Dort, wo er einst mit Carl August und Knebel
im Stroh übernachtet hatte, empfängt er nun im schönen Saal
seine Besucher.

Führt Goethe mit diesen ausgedehnten Mittagstafeln, die Essen und Gespräch, leibliche und geistige Speise, vereinen, nur
eine Weimarer Gewohnheit fort, oder sind sie nach den seelischen Erschütterungen durch den Tod des Freundes auch ein
Beitrag zu seiner Gesundwerdung?

Fast will es so scheinen, es bringt ihn ab von seiner selbst-
verordneten Arbeitstherapie, seiner *gränzenlose<n>, fast lä-
cherlichen Thätigkeit.* Er hört zu, das Gespräch fließt heiter

dahin, er genießt den Wein, die Speisen, und die Stunden vergehen ...

Zu den *Thätigkeiten*, die Goethe in den Dornburger Wochen
fast besessen verfolgt, gehört seine Beschäftigung mit dem
Weinanbau. Ausgelöst wird sie durch die Lektüre von Kechts
1827 in 4. Auflage erschienenem Buch »Verbesserter prakti-
scher Weinbau in Gärten und vorzüglich auf Weinbergen«.
Die Weinberge in Dornburg; an den Südhängen der steil
ins Tal der Saale abfallenden Felsen. Die *vollhängenden Wein-
geländer* auf den Terrassen zwischen den drei Schlössern, an
denen er täglich entlangwandert.

Bereits am 3. August meldet das Tagebuch: *Ging mit Hofgärtner Baumann auf und ab. Wir besprachen die neue von
Kecht vorgeschlagene Methode den Weinbau zu behandeln.
Er zeigt mir an den vorhandenen Stöcken, worauf es eigentlich ankomme.* Bereits einen Tag später heißt es: *Vorzüglich
mit näherer Betrachtung des Weinstocks beschäftigt.* Mit Papier und Stift geht er nach draußen, zeichnet *mehrere Knoten*,
um sich von *der eigentlichen Beschaffenheit des Wachstums
zu unterrichten.* Im Corpus der Goethe-Zeichnungen (143,
144 a-c) sind sie zu finden. Täglich, oft mehrmals, besucht er
die Weinstöcke, beobachtet, reflektiert, schreibt das Erkannte
nieder.

Am 10. August gesteht er Meyer, daß es ihm selbst *komisch
vorkommt*, mit *welcher Leidenschaft ich ... das Weinbauge-
schäft seit acht Tagen ergreife.*

Sucht er sich diese Beschäftigung, klammert er sich daran?
Mehrfach hat Goethe das Bild der *Schwimmwämser* gebraucht, die dem *armen ... leichtersauflichen Menschen*
nützlich seien. 1816, nach dem Tod seiner Frau bezeichnet er
Boisserée gegenüber das unablässige Tätigsein als solch *will-*

kommene Schwimmwämser. Wiederholt sich das 1828 nach dem Tod des engen Freundes? Seinen Gedanken, daß diese *Leidenschaft* ihm *selbst komisch vorkomme,* ergänzt er mit der Bemerkung, daß sein Aufenthalt in Dornburg ihm *von Tag zu Tag heilsamer* werde. Die Gesundung. Wieder scheint die Idee der Arbeitstherapie aufzugehen.

Und so wagt sich der alte Mann auf die steil abfallenden Kalkhänge. *Stieg in den Weinberg hinab,* notiert er am 13. August, *ließ mir einige Stöcke aufbinden.* 15. August: *Den Weinberg nochmals besucht.* Drei Tage später nennt er Knebel gegenüber den *Weinbau* sogar *seine Hauptbeschäftigung,* er habe sich seit *drey Wochen her auf das sorgfältigste darum gekümmert, sowohl das Alte als das Neue auf physiologische Kenntnisse und Begriffe zurückzuführen gesucht und das letztere ganz vorzüglich der Natur angemessen befunden.* Seine schriftlich niedergelegten Gedanken bleiben Fragment, posthum erscheinen sie unter dem Titel »Der Weinstock«.

Er, der sich als *Einsiedler,* als *Eremit* bezeichnet, verknüpft sich auch durch Briefe mit der Welt. *Wieviel Buch Papier ich verdictirt habe,* heißt es in einem Brief an Knebel. Dieser ist einer von nahezu einhundert, die aus den zehn Dornburger Sommerwochen überliefert sind. John hat viel zu tun. Zuweilen entwirft Goethe erst ein Konzept, später erfolgt die Ausformulierung, meist aber diktiert er – den Brief im Kopf schon vorbedacht – flüssig, sieht das Geschriebene durch, korrigiert es mit der Hand, dann hat John die Reinschrift anzufertigen, die Goethe unterzeichnet.

Besondere Sorgfalt verwendet Goethe auf die Briefe an Zelter. Ihn ermuntert er: *Schreibe von Zeit zu Zeit, wie es vor den Schnabel deiner Feder kommt;* und macht seinerseits das Angebot: *in meiner Einsamkeit find ich manche Stunde zur Er-widerung und ich möchte da wohl zutraulich aussprechen was sonst ungesagt bliebe.*

Seine Briefe aus Dornburg an Zelter werden immer länger, es sind keine Mitteilungen mehr, sondern Abhandlungen, ins-besondere über Witterungsverhältnisse.

Von seiner *Bergstube* aus beobachtet er die *atmosphäri-schen Phänomene.* Ist Anfang September *das Nebelspiel Mor-gens herrlich und erquicklich,* so gibt es im August viel Re-gen und Sturm. Einmal liegt er die ganze Nacht schlaflos, der Wind heult um seine Stube. *Regenwetter ... wüthet hier oben recht wüst und wild an mir vorbey, seit acht Tagen und heute besonders ... quer über das Thal hin* rase ein *Regenguß, dicht wie Nebel, der die gegenüberstehenden Berge und Hügel völ-lig zudeckt.*

Dann scheine die Sonne wieder, von *solchen Abwechse-lungen* könne er viel erzählen, und er schildert dem Freund nach dem vor seinem inneren Auge gesehenen *Regenbogen aus schwarzgrauem Grunde* nun einen tatsächlich erlebten: *von ruhmwürdigen doppelten, durch einen dunkelgrauen Streif getrennten, sich unten zu einem sich abschließenden rei-nen Kreis, versteht sich bey Sonnenuntergang, hinneigenden Regenbogen,* berichtet er. Und er fordert Zelter auf: *Rufe wo möglich aus diesen Worten das herrliche Bild in der Einbil-dungskraft hervor.*

Dann sein Bericht über das Unwetter, das er bei der Rück-fahrt von Jena nach Dornburg am 20. August erlebt. Ein *Re-genguß ... dergleichen,* schreibt er, *ich auch nie erlebt habe, und mit seiner solchen Heftigkeit wohl eine Stunde anhalten, daß einem wirklich bange werden mußte ...* Er erinnert sich an *die gräßlichen Wasserniedergänge im vorigen Jahr* und knüpft daran vielfältige Theorien, unter anderem bringt er den Luftdruck (täglich beobachtet er den Barometerstand) mit der *Anziehungskraft der Erde* in Verbindung.

Einen ganz anderen Charakter dagegen haben Goethes Briefe an seinen Sohn. Sie enthalten vorwiegend Aufträge, zum einen, was er in Weimar im Sinne des Vaters zu erledigen habe, zum anderen, was er ihm nach Dornburg senden solle. Dabei geht es nicht nur um Lebensmittel und Wein. Ein Beispiel: Da heißt es am 7. August: *Konzept- und Mittelpapier tät mir sehr nötig ... Meine Existenz erfordert Papier mehr als jemals.* Und: *Ein paar Pfund Wachslichter und einige Stangen schwarz Siegellack nicht zu vergessen.* Ein andermal wünscht er, *1) meinen Flanell-Schlafrock, / 2) Zelters Lieder, / 3) Ein Nösel gutes Provencer Öl und / 4) ein Exemplar der dritten Lieferung meiner Werke, welche in den Schubladen des Schreibtisches am Ofen zu finden sind.* Auch als Postbote fungiert August: *Die beygelegten Expedienda bitte auf die Post zu schaffen.*

August sendet dem Vater auch in Weimar ankommende Geschenke nach Dornburg. Von *Kistchen* ist mehrfach die Rede. Eines der Geschenke aber wird gewiß bis zu seiner Rückkehr am Frauenplan verbleiben. Es ist die große Standuhr aus seinem Elternhaus am Hirschgraben in Frankfurt. Der Großherzog von Mecklenburg-Strelitz hat sie aus dem Nachlaß ersteigert und ihm geschenkt.

S ckell überliefert, Goethe sei am 8. September zu ihm gekommen mit der Nachricht, er habe einen Brief den Großherzog betreffend erhalten, in dem dessen Rückkehr nach
Weimar für den 14. September angekündigt werde. Carl Friedrich ist nach seinem Regierungsantritt mit seiner Frau in die
böhmischen Bäder gereist. Das erwähnte Schreiben ist nicht
überliefert. Sckell aber gibt Goethes Reaktion darauf wieder,
dieser teilt ihm mit, daß er abreisen wolle; *so zieme es sich
doch nicht, länger zu bleiben, sondern es sei seine Schuldigkeit,
nach Weimar zurückzukehren, um den Großherzog daselbst
zu empfangen* ...

Schon am nächsten Tag ist auch dem Sohn gegenüber von
der Beendigung seines Dornburg-Aufenthalts die Rede, wenngleich die Begründung eine andere ist: *Ich habe hier viel
gethan und muß einen Abschnitt machen; blieb ich länger hier,
so käm hier ich in Gefahr, etwas Neues anzufangen* ...

Das Ende der Dornburg-Zeit. Der Termin von Goethes Abreise steht fest: der 11. September. Am Vortag notiert er: *Ver-
suchte mich immer mehr abzulösen.* Und: *Alles zur Abreise
vorbereitet.*

Der letzte Abend auf den Schlössern hoch über der Saale
gehört der Musik; *bey Dr. Stichling, wo er und der Cantor auf
dem Flügel sich gar löblich hören ließen,* so die Notiz im Tagebuch. Es sind Beethovens Eroica-Variationen op. 35 in Es-Dur,
die die beiden spielen.

Am Morgen des 11. September *um halb 10 Uhr* die Abfahrt. Auf halbem Wege wird haltgemacht: *In Kötschau gefrühstückt*, vermerkt das Tagebuch. *Gegen 2 Uhr in Weimar.*

Goethe hat seinen Sohn angewiesen, daß alle in den Dornburger Monaten entstandenen Schriftstücke – von John bereits nach Weimar gebracht – *in's Deckenzimmer niedergelegt werde<n>, ja nicht in mein Vorzimmer, damit der Wust mich nicht gleich bey meiner Rückkehr belästige.* Das heißt, er hofft, die durch den Tod Carl Augusts bedingte Arbeitsunterbrechung zu beenden und unmittelbar zu seinem schöpferischen Tun, seinem *Hauptgeschäft* zurückkehren zu können.

Eckermann erlebt den Ankömmling heiter ... *rüstig und ganz braun von der Sonne, aber, blicke man tiefer, so konnte man eine gewisse Befangenheit nicht verkennen.* Die Ursache dafür sieht er in der Tatsache, daß Goethe *seit dem Tode des Großherzogs ... niemand von der fürstlichen Familie gesehen und dem jungen Hof als neuer Landesherrschaft noch nicht gehuldigt habe.*

Noch am Tag seiner Ankunft in Weimar kündigt Louise, Carl Augusts Witwe, ihren Besuch für *nächsten Dienstag*, für den 16. September, an. Goethe kommt ihr zuvor. Gleich am nächsten Morgen – es ist der Freitag – macht er ihr seine Aufwartung. *Bey Frau Großherzogin Mutter*, steht im Tagebuch. Dann die Begegnung der beiden im Haus am Frauenplan. *Goethe und ich verstehen uns nun vollkommen, nur daß er noch den Mut hat zu leben und ich nicht*, schreibt sie danach.

Und die *neue Landesherrschaft*? Goethes Verhältnis zu Carl Friedrich war nie sehr eng. Das Herrscherpaar weilt immer noch in den böhmischen Bädern, nicht am 14., erst am 28. September kehrt es nach Weimar zurück.

Goethe macht sich sofort auf den Weg. *Um halb 1 Uhr zur Frau Großherzogin*, meldet das Tagebuch am 29. September. Der Zugang zu Carl Friedrich aber erweist sich als kompliziert. Am 30. September richtet Goethe ein förmliches Schreiben an Herrn von Beulwitz, mit der Bitte, Serenissimus seine *Aufwartung zu machen*, um *für so manches Gute, besonders auch für gnädigste Vergünstigung eines verlängerten Aufenthaltes in Dornburg* zu danken. Am 1. Oktober trifft die Antwort – wiederum über von Beulwitz – ein, *daß Serinisimus sich das Vergnügen geben und Euer Excellenz in Ihrem Hause sehen, sobald es Höchst Demselben möglich seyn wird, ohne Ew. Excellenz zu stören.*

Erst am 5. Oktober findet der neue Herrscher Zeit, den ältesten Staatsdiener und Freund seines Vaters zu besuchen und ihm Gelegenheit zu geben – wie Eckermann sich ausdrückt –, der *neuen Landesherrschaft* zu *huldigen*. Kaum feierlich kann diese erste Zusammenkunft zwischen Goethe und Carl Friedrich verlaufen sein, wie der Tagebucheintrag vermuten läßt. Nach dem Vermerk über die Aufwartung des *Director<s> des Westphälischen Apothekervereins* heißt es lapidar: *Sodann Ihro Königliche Hoheit der Großherzog. Verschiedene Verhältnisse und Geschäfte durchsprechend.*

Im weiteren verzeichnet das Tagebuch mehrfach dessen Besuch. So am 15. Oktober. Und unter dem Datum 29. November heißt es: *Herr Großherzog Königliche Hoheit verschiedenes durchsprechend.* Mitte November notiert Eckermann: *bei dem neuen Fürsten und der neuen Regierung hat sich alles verändert, man denkt an nichts als an Ersparungen.* Betrifft das auch den Etat, für den Goethe zuständig ist? Ist diesbezüglich sein gutes Verhältnis zu Maria Pawlowna hilfreich?

Die für den Neunundsiebzigjährigen nicht einfache Situation mit Carl Friedrich als neuem Herrscher. In Briefen immer wieder die Reflexion über den Verlust Carl Augusts. Das Wort Tod gebraucht er nie; von einem ihn *betroffenen großen Unfall* ist die Rede, von der *ungeheure<n> Lücke, die in mein Leben gerissen worden* ist.

Am 11. Oktober erhält Goethe Alexander von Humboldts berührende Aufzeichnungen über die Gespräche mit Carl August in den Tagen vor dessen Tod. Humboldt hat sie an Kanzler von Müller nach Weimar gesandt.

Dieser gibt sie Goethe zur Kenntnis; von der Lektüre eines *kaum leserlichen Brief<es>* ist unter diesem Datum im Tagebuch die Rede.

Und: *Diktirte den von Humboldtischen Brief ins Reine.* Davon läßt er umgehend Abschriften anfertigen. Einen Tag später, am 12. Oktober, sendet er sie an Müller, schreibt: *Hiebey eine doppelte Abschrift der v. Humboldtischen Relation, damit Eine in den Händen der Frau Großherzogin bleiben könne. Doch würde wünschen, daß dieser Brief nicht propalirt würde. Dergleichen letzte Stunden sind immer, wie die Gypsabgüsse der Leichenmasken, in's Leidende verzogene Carricaturen auch des thätigsten Lebens.*

Dennoch scheinen Alexander von Humboldts Ausführungen Goethe nicht loszulassen. (Noch anderthalb Jahre später kommt er in Zusammenhang mit seiner Sorge um Großherzogin Louise darauf zurück. *Dieselbige Willenskraft, mit der sie Napoleon widerstand, setzt sie auch ihrer körperlichen Schwäche entgegen; und so sehe ich es schon kommen, sie wird hingehen, wie der Großherzog, in voller Kraft und Herrschaft des Geistes, wenn der Körper schon aufgehört haben wird zu gehorchen,* schreibt er am 10. Februar 1830. Vier Tage später, am 14. Februar 1830, stirbt sie.)

An jenem 23. Oktober aber gibt er die Humboldtschen Ausführungen seinem Adlatus Eckermann zu lesen, und das Gespräch darüber wird zu einem beeindruckenden Erinnerungsbild. Was er Kanzler Müller vor vier Monaten so entschieden und fast brutal verweigert hatte, seinem Mäzen und Lebensfreund einen würdigen Nachruf zuteil werden zu lassen, gelingt ihm nun. Aber es ist kein Dokument, das den Augen des Nachfolgerregenten standhalten und die Feierlichkeiten für den Toten begleiten muß, es sind Äußerungen im privaten Gespräch. Daß sie auf die Nachwelt überkommen werden, dessen ist sich der Sprechende gewiß.

Eckermann beschreibt die Situation. Goethe sitzt in seinem Arbeitszimmer am Tisch. Eckermann ihm gegenüber. Goethe nennt Carl August *einen der größten Fürsten, die Deutschland je besessen,* und äußert seine Genugtuung, daß er *einen Mann wie Humboldt zum Zeugen seiner letzten Tage und Stunden hatte.* Er steht auf, geht zum Pult, holt den Brief, setzt sich wieder, liest *eine Weile im Stillen.*

»Lesen Sie es für sich«, sagte er dann, indem er mir den Brief zureichte. Er stand auf und ging im Zimmer auf und ab, während ich las. Nach Beendigung der Lektüre bringt Eckermann seine Freude ... *über diesen herrlichen Brief zum Ausdruck.*

Goethe entgegnet darauf: *Sie sehen ... was für ein bedeutender Mensch er war. Aber wie gut ist es von Humboldt, daß er diese wenigen letzten Züge aufgefaßt, die wirklich als Symbol gelten können, worin die ganze Natur des vorzüglichsten Fürsten sich spiegelt. Ja, so war er! Ich kann es am besten sagen, denn es kannte ihn im Grunde niemand so durch und durch wie ich selber.*

Und dann beginnt er, was ihm so lange nicht möglich war, über seinen toten Freund zu sprechen. *Er war achtzehn Jahre*

alt, als ich nach Weimar kam, aber schon damals zeigten
seine Keime und Knospen, was einst der Baum sein würde.
Er schloß sich bald auf das innigste an mich an und nahm an
allem, was ich trieb, gründlichen Antheil. Daß ich fast zehn
Jahre älter war als er, kam unserm Verhältniß zugute. *Er saß*
ganze Abende bei mir in tiefen Gesprächen über Gegenstände
der Kunst und Natur und was sonst allerlei Gutes vorkam.
Wir saßen oft tief in die Nacht hinein, und es war nicht selten
daß wir nebeneinander auf meinem Sofa einschliefen. Fünfzig
Jahre lang haben wir es miteinander fortgetrieben ...

Er sei ein *Mensch aus dem Ganzen* gewesen, fährt Goethe
fort, *es kam bei ihm alles aus einer einzigen großen Quelle.*
Und wie das Ganze gut war, so war das Einzelne gut, er
mochte thun und treiben was er wollte.

Drei seiner Eigenschaften hebt er hervor. Er habe erstens die
Gabe gehabt, *Geister und Charaktere zu unterscheiden,* zwei-
tens sei er von *der reinsten Menschenliebe* ... beseelt gewesen,
habe *immer zuerst an das Glück des Landes und ganz zuletzt*
erst ein wenig an sich selber gedacht. In diesem Zusammenhang fällt der panegyrische Satz: *Es war in ihm viel Göttliches.*
Schließlich als drittes seine Fähigkeit, sich nichts einreden zu
lassen: *Er sah überall selber, urtheilte selber und hatte in allen*
Fällen in sich selber die sicherste Basis. Dabei war er schweig-
samer Natur, und seinen Worten folgte die Handlung.

Eckermann, erst wenige Jahre in Weimar, kommt dann auf
Carl Augusts Äußeres zu sprechen, wie er, der junge Mann,
den alten Fürsten erlebt hat: Niemals repräsentierend mit
sechs Pferden und Ordenssternen am Rock fahrend, sondern
stets zweispännig in seiner alten Droschke im abgetragenen
grauen Mantel und Militärmütze. Goethe bestätigt das. *Üb-*
rigens, fügt er an, *hing die alte Droschke des Großherzogs*
kaum in Federn. Wer mit ihm fuhr, hatte verzweifelte Stöße

auszuhalten. Aber das war ihm eben recht. Er liebte das Derbe und Unbequeme und war ein Feind aller Verweichlichung. Dann lenkt Eckermann das Gespräch auf die frühe Zeit und Goethes »Ilmenau-Gedicht«. Diese Verse, Carl August 1783 zu seinem Geburtstag gewidmet, markieren für Goethe – nicht ohne einen gewissen Überdruß – die Beendigung seines Erziehungswerkes. Sich erinnernd entgegnet er nun, daß der junge Regent oft nicht *wußte mit seinen Kräften ... wo hinaus. Ein Herzogthum geerbt zu haben, war ihm nichts, aber hätte er sich eins erringen, erjagen und erstürmen können, das wäre ihm etwas gewesen.* Er *leugne* nicht, fährt er fort, daß der Fürst ihm *anfänglich manche Noth und Sorge* bereitete. Aber er habe sich *bald zu wohlthätiger Klarheit durchgearbeitet ... sodaß es eine Freude wurde, mit ihm zu leben und zu wirken.*

Auf Schwierigkeiten und Differenzen geht Goethe nicht ein. Er berührt nur die frühen Jahre, lobt ausschließlich.

Anknüpfend an Alexander von Humboldts Bericht, zu welchen wissenschaftlichen Bereichen ihn der schon vom Tod gezeichnete Carl August Fragen gestellt habe, äußert Goethe: Zu seinem *außerordentlichen Geist* gehörte, daß er *das ganze Reich der Natur umfaßte. Physik, Astronomie, Geognosie, Meteorologie, Pflanzen und Thierformen der Urwelt ... er hatte für alles Sinn und für alles Interesse.* Auch auf seinen Reisen habe er stets *die Augen und Ohren offen* gehabt, um *auf allerlei Gutes und Nützliches zu achten, das er in seinem Lande einführen könnte.*

Dann spricht er *von der Gunst des Volks*, die Carl August besessen habe. *Er suchte sie nicht und that den Leuten keineswegs schön; aber das Volk liebte ihn, weil es fühlte, daß er ein Herz für sie habe.* Überhaupt, so schließt Goethe nach Eckermanns Aufzeichnungen, seien *seine Tendenzen nicht persönlich, egoistisch, sondern rein produktiver Art, und zwar pro-*

duktiv für das allgemeine Beste. Dadurch hat er sich denn
auch einen Namen gemacht, der über dieses kleine Land weit
hinausgeht.

Warum ist es gerade dieser 23. Oktober, an dem Goethes
Zunge sich löst, er sein viermonatiges Schweigen über Carl
August bricht? Hat die Zeit, hat Dornburg die Wunden ge-
heilt?

Voraussetzung ist wohl zum einen, daß er die schmerzliche
Unterbrechung seiner schöpferischen Arbeit überwunden hat.
Bereits am 13. September, zwei Tage nach der Rückkehr von
Dornburg, notiert er: *Wieder-Angriff der Wanderjahre.* Noch
ist es nicht »Faust. Zweiter Teil«, noch avancieren die »Wan-
derjahre« zu seinem *Hauptgeschäft.*

Die Rückkehr zur Arbeit ist das eine. Das andere die Erkenntnis, daß nach der *ungeheure<n> Lücke,* die der Tod Carl
Augusts in *sein Leben gerissen* hat, ihm *vieljährig geprüfte*
Freunde übrig geblieben sind. Dieser Satz steht in einem Brief
an den Grafen Brühl, datiert auf den 23. Oktober. Am frühen Morgen hat er ihn wohl diktiert. Das Bewußtwerden der
Existenz und Nähe der ihm verbliebenen *Freunde,* gesteht er
Brühl, mache es ihm möglich, daß er *wieder einen ... Stieg in*
die Gefilde des Lebens hinüberschlagen könne.

Ein zweiter wichtiger Brief geht an diesem Tag nach Frankfurt am Main an Marianne von Willemer. Sein am 25. August in Dornburg entstandenes, für sie geschriebenes Gedicht
»Dem aufgehenden Vollmonde«, das fast zwei Monate unter
Verschluß war – einzig Zelter hat es erhalten –, löst er an diesem Tag von sich. Die Erinnerung – vielleicht – an die Zeit, da
Marianne von Willemer seine Verse mit eigenen erwiderte; ihr
lyrisches Zwiegespräch, einmalig in seinem Leben. Der Blick
auf die in Dornburg entstandenen Verszeilen, die Beglückung

über das Gelungene, er, der Neunundsiebzigjährige, spürt seine poetische Kraft. Die Freude darüber – vielleicht – an diesem Tag.

Der *Stieg in die Gefilde des Lebens.* Dafür ist dieser 23. Oktober allem Anschein nach ein wichtiger Tag. Das spürt auch Eckermann. Er berichtet: *Goethe war besonders guter, erhöhter Stimmung. Er ließ eine Flasche Wein kommen, wovon er sich und mir einschenkte. Unser Gespräch ging wieder auf den Großherzog Karl August zurück.*

Nochmals, am 2. März und am 8. März 1831, kommt Goethe Eckermann gegenüber auf seinen Lebensfreund zu sprechen. Beide Male in Zusammenhang mit Reflexionen über das Dämonische.

Das Dämonische äußert sich für ihn *in einer durchaus positiven Thatkraft. Zugleich sei es dasjenige, was durch Verstand und Vernunft nicht aufzulösen ist.* Und er fügt an: *In meiner Natur liegt es nicht, aber ich bin ihm unterworfen.* Im Laufe seines Lebens und besonders im Alter wird für ihn das *Dämonische* wohl immer mehr zum letzten Wort, zum Synonym für *Schicksal.*

Sind es zunächst nur Leistungen im künstlerischen Bereich, die er als dämonisch bezeichnet, er nennt Mozart und Paganini *dämonische Naturen,* so wendet er später den Begriff auch auf die Politik an. Vor allem Napoleon ist für ihn eine dämonische Natur, und zwar *im höchsten Grade, sodaß kaum ein anderer ihm zu vergleichen ist.* Bei ihm bringt er das *Dämonische* in Zusammenhang mit einer *positiven Thatkraft.* Napoleon ist für ihn *einer der productivsten Menschen, die je gelebt haben.*

Und – sozusagen im selben Atemzug – fügt er an: *Auch der verstorbene Großherzog war eine dämonische Natur, voll unbegrenzter Thatkraft und Unruhe, sodaß sein eigenes Reich ihm zu klein war, und das größte ihm zu klein gewesen wäre.*

Dann heißt es, *daß niemand ihm widerstehen konnte. Er übte auf die Menschen eine Anziehung durch seine ruhige Gegenwart, ohne daß er sich eben gütig und freundlich zu erweisen brauchte.*

Danach folgt jene bereits zitierte Kritik, die in Goethes Äußerungen über seinen Mäzen in ihrer Schärfe einzig ist: *wenn
ihn der dämonische Geist verließ, und nur das Menschliche
zurückblieb, so wußte er mit sich nichts anzufangen und er
war übel daran.* Das bezieht sich vor allem auf die letzten Lebensjahre, die Zeit der Restauration, die den Handlungsspielraum des Regenten stark einengte, seinem *unbegrenzten Tha-
tendrang* Grenzen setzte, er die *sichere Bahn,* die er *in sich
selbst* hatte, verlor, seine *Tendenzen ... rein produktiver Art*
sich ins Gegenteil verkehrten; Leere und Überdruß ihn zuweilen beherrschten.

Auch über Carl Augusts Bedeutung für ihn selbst spricht Goethe Eckermann gegenüber. *Alles, was ich auf seinen Rath
unternahm, glückte mir, sodaß ich in Fällen, wo mein Verstand und meine Vernunft nicht hinreichte, ihn nur zu fragen
brauchte was zu thun sei, wo er es denn instinctmäßig aus-
sprach und ich immer im Voraus eines guten Erfolgs gewiß
sein konnte.*
Es fällt schwer, diese Aussage mit Beispielen zu belegen. Ob
es die Flucht nach Italien, die Entscheidung des Zusammenle-
bens mit Christiane Vulpius, einer Frau aus der *Weimarischen
Armuth,* ob es die Weigerung, weiterhin an Kriegszügen teilzunehmen, oder sein Ausstieg aus der Politik ist, immer bleibt
Goethe der Souverän seiner Entscheidungen.

Kommt hier der Diplomat, der große Taktiker Goethe ins
Spiel?
Zum einen versucht er, für einzelne im stillen getroffene
Entschlüsse, so etwa die Flucht nach Italien, im nachhinein die
Zustimmung des Herzogs zu erlangen. Zum anderen setzt er,
wenn er sich den Zorn Carl Augusts zugezogen hat, Zeichen

der Versöhnung. Und ganz entscheidend: Nach außen hin wahrt er stets die Form, akzeptiert unwidersprochen Befehle, Anordnungen seines Fürsten, folgt ihnen; niemals erlaubt er sich offen Widerspruch. Selbst die kuriosesten Anweisungen – erinnert sei an die Sache mit den Birnenkernen – führt er aus. Auch dort, wo der Herzog bittere Entscheidungen gegen ihn trifft, etwa in der Zeit seines Ärgers über Goethes Affinität zu Fichte und den jungen Romantikern oder als er ihm die Theaterintendanz entzieht, akzeptiert der Dichter die Anordnungen und gibt so Carl August das Gefühl, er sei der Souverän.

Aber: Wie einsichtig, wie devot er sich immer gibt, mit welchen Unterwürfigkeitsfloskeln er hantiert, stets bleibt er bei sich. Um es zuzuspitzen: das Verhältnis Herr – Untergebener scheint für ihn nicht zu existieren. Sein Blick geht nicht von unten nach oben, sondern von oben nach unten.

Durchschaut Carl August das? Meist wohl, obgleich er kein so guter Psychologe wie Goethe ist. Zuweilen reagiert er mit Zorn und Ungeduld, die er aber nicht den Freund spüren läßt, sondern Dritten gegenüber äußert, etwa – wir erinnern uns – Minister Voigt. Oft aber läßt er großzügig seinen Spott, seinen Humor spielen, der aber – wie im Fall der Josephine O'Donell übersandten *Kiste* – durchaus makabre Züge annehmen kann. Aber das sind Ausnahmen. Insgesamt ist das Verhältnis zu seinem Freund lebenslang von Verständnis und Großzügigkeit geprägt.

Was nun hat Carl August Goethe zu verdanken? In seinen ersten Regierungsjahren eine ganz entschiedene Einwirkung auf seine Charakterbildung, seine Gesprächskultur und Lebensweise. Und das auch durch Begleitung des Freundes auf seinen Reisen und selbst auf Kriegszügen. Das künstlerische

Klima an seinem Fürstenhof wird maßgeblich von Goethe bestimmt, nicht nur in den ersten, sondern in allen Jahren ihrer Freundschaft. Ebenso auf das Verhältnis zu seiner Mutter Anna Amalia sowie auf das spannungsreiche zu seiner Ehefrau Louise hat Goethe immer wieder ausgleichend und besänftigend eingewirkt. Carl August verdankt ihm ferner die tätige Mitwirkung bei der Erziehung seiner Kinder, insbesondere des Thronfolgers Carl Friedrich. Und jederzeit steht Goethe in allen Fragen – politischen und privaten – seinem Fürsten als Gesprächspartner zur Verfügung. Nicht immer nimmt Carl August dieses Angebot an.

Goethe kann nicht verhindern, daß den Landesherrn der Ehrgeiz immer wieder in die große Politik treibt, er kann nicht verhindern, daß er das Soldatendasein liebt, dem Militär zugewandt ist: *Ohne Krieg und ohne Exerzierzeit wird mein Blut zu dick.* Er kann – trotz Mahnungen – dessen Jagdleidenschaft nicht Einhalt gebieten. Er, der Künstler muß hinnehmen, daß er von seiner ureigensten Domäne, dem Theater, vertrieben wird, daß sein Fürst seinen ihm wichtigsten Arbeiten, »Egmont« und insbesondere dem »Tasso«, wenig Verständnis entgegenbringt. Mit Sicherheit ist anzunehmen, daß, hätte der Herzog länger gelebt, Goethe den zweiten Teil des »Faust«, den er der Nachwelt überantwortet, auch vor ihm verborgen hätte.

Der Regent dagegen muß damit leben, daß sein Freund nach den Jahren der *innigen Seelenverbindung*, trotz seiner unablässigen ministeriellen Tätigkeit für die Wissenschaften und die Kunst des kleinen Landes, sich von der großen Politik zurückzieht, sich *wie die Epikurischen Götter in eine stille Wolke* hüllt. Daß er den nach 1814 mutigen Reformschritten in seinem Land, die ihm den Ruf einbringen, *jakobinische Umtriebe ... zu fördern*, wenig Verständnis entgegenbringt, ja sogar mit Voigt zusammen eine Art geheimer Opposition, vor allem im Hinblick auf seine Aktivitäten für die Pressefreiheit und Burschenschaften, bildet.

Dennoch: Auf seiten Goethes wie auf seiten Carl Augusts besteht ein Grundvertrauen in die Entscheidungsfähigkeit und Entscheidungsnotwendigkeit des anderen. Dieses gegenseitige Tolerieren der an Beruf und Berufung, an Temperament, Ausstrahlungskraft und Charakter so unterschiedlichen Menschen, des schöpferischen und des Tatmenschen, des Dichters und des Politikers, läßt ihre Freundschaft über fünfzig Jahre anhalten und alle Wechselfälle des Lebens bestehen.

Carl August resümiert nach fünfzig Jahren: *Er betrachte ... den Tag*, läßt er Goethe wissen, *wo Sie, Meiner Einladung folgend in Weimar eintrafen, als den Tag des wirklichen Eintritts in Meinen Dienst, da Sie von jenem Zeitpunkte an nicht aufgehört haben, Mir die erfreulichsten Beweise der treuesten Anhänglichkeit und Freundschaft durch Widmung Ihrer seltenen Talente zu geben.* Seinen *ersten Staatsdiener* und *Jugendfreund* nennt er ihn in seinem Schreiben vom 7. November 1825, spricht von seinem *umsichtigen Rath*, seinen *stets wohlgefälligen Dienstleistungen*, bekennt, daß er ihm *den glücklichen Erfolg der wichtigsten Unternehmungen verdanke*, und fährt fort, *den für immer gewonnen zu haben, Ich als eine der höchsten Zierden Meiner Regierung achte.*

Carl August ist stolz darauf, daß der gebürtige Frankfurter Weimar zu seiner Heimat wählt. Hatte er in der Enttäuschung über das Scheitern seiner Politik in einem frühen Brief an seine Mutter geschrieben: *Indessen tröste ich mich über mein Vater-*

*land, weil andere Länder nichts geschriebenes von dem Wert
aufstellen können, wie Göthens »Werther«, »Faust«, »Iphigenie«, »Berlichingen« etc. und Herders Ideen sind,* so ist es
dies gerade, das seinen Namen bis heute lebendig bleiben läßt.
Carl August wäre weitgehend vergessen, hätte er nicht Goethe großzügig und über die vielen Jahrzehnte den Raum zur
Schaffung seines Werkes gegeben. In der Tat ist es eine für die
deutsche Literatur folgenreiche Freundschaft.

Und Goethe? Wenngleich seine frühe Aussage: *Niemand
braucht ich zu danken als ihm,* nicht mehr zutrifft; Kaiser und
Könige haben ihn empfangen und geehrt, so bleibt doch die
menschliche Nähe und das Füreinandereinstehen der beiden
solitär, so daß seine Aussage über Carl August bis an sein Lebensende Bestand hat: ... *Ich bin ihm so unendlich viel schuldig, indem ich ihm eine Existenz verdanke, ganz nach meinen
Wünschen, ja über meine Wünsche ...*

Literaturverzeichnis

Quellenwerke

Briefe des Herzogs Karl August von Sachsen-Weimar-Eisenach mit Knebel und Herder. Hrsg. von Heinrich Düntzer. Leipzig 1883.

Briefwechsel des Großherzogs Carl August von Sachsen-Weimar-Eisenach mit Goethe in den Jahren 1775-1828. Hrsg. von Dr. Carl Vogel. 2 Bde. Weimar 1863.

Briefwechsel des Herzogs-Großherzogs Carl August von Sachsen-Weimar-Eisenach mit Goethe. Hrsg. von Hans Wahl. 3 Bde. Berlin 1915-1918.

Carl August von Weimar in seinen Briefen. Hrsg. von Dr. Hans Wahl und Dora Zenk. Weimar 1915.

Goethe, Johann Wolfgang: *Sämtliche Werke, Briefe, Tagebücher und Gespräche.* (Frankfurter Ausgabe) Erste Abteilung: 27 Bde.; Zweite Abteilung: 13 Bde. Frankfurt a.M. 1985 ff.

Goethe, Johann Wolfgang: *Sämtliche Werke, Briefe, Tagebücher und Gespräche.* (Frankfurter Ausgabe) Kommentar zu den Amtlichen Schriften Bde. 26 und 27. Bd. 26: Hrsg. von Reinhard Kluge, Bd. 27: Hrsg. von Irmtraut Schmid und Gerhard Schmid. CD-ROM Berlin 2011.

Goethe, Johann Wolfgang: *Werke.* Hrsg. im Auftrag der Großherzogin Sophie von Sachsen. (Weimarer Ausgabe). 143 Bde. Weimar 1887-1919.

Gesamtregister zu Goethes Weimarer Ausgabe. Hrsg. von Paul Raabe, Bearbeiterin Mechthild Raabe. 1990.

Briefwechsel zwischen Goethe und Knebel. Hrsg. von Gottschalk Eduard Guhrauer. 2 Bde. Leipzig 1851.

Briefwechsel zwischen Goethe und Zelter. Hrsg. von Max Hecker. 3 Bde. Frankfurt am Main 1987.

Goethes Briefwechsel mit Christian Gottlob Voigt. 4 Bde. Hrsg. von Hans Tümmler, Bde. 3 und 4 unter Mitwirkung von Wolfgang Huschke. Weimar 1949-1962.

Goethes amtliche Schriften. Veröffentlichung des Staatsarchivs Weimar. Hrsg. von Willy Flach. Bd. 1. Weimar 1950. Bde. 2-4. Bearbeitet von Helma Dahl. Weimar 1968-1987.

Goethe, Johann Wolfgang: *Elegie von Marienbad.* Faksimile einer Urschrift, Hrsg. von Christoph Michel und Jürgen Behrens in Verbindung mit Wolf von Engelhardt u.a. Mit einem Geleitwort von Arthur Henkel. Frankfurt am Main 1983.

Goethe, Johann Wolfgang von: *Trilogie der Leidenschaft.* Herausgegeben und mit einem Essay versehen von Hans Kaufmann. Rudolstadt 1997.

Großherzogliches S. Weimar-Eisenach'sches Regierungsblatt auf das Jahr 1825. 9. Jg. Weimar 1825.

Großherzogliches S. Weimar-Eisenach'sches Regierungsblatt auf das Jahr 1828. 12. Jg. Weimar 1828.

Heine, Heinrich: *Werke und Briefe in zehn Bänden.* Hrsg. von Hans Kaufmann. Berlin 1961-1964.

Herder, Johann Gottfried: *Briefe.* Hrsg. von W. Dobbeck und G. Arnold. Weimar 1984-1988.

Herder, Johann Gottfried: *Herders sämtliche Werke.* Hrsg. von Bernhard Suphan. Berlin 1877-1913.

Riemer, Friedrich, Wilhelm: *Mitteilungen über Goethe.* Auf Grund der Ausgabe von 1841 und des handschriftlichen Nachlasses hrsg. von Arthur Pollmer. Leipzig 1921.

Schiller, Friedrich: *Werke. Nationalausgabe.* Hrsg. im Auftrag der Nationalen Forschungs- und Gedenkstätten der klassischen deutschen Literatur in Weimar (Goethe- und Schiller-Archiv) und des Schiller-Nationalmuseums in Marbach von Lieselotte Blumenthal und Benno von Wiese. Weimar 1961 ff.

Steiger, Robert: *Goethes Leben von Tag zu Tag. Eine dokumentarische Chronik.* Zürich und München 1982 ff.

Steiger, Robert: *Goethes Leben von Tag zu Tag. Eine dokumentarische Chronik. Generalregister.* Hrsg. von Siegfried Seifert. Berlin und Boston 2011.

Suphan, Bernhard: Briefe Goethes an Ulrike von Levetzow und ihre Mutter Amalie von Lewetzow, geb. von Brösigke. In: *Goethe Jahrbuch Bd. 21,* 1900.

Benutzte Literatur (in Auswahl)

Carl August Büchlein. Lebenszüge, Aussprüche, Briefe und Anekdoten von Carl August. Zusammengestellt von Adolph Schöll. Weimar 1857.

Conrady, Karl Otto: *Goethe. Leben und Werk.* 2 Bde. Düsseldorf und Zürich 1999.

Der unbegabte Goethe. Der Dichter in mißwollenden Zeugnissen seiner Mitlebenden. Mit Bildern von Hans Traxler. München Wien 1998.

Die Bildnisse Carl Augusts von Weimar. Hrsg. von Hans Wahl. Weimar 1925.

Ebersbach, Volker: *Carl August von Sachsen-Weimar-Eisenach. Goethes Herzog und Freund.* Köln, Weimar, Berlin 1998.

Eissler, Kurt R.: *Goethe. Eine psychoanalytische Studie. 1775-1786.* 2 Bde. München 1987.

Femmel, Gerhard (Hrsg.): *Corpus der Goethe-Zeichnungen.* Leipzig 1958-1973.

Flach, Willy: *Goetheforschung und Verwaltungsgeschichte. Goethe im Geheimen Consilium.* Weimar 1952.

Glover, Friedrich (Pseudonym für Christian Heinrich Gottlieb Köchy). *Göthe als Mensch und Schriftsteller.* 1. Aufl. Braunschweig 1823.

Glover, Friedrich (Pseudonym für Christian Heinrich Gottlieb Köchy). *Göthe als Mensch und Schriftsteller.* 2. Aufl. Halberstadt 1824.

Goethe, Johann Wolfgang: *Gespräche. Eine Sammlung zeitgenössischer Berichte aus seinem Umgang.* Auf Grund der Ausgabe und des Nachlasses von Flodoard Freiherrn von Biedermann ergänzt und hrsg. von Wolfgang Herwig. 5 Bde. Zürich/Stuttgart/München 1965-1987.

Goethe in vertraulichen Briefen seiner Zeitgenossen. Zusammengestellt von Wilhelm Bode. Berlin und Weimar 1979.

Haupt, Hermann. Aus der hessischen Demagogen-Zeit. In: *Nachrichten der Gießener Hochschulgesellschaft.* Bd. 5. H. 3, 20-28. Gießen 1927.

Jaeger, Michael: *Fausts Kolonie. Goethes kritische Phänomenologie der Moderne.* Würzburg 2004.

Jericke, Alfred: *Goethe und sein Haus am Frauenplan*. Weimar 1959.

Kaufmann, Hans: *Goethes Faust oder Stirb und Werde*. Berlin und Weimar 1991.

Klauß, Jochen: *Carl August von Sachsen-Weimar-Eisenach. Fürst und Mensch*. Weimar 1999.

Krippendorff, Ekkehart: »Goethe – Politik gegen den Zeitgeist«. In: *Insel Almanach auf das Jahr 1999. Johann Wolfgang Goethe zum 250. Geburtstag*. Zusammengestellt von Hans-Joachim Simm. Frankfurt am Main und Leipzig 1998.

Menzel, Friedrich: »Goethes Haus zu Goethes Zeit«. In: *Goethe-Almanach auf das Jahr 1967*.

Michel, Christoph (Hrsg.): *Goethe. Sein Leben in Bildern und Texten*. Frankfurt a.M. 1982 (2. Auflage 1998).

Müller, Friedrich von: *Unterhaltungen mit Goethe*. Hrsg. von Renate Grumach. München 1982.

Osten, Manfred: »*Alles veloziferisch*« *oder Goethes Entdeckung der Langsamkeit*. Frankfurt am Main und Leipzig 2003.

Schlaffer, Heinz: *Faust Zweiter Teil. Die Allegorie des 19. Jahrhunderts*. Stuttgart 1981.

Schlegel, Rolf: *Kurz und schmal war sein Land, mäßig nur was er vermocht ...!?. Herzog/Großherzog Carl August von Sachsen-Weimar-Eisenach, eine Persönlichkeit aus dem Umfeld Goethes. Festausgabe anläßlich der 250. Wiederkehr seines Geburtstages am 3. September 2007*. Stollberg 2007.

Schmid, Gerhard und Irmtraut: »Goethe der Chef – Beobachtungen zu seiner amtlichen Tätigkeit seit 1788«. In: *Goethe Jahrbuch*, 116, 1999.

Schöne, Albrecht: *Götterzeichen, Liebeszauber, Satanskult: Neue Einblicke in alte Goethetexte*. München 1982.

Schöne, Albrecht: *Der Briefschreiber Goethe*. München 2015.

Schuchardt, Christian: *Goethes Kunstsammlungen*. Bde. 1-2. Jena 1848.

Seibt, Gustav. *Goethe und Napoleon. Eine historische Begegnung*. München 2008.

Seibt, Gustav. *Goethes Autorität. Aufsätze und Reden.* Hrsg. von Anne Hamilton. Lüneburg 2013.

Sengle, Friedrich: *Das Genie und sein Fürst.* Stuttgart, Weimar 1993.

Skell, Karl August Christian. *Goethe in Dornburg.* Jena 1864.

Sulpiz Boisserée. Hrsg. von Mathilde Boisserée, geb. Rapp. 2 Bde. Stuttgart 1862.

Tümmler, Hans: *Carl August von Weimar, Goethes Freund.* Stuttgart, 1978.

Tümmler, Hans: *Herzog/Großherzog Carl August von Sachsen-Weimar-Eisenach. Förderer und fürstlicher Mittelpunkt der deutschen Klassik.* Bonn 1989.

Unseld, Siegfried: *Goethe und seine Verleger.* Frankfurt a.M. und Leipzig 1991.

Unseld, Siegfried: »›Mein Lebenswerk ist das eines Kollektivwesens …‹ Goethes Produktionsweise«. In: *Insel Almanach auf das Jahr 1999. Johann Wolfgang Goethe zum 250. Geburtstag.* Zusammengestellt von Hans-Joachim Simm. Frankfurt am Main und Leipzig 1998.

Unterberger, Rose: *Die Goethe-Chronik.* Frankfurt am Main und Leipzig 2002.

Wahl, Hans. Carl Augusts letzte Reise. In: *Jahrbuch der Sammlung Kippenberg, Bd.* 7, Leipzig 1927-1928.

Weimars Genius. Eine Festausgabe in Lebensbildern zu der am 3. September 1857 stattfindenden hundertjährigen Geburtstagsfeier von Carl August. Hrsg. von G. Trenmund. Weimar 1857.

Werner, Dr. Richard Maria. *Goethe und Gräfin O'Donell.* Berlin 1884.

Dank

Für Recherchearbeiten und die Beschaffung von Literatur, die nicht immer einfache Übertragung der handgeschriebenen Texte in den Computer, für Korrekturen und Vorschläge und die mehrfache Durchsicht des Manuskripts, vor allem aber für seine fortwährende Ermutigung danke ich meinem Mann Hans J. Wiedemann. Ohne ihn hätte ich dieses Buch nicht geschafft.

Sigrid Damm
Althagen, 7. September 2020